AF397138

CURIOSITÉS

DE L'HISTOIRE

DU VIEUX PARIS

PAR

P. L. JACOB

BIBLIOPHILE

LES NOMS DES RUES

LES RUES DE LA CITÉ

LES RUES HONTEUSES AU MOYEN AGE

PROMENADES DANS LE VIEUX PARIS EN 1831

PHYSIOLOGIE DU PONT NEUF

BICÊTRE

PARIS

ADOLPHE DELAHAYS, LIBRAIRE-ÉDITEUR

4-6, RUE VOLTAIRE, 4-6

1858

CURIOSITÉS

DE L'HISTOIRE

DU VIEUX PARIS

PARIS. — IMP. SIMON RAÇON ET COMP., RUE D'ERFURTH, 1.

CURIOSITÉS

DE L'HISTOIRE

DU VIEUX PARIS

PAR

P. L. JACOB

BIBLIOPHILE

LES NOMS DES RUES
LES RUES DE LA CITÉ
LES RUES HONTEUSES AU MOYEN AGE
PROMENADES DANS LE VIEUX PARIS EN 1834
PHYSIOLOGIE DU PONT NEUF
BICÊTRE

PARIS

ADOLPHE DELAHAYS, LIBRAIRE-ÉDITEUR

4-6, RUE VOLTAIRE, 4-6

1858

PRÉFACE

Le vieux Paris, qui a changé d'aspect, et dont
nous nous rappelons à peine l'existence, en cet an
de grâce des expropriations, démolitions, recon-
structions et transformations municipales, était
encore sur pied il y a peu d'années ; les antiquaires, les romanciers et les observateurs ont
pu y faire une dernière et abondante récolte de
souvenirs et de tableaux, au profit de nos petits-
enfants, qui ne comprendront pas comment leurs
vénérables ancêtres s'étaient résignés, pendant
tant de siècles, à vivre sans soleil et sans air, dans

une ville noire, malpropre et pestilentielle, si pittoresque qu'elle fût pour le peintre, si curieuse
qu'elle fût pour l'historien, si intéressante qu'elle
fût pour l'archéologue.

Ce sont quelques souvenirs de ce vieux Paris
d'hier que nous avons voulu conserver dans ce
volume, et que nous déposons, en mémoire de la
ville démolie, sur le berceau de la ville nouvelle.
On ne reconnaîtra plus les rues que nous nous
plaisions à parcourir, en 1834, dans cette île de
la Cité, qui fut l'antique Lutèce, et qui a gardé
jusqu'à nos jours les derniers vestiges de son antiquité; on cherchera en vain les noms de ces
rues qui parlaient de leur passé et qui racon-
taient leur origine. Quatorze ans se sont écoulés,
et rien n'est resté de ce que nous avions vu, retrouvé et décrit, les rues, les édifices, les traditions. Dans l'espace de quatorze ans, combien
d'hommes ont disparu, qui n'ont pas laissé plus de
traces dans la vie sociale que les maisons abattues
dans le panorama parisien! Les maisons et les
quartiers qui disparaissent s'oublient pourtant
moins vite que les hommes et les générations.

« Les morts vont vite, » dit la ballade allemande;
les vieilles rues, les vieilles villes, tombent et s'éva-
nouissent rapidement, quand l'heure est venue;

mais elles rajeunissent, mais elles ressuscitent plus belles et plus solides, plus vivantes et plus actives. Et nous, qui vieillissons et qui tombons chacun à notre tour, n'aurons-nous pas aussi notre résurrection, notre rajeunissement et notre métamorphose?

O mes chers lecteurs! je vous le dirai le plus tard possible; dans cent ans, si vous voulez. Où serons-nous, où sera Paris alors?

CURIOSITÉS

DE

L'HISTOIRE DE PARIS

LES NOMS DES RUES

Nous avons vu percer des rues là où s'entassaient les maisons, ici où verdoyaient les jardins ; de nouvelles rues ont donné du jour et de l'air aux vieux quartiers ; de nouvelles rues, larges comme des voies romaines, se sont ouvertes dans des quartiers tout neufs ; chaque année la grande ville, qui déborde son enceinte de toutes parts, multiplie les mille détours de son labyrinthe boueux, et la naissance d'une rue n'est guère plus remarquée que celle d'un enfant.

Ce n'est pas tout de naître : encore faut-il être baptisé en pays chrétien; et, de même que les cloches de paroisse, sous les auspices d'un parrain, toute rue naissante reçoit un nom, avec autorisation de la municipalité, nom splendide ou obscur qu'elle porte écrit au front en lettres rouges ou blanches; c'est là une sorte de registre de l'État civil, qui constate aux yeux des passants ce nom que la pluie et le soleil n'effaceront pas, mais bien peut-être les révolutions politiques : la rue née *Charles X* est dédiée maintenant à *La Fayette*.

Quant à la rue elle-même, elle vivra et vieillira ainsi qu'un homme ; elle aura des rides à ses murailles noires et décrépites; elle assistera immobile au passage de bien des générations et de bien des événements ; à peine perdra-t-elle quelques cheminées que lui emporteront les ouragans; mais ses pavés auront beau se soulever et les tuiles pleuvoir de ses toits, elle gardera son nom, pourvu qu'il ne soit ni politique ni religieux, car les saints, aujourd'hui, sont aussi peu stables dans leurs niches que les rois sur leurs trônes, et la République française les avait chassés impitoyablement des rues de Paris, comme les lépreux au moyen âge.

Cependant ces noms de rues, que donne ou consacre tous les jours la Préfecture de Paris, n'ont la plupart aucun retentissement, aucune sympathie dans le peuple, qui les adopte avec indifférence et qui les respecte par habitude.

Avant la révolution de 89, prendre un nom de terre, ne fût-ce qu'un champ de betteraves ou un bouquet d'arbres, c'était la gloriole de la noblesse; maintenant on

se fait honneur de graver son nom à l'angle d'une rue :
la vanité devient populaire; en fait de *parrainage*, autant vaut avoir une rue qu'un sot pour homonymie ;
d'ailleurs, on se rapproche par là de la royauté, qui pose
toujours la première pierre d'un monument qu'elle
ne construira pas, et qui se réserve de marquer à son
coin une place d'armes avec une statue qu'on fondra
plus tard en canons ou en gros sous.

Les rues que la Ville fait ouvrir pour salubrité ou
commodité publique, tiennent souvent leurs noms de
la flatterie administrative : c'est un chef de division, un
membre de commission, un député, un pair de France,
qu'on attache à ce pilori au-dessus de la borne, et le
glorieux parrain paye les dragées du baptême. Tout
préfet de la Seine, après trois mois d'exercice, doit
laisser en souvenir de lui au moins un nom octroyé à
quelque cul-de-sac, quoiqu'on ait tranché la querelle
des mots *impasse* et *cul-de-sac*, en les supprimant de
fait tous les deux par arrêté de la Voirie, sinon de l'A-
cadémie.

Il fut un préfet d'honnête et paterne mémoire, lequel parsema sa famille et ses amis dans toutes les
rues tracées de son temps : on peut dire à son éloge
qu'il n'est pas de nom plus connu des cochers de
fiacres.

Tous les baptiseurs de rues ne sont pas préfets : il y
a des banquiers et des marchands ; ces derniers ne se
contentent plus de nommer les passages qu'ils entre-
prennent à grands frais : ils achètent des terrains, ils
bâtissent, ils dépensent, ils se ruinent, et tout cela
pour se pavaner devant l'écriteau d'une rue, comme

ils faisaient devant leur enseigne au bon temps de leur commerce. Ah! si l'opinion publique avait encore le droit de baptiser les rues !

Le dix-septième siècle avait nommé force rues royales, où le grand roi montrait le bout de l'oreille; le dix-huitième fit des rues littéraires et philosophes; le dix-neuvième a commencé le baptême des rues par des victoires; mais, à présent, c'est l'argent seul qui baptise nos rues, nos places et nos boulevards; or l'argent se nomme Véro ou Dodat.

Ce serait une belle pensée que d'illustrer chaque rue par un nom célèbre qui éveillât dans l'esprit le plus sourd un écho de gloire et d'admiration : on pourrait résumer les annales des arts, des lettres, des sciences, du crime et de la vertu, avec des noms d'hommes inscrits à la tête des rues, aussi noblement que sur les tables de bronze du panthéon. Les *Piliers des Halles*, où naquit Molière, accepteraient avec orgueil le nom de ce grand comique; Lekain léguerait son nom à la rue de *Vaugirard*, où il mourut ; la rue de *Bièvre* qu'immortalisa le séjour de Dante, la rue du *Marché-Palu* où demeurait le poëte Martial d'Auvergne, la rue *Béthisy* où fut massacré Coligny, la rue des *Fossés-Saint-Germain-l'Auxerrois* où fut empoisonnée Gabrielle, la rue de la *Tixéranderie* où logeait Scarron, la rue de l'*École-de-Médecine* où Charlotte Corday poignarda Marat, la rue du *Coq-Saint-Honoré* où Jean Châtel tenta d'assassiner Henri IV, la rue *Saint-André-des-Arts* où était la maison du traître Périnet Leclerc, la rue *Marivaulx* où Nicolas Flamel exerçait son métier d'écrivain, etc., toutes ces rues revendiqueraient les

noms des personnages célèbres qu'elles ont possédés
autrefois; plusieurs d'elles néanmoins seraient mal famées et désertes à cause du nom que leur imposerait
la tradition inexorable : on n'oserait plus passer qu'en
tremblant dans les rues Marat et Ravaillac.

Voilà pourtant comme nos ancêtres entendaient les
noms des rues de la Cité, Ville et Université de Paris :
ces noms étaient une récompense ou bien une punition,
un éloge ou une infamie. Souvent le caractère moral de
la rue avait part au sobriquet que lui attribuait la voix
du peuple, *vox populi;* ordinairement la rue énonçait,
dans son titre, ou son aspect physique, ou son genre de
commerce, ou l'enseigne la plus remarquable de ses
boutiques; quelquefois les bienfaits d'un riche parois-
sien se trouvaient rémunérés après sa mort par le legs
de son nom fait à la rue encore pleine de sa mémoire.
Enfin, le Peuple avait seul le privilége de nommer ses
rues, de même que la Noblesse nommait ses hôtels.

Pendant des siècles, les rues ne portèrent pas de
noms précis. On les distinguait entre elles par des indications plus ou moins vagues et plus ou moins pro-
lixes; par exemple, on disait : « la rue qui va du Petit-
Pont à la place Saint-Michel » (vis-à-vis une chapelle de
saint Michel, dans la rue de la *Barillerie*), pour désigner la rue de la *Calandre.* Il y avait seulement deux
rues, celle du Petit-Pont et celle du Grand-Pont, qui
traversaient la Cité; les autres, peu nombreuses il est
vrai, étaient désignées de diverses manières, tantôt par
le nom de l'église la plus proche, tantôt par le nom
du principal bourgeois, tantôt par quelque particularité locale, un puits, une fontaine, une tour, une Notre

Dame, un crucifix, que tout le monde connaissait d'enfance : car, en ces temps-là, on naissait, on vivait, on mourait dans la même maison et dans la même rue.

La formation des rues avait été lente et progressive, depuis qu'aux cabanes rondes et grossières de la primitive Lutèce eurent succédé les maisons plus vastes et plus commodes du Paris des rois Francs : ces maisons, d'abord basses et séparées par des cours ou des celliers, tendirent toujours à se rapprocher les unes des autres, et à s'exhausser à l'envi, jusqu'à ce que la rue, pressée de chaque côté par les habitations qui l'envahissaient, déroulât péniblement ses replis sinueux dans une atmosphère sombre et fétide. La population manquait d'espace et de jour dans son berceau de la Cité.

Quand la Cité déversa ce trop-plein d'habitants sur les deux rives de la Seine, les maisons semblaient sortir de terre; et bientôt deux jeunes villes poussèrent au nord et au midi de l'ancienne, comme ces rejetons vigoureux qui ombragent la tige maternelle.

Alors les rues naissaient au hasard, sans ordre, sans lois, et presque sans but : une maison s'épanouissait un matin, au soleil, toute blanche du plâtre de Montmartre et des pierres d'Issoire; elle s'entourait d'une treille, d'un verger, d'un champ de roses, d'une étable et d'un appentis : aussitôt une seconde maison venait s'ébattre joyeusement en face de la première venue, qu'elle attristait de son ombre; puis, une troisième maison se plantait auprès de ces deux voisines, parfois entre elles, comme pour leur disputer l'air qu'elles respiraient; ensuite une quatrième accourait à l'appel de celle-là ; une cinquième approchait cherchant compagnie ; une sixième, une septième, et le reste, germaient, grandissaient et prospéraient à l'entour, chacune gagnant du terrain pied à pied, se déployant et se haussant de toutes ses forces aux dépens des autres, pour avoir la meilleure part de soleil.

Voici la rue qui se forme, suivant le caprice des propriétaires, obligés de se réserver mutuellement un chemin pour arriver chez eux, à moins qu'un plus puissant, *familier* de la maison de l'évêque, de l'abbé ou du prince, un simple marguillier peut-être trônant au banc d'œuvre de la paroisse, ne s'avise d'arrêter les progrès de cette rue, en se jetant au travers : dès lors la rue sera close à son extrémité, et s'appellera *rue sans chef.*

Les rues n'avaient pas encore de nom, ou plutôt elles prenaient tous les noms qu'on voulait bien leur donner, et n'en gardaient aucun de préférence ; car elles n'appartenaient point encore au roi, ni même à la ville, puisque les habitants avaient le droit de s'opposer au passage des voitures et des piétons, en défendant l'entrée de leur rue par une barrière, par des portes qu'on fermait la nuit, même par des tourelles et des fossés.

Certes, l'aspect de ces rues du onzième siècle ne ressemblait guère au Paris moderne ; elles se développaient tortueusement, étouffées entre des murs couleur de suie faisant le ventre et surplombant de toute leur hauteur. Les maisons, qui avaient les pieds dans la fange et la tête dans la fumée, se détournaient de la voie publique comme pour éviter un objet désagréable, et leur étroite façade coiffée d'un pignon pointu n'avait à chaque étage qu'une fenêtre unique, obscurcie de treillis de fer et de petits vitraux plombés; le jour ne pénétrait jamais par là.

Quant à ces rues ténébreuses et méphitiques, où les pourceaux grognaient parmi les immondices, où les canards gloussaient dans les mares, où les chiens hurlaient en s'arrachant des lambeaux de charogne, elles n'étaient que les avant-cours des maisons et les sentines du peuple : çà et là, des cloaques infects, des égoûts délétères, que l'on devine avec horreur à leur nom générique de *trou punais;* un cimetière côte à côte avec un marché; un dépôt d'animaux morts en putréfaction ; des *places aux chiens* et *aux chats,* où les petits enfants allaient jouer à la *cligne-musette;* enfin des gueux en haillons, accroupis à la porte des hôtels, attendaient les reliefs de la table, ou, couchés sur les montoirs de pierre, dormaient à l'odeur de la cuisine.

Ce hideux tableau changea du moment que Philippe-Auguste, mieux conseillé que ses devanciers par la puanteur qui avait offensé son odorat royal, commanda que ces rues fussent pavées de *gres gros et forts :* la Voirie étant instituée pour présider à ces travaux d'assainissement, les noms de rues commencèrent à se fixer, par suite des listes qui furent dressées à cette occasion, et qui servirent de base à toutes les opérations du maître-voyer.

Cependant une même rue était encore citée sous plusieurs noms différents, dans le peuple, dans les cartulaires des églises, dans les registres de la prevôté :

ainsi le peuple choisissait un nom indécent ou trivial ; le rédacteur ecclésiastique, un nom de saint ou de sainte ; le greffier municipal, le nom que l'ancienneté légitimait à ses yeux.

Souvent même le déplacement d'une seule lettre dans le nom originaire produisait une consonnance différente, qui se modifiait à l'infini en passant de bouche en bouche ; de sorte que le sens de ce nom devenait inintelligible, ou s'éloignait de son étymologie par des transformations successives.

Car les noms de rues étaient aussi mobiles que l'à-propos de leur création. Un *caiman* ivre, demandant son pain de porte en porte, pouvait imposer un nom déshonnête ou burlesque à la rue la plus recommandable par la condition de ses habitants et par la virginité de ses mœurs ; la protection d'un Bienheureux, si puissante qu'elle fût au ciel, était impuissante ici-bas contre le *blason* injurieux, impie ou ordurier, que la fantaisie populaire attachait à une rue chaste, pudique et dévote jusque-là.

Or il en était des rues comme des hommes ; on les jugeait sur l'étiquette ; leur surnom devait être le signe infaillible de leur naissance, de leur naturel, de leur état, en un mot, tout leur portrait physiologique.

A coup sûr pourtant, les désappointements et les erreurs étaient alors moins graves et moins fréquents qu'aujourd'hui : l'étranger qui aurait cherché des roses dans la rue *Champfleuri* et du raisin dans la rue des *Vignes* n'y eût rencontré que des ordures et des filles publiques ; on aurait couru risque de battre tous les quartiers de Paris avant de découvrir la rue *Ti-*

rouanne, qui se nommait aussi *Pirouette, Petonnet, Tironne, Perronnet, Therouanne, Pierret de Terouenne*, etc.; mais, chaque classe de marchands ayant sa rue spéciale, on était sûr de trouver les tisserands rue de la *Tisseranderie*, les corroyeurs rue de la *Corroyerie*, les drapiers rue de la *Draperie*, les lingères rue de la *Lingerie*, les orfévres rue *Saint-Éloi*, les bouchers rue des *Boucheries*, les tonneliers rue de la *Tonnellerie*, les poissonniers rue de la *Poissonnerie*, les verriers rue de la *Verrerie*, les armuriers rue de la *Heaumerie*, les changeurs au *pont au Change*, les potiers rue de la *Poterie*, les mégissiers rue de la *Mégisserie*, les pelletiers rue des *Fourreurs*, les blanchisseuses rue des *Lavandières*, les tabletiers rue de la *Tabletterie*, les fromagers rue de la *Fromagerie*, les charrons rue de la *Charronnerie*, les cordonniers rue de la *Cordonnerie*, les cordiers rue de la *Corderie*, les parcheminiers rue de la *Parcheminerie*, les jongleurs rue des *Ménétriers*, les usuriers rue des *Lombards*, les fripiers rue de la *Friperie*, les écrivains rue des *Écrivains*, etc.

Allez donc à présent, sur la foi des noms, vous loger rue *Gracieuse* dans le faubourg Saint-Marceau, cueillir des cerises rue de la *Cerisaie*, voir l'heure rue du *Cadran*, vous coucher sur l'herbe dans la rue *Verte*, attendre l'arrivée de la marée dans la rue *Poissonnière*, acheter du fourrage rue du *Foin*, et admirer des merveilles dans une des trois *Cours des Miracles*, où le fumet du Grand Cœsre n'est pas même resté, où les truands et les cagoux sont remplacés par de dignes héros de la garde nationale !

Il faut l'avouer, presque tous les noms de rues ont été revus et corrigés : un conseil de prud'hommes, pénétré de la haine que Voltaire professait pour l'ignoble mot de *cul-de-sac*, a nettoyé la ville des sales et malhonnêtes dénominations qui n'offensaient pas les oreilles de nos naïfs aïeux. La rue *Tireboudin*, qui avait déjà subi une variante notable dans sa terminaison par respect pour Marie Stuart, a pris le nom de cette reine de France, qui avait rougi de passer par là ; la rue *Merderel* n'a pas changé seulement de nom en devenant rue *Verderet*. Toutefois l'antiquaire le plus dépourvu de préjugés ne saurait se plaindre que la rue *Breneuse* soit métamorphosée en rue *Pagevin*.

Adieu bien des origines singulières, bien des légendes et des faits historiques qui ne reposaient plus que sur un nom de rue détérioré par les années, comme ces médailles frustes, rongées de vert-de-gris, à travers lequel on peut encore apercevoir une empreinte et deviner une inscription à grand renfort de lunettes et d'imaginative ! Adieu vos lettres de noblesse, ô rues, ruelles et culs-de-sac du Paris si puant, si pittoresque et si fantastique de nos pères !

Le vieux Paris n'existe déjà plus : tous les jours il disparaît sous le nouveau ; et çà et là quelques auvents en saillie, quelque tourelle avancée, quelque voûte surbaissée, quelque boutique noire et profonde, quelque ogive oubliée, se montrent à peine à nos regrets, ainsi que, dans une tempête, le navire qui sombre disperse au gré des vagues ses débris auxquels se suspend un malheureux, tandis que le faîte des mâts se dresse encore au-dessus de l'abîme. Les débris du vaisseau, ce sont les noms des rues ; les mâts, ce sont les tours de Notre-Dame ; et nous, pauvres archéologues, attachons-nous aux reliques de ce grand naufrage.

Il ne s'agit pas ici de ressusciter les noms de rues défunts, ensevelis dans le tombeau archéologique du vieux Paris, ou de les arranger symétriquement tels que des os de morts dans les Catacombes ; il faut les laisser dormir en paix dans les ouvrages de Sauval et de Jaillot, jusqu'au jugement dernier de l'histoire de Paris. Mais les rues vivantes, séculaires ou nouvellement nées, dont la généalogie a été reconnue et admise par les archivistes de la Préfecture, toutes rues ayant écriteaux, bornes et réverbères, peuvent être classées, d'après leurs noms, aussi exactement que les plantes d'après leurs genres et leurs familles en botanique. C'est la seule ressemblance possible entre une rue et une fleur.

On doit reconnaître d'abord les noms de ces rues communes à la plupart des villes du moyen âge : les rues attribuées aux bains, aux juifs et à la débauche, car les *femmes folles* et les juifs surtout se trouvaient toujours séparés du reste de la population, et les rues qu'ils habitaient par ordonnance royale ou communale étaient infâmes comme eux.

On craignait la contagion morale non moins que la peste et la ladrerie : les lépreux demeuraient hors des villes, où ils n'entraient qu'en évitant de toucher et même de regarder les passants dans la rue ; les pestiférés étaient isolés dans leurs maisons, dont ils ne sortaient pas, sous peine de mort.

Quant aux juifs, signalés à la malédiction populaire

par la rouelle de d.. ..une qu'ils affichaient sur leurs habits, ils couraient risque d'être battus, dépouillés, peut-être massacrés, en se montrant dans les rues.

Les filles publiques qu'on surprenait hors de leurs *clapiers* en plein jour, ou parées d'étoffes de soie, de fourrures de prix, de bijoux d'or et d'argent, encouraient l'amende et la prison.

Nul chrétien ne voulait être confondu avec les juifs; nulle honnête femme, avec les *damoiselles d'amour*.

La rue de la *Juiverie*, dans la Cité, qui avait ce nom sous la dynastie mérovingienne, fut la première retraite des juifs : ils s'y maintinrent malgré les persécutions et y continuèrent leur commerce après la ruine de leur synagogue.

Ils envoyèrent de là leurs colonies dans la rue des *Juifs* et la rue *Judas*, qu'ils n'abandonnèrent jamais entièrement, quelques rigueurs que les rois inventassent pour les expulser de France et pour anéantir leur race : ils se vengeaient de tous ces affronts en centuplant leurs usures.

Les rues affectées à la prostitution, que l'on entrevoit encore à travers les métamorphoses pudibondes de leurs noms, étaient la rue du *Petit-Musc*, ou *Pute-y-Musse*, c'est-à-dire qui cache des filles; les rues du *Grand* et du *Petit Hurleur*, ainsi nommées à cause des bruyantes orgies qui s'y faisaient; la rue *Transnonnain*, autrefois *Trousse-Nonnain* et *Trans-Putain*; la rue *Tiron*, la rue du *Fauconnier*; la rue *Trousse-Vache*, qui a conservé son ancien nom en dépit de celui de *La Reynie*, que lui a imposé un scrupule de police; la rue du *Pélican*, dont la République avait fait une rue *Purgée ; les rues *Brise-Miche*, du *Bon-Puits*, de la *Vieille-Bouclerie*, *Chapon*, *Fromentel* ou *Froimanteau*, et plusieurs autres dans lesquelles s'est perpétuée une sorte de tradition de débauche, malgré la perte de leur nom, aussi expressif que l'enseigne du *Gros-Caillou* qui pendait à l'entrée d'un mauvais lieu, et qui a désigné, depuis, un quartier qu'on estime autant que s'il avait un saint pour patron.

Il ne reste plus que deux rues des *Vieilles-Étuves*, quoique les bains à la vapeur fussent autrefois d'un usage si journalier, même parmi le peuple, que la plupart des rues avaient des *étuves à femmes* et à *hommes*.

Ces établissements, tenus par la corporation des barbiers, étaient ouverts en toute saison, matin et soir; on s'y rendait au cri de l'étuviste annonçant que les bains étaient chauds, et les plus pauvres gens ne s'en faisaient pas faute pour deux deniers. On a peine à comprendre cette propreté du corps, en même temps que cette saleté permanente des rues pleines de *fiens* et d'eaux croupies.

On distingue encore les rues qu'on fermait la nuit avec des portes ou des barrières : la rue de la *Barre*, intitulée depuis rue *Scipion*, trois rues des *Deux-Portes*, une des *Douze-Portes* et une des *Trois-Portes*, attestent les anciens droits de leurs habitants, qui se retiraient la nuit dans ces espèces de places fortes, où les voisins n'apportaient pas leur tribut d'immondices, où les gueux ne cherchaient point un asile, où les voleurs ne pénétraient pas aisément. Une rue était close par mesure de sûreté ou de salubrité publique, lorsque sa position reculée et mystérieuse invitait les passants à s'y arrêter, les larrons à s'y cacher.

La féodalité, qui avait mis les puits et les fours sous la haute main des seigneurs, taxant la cuisson du pain et l'eau des sources, n'existe plus que dans quelques noms des rues : celles du *Puits*, du *Puits-l'Ermite*, du *Puits-qui-parle*, du *Puits-Certain*, ne font désormais aucun tort aux porteurs d'eau; et les boulangers ne vont pas exprès cuire leur fournée dans les rues du *Four-Saint-Germain* et du *Four-Saint-Honoré*. La Révolution, qui a détruit les châteaux, n'a pas laissé debout dans la rue Saint-Éloi le *four de madame Sainte-Aure*, où se cuisait tout le pain de la Cité sous le roi Dagobert.

. Paris a été fortifié à diverses époques, depuis le siége de Jules-César jusqu'à celui de Henri IV ; des trois enceintes successives qui l'ont entouré pendant la domination romaine, sous Philippe-Auguste et sous Charles V, on retrouve à peine quelques pans de murs masqués de maçonnerie moderne, quelques tourelles enfouies dans les arrière-cours et les jardins; mais on tracerait presque les limites de la dernière clôture, en se guidant d'après les rues des *Fossés-Saint-Victor*, des *Fossés-Monsieur-le-Prince*, des *Fossés-Saint-Germain-l'Auxerrois*, des *Fossés-Montmartre*, des *Fossés-du-Temple*, de la *Contrescarpe*, du *Rempart*, etc.

Qui est-ce qui, en traversant la rue *Traversière*, salue l'endroit même où la Pucelle d'Orléans, qui sondait avec sa lance l'eau du fossé, dans l'espoir de passer jusqu'au mur avec les troupes de Charles VII, eut les deux cuisses percées d'un trait d'arbalète ?

Les rues qui prirent le nom d'une enseigne de boutique ou de maison (car la plupart des maisons eurent longtemps des enseignes avant le numérotage, qui ne remonte pas au-delà du dix-huitième siècle) n'ont rien conservé de ces enseignes célèbres, que la bourgeoisie et la *marchandise* regardaient comme leurs armoiries : ce sont les rues de l'*Arbalete*, de l'*Arbre-Sec*, du *Battoir*, aux *Biches*, de la *Boule-Rouge*, de la *Calandre*, des *Canettes*, du *Chaudron*, de *Saint-Claude*, de la *Clef*, *Cloche-Perce* (ou Percée), du *Coq*, du *Cœur-Volant*, du *Cygne*, des *Cinq-Diamants*, de la *Croix-Blanche*, de l'*Écharpe*, des *Deux-Écus*, de l'*Épée-de-Bois*, du *Gril*, de la *Harpe*, de l'*Hirondelle*, de la *Huchette*, de la *Lanterne*, de la *Licorne*, du *Petit-Moine*, des *Oiseaux*, du *Paon*, de la *Perle*, de *Saint-Pierre*, des *Trois-Pistolets*, du *Plat-d'Étain*, des *Prêcheurs*, des *Quatre-Fils-Aymon*, des *Rats*, du *Renard-Saint-Martin*, des *Champs*, du *Sabot*, de *Saint-Sébastien*, du *Trognon*, etc.

La rue du *Cherche-Midi* avait une enseigne proverbiale représentant des gens qui cherchaient midi à quatorze heures, et la rue de la *Femme-sans-Tête* faisait injure à toutes les femmes par cette devise ajoutée à son enseigne : *Tout en est bon*.

Quelques rues ont gardé des noms de fiefs et de maisons : celles *Cocatrix*, des *Trois-Canettes*, des *Ciseaux*, des *Coquilles*, de *Glatigny*, des *Fuseaux*, des *Marmousets*, *Salle-au-Comte*, etc.

D'autres tirent leurs noms d'une croix, d'une Notre-Dame, d'une image de saint : les rues *Vieille-Notre-Dame*, des *Deux-Anges*, du *Demi-Saint*, de *Saint-Jérôme*, du *Crucifix*, de la *Croix*, etc.

Certaines rues semblent rappeler la religion des druides, qui n'élevaient pas d'autres temples à leurs dieux Hésus et Teutatès que des pierres colossales, isolées ou superposées, sans aucune architecture : les rues de *Pierre-Assis*, de *Pierre-au-Lard*, de *Pierre-Lombard*, de *Pierre-Sarrasin*, de *Pet-au-Diable* (Pierre au Diable), ont peut-être vu debout ces cromlechs et ces dolmens, masses informes et grossières, que la superstition populaire des chrétiens attribuait au culte des fées et des esprits malfaisants.

Les hôtels des princes, des évêques et des seigneurs ont donné leur nom aux rues où ils étaient situés, ou bien à celles qui furent ouvertes depuis sur leur emplacement; il suffit de citer les rues d'*Antin*, d'*Avignon*, *Barbette*, du *Bec*, des *Barres*, du *Petit-Bourbon*, de *Cléry*, de *Cluny*, de *Condé*, de *Duras*, *Gaillon*, *Garancière*, de *Jouy*, *Lesdiguières*, *Neuve-du-Luxembourg*, de *Mâcon*, de *Mézières*, de *Montmorency*, de la *Reine-Blanche*, de *Rohan*, du *Roi-de-Sicile*, du *Temple*, de *Touraine*, des *Ursins*, etc.

Ici, les couvents et les communautés de femmes ont nommé les rues des *Anglaises*, des *Audriettes*, des *Capucines*, des *Carmélites*, des *Filles-Dieu*, des *Hospitalières*, des *Nonnaindières* (Nonnains d'Ilières), des *Ursulines*, etc.; trois abbesses de l'abbaye de Montmartre ont été marraines des rues *Sainte-Anne*, *Bellefond* et *Rochechouart*; la rue de la *Tour-des-Dames* s'est appelée ainsi d'un ancien moulin appartenant à cette fameuse abbaye.

Là, les ordres monastiques masculins n'ont pas disparu tout entiers, puisque leurs noms sont restés aux

rues les *Grands* et des *Petits-Augustins*, des *Barres*,
des *Blancs-Manteaux*,* des *Bernardins*, des *Capucins*,
des *Carmes*, des *Célestins*, des *Billettes*, des *Jacobins*,
de l'*Observance*, des *Saint-Pères*, des *Petits-Pères*,
de *Récollets*, etc.

Les noms de chapelles et d'églises, détruites ou
encore existantes, sont encore nombreux : les rues
Sainte-Avoie, *Saint-Benoît*, *Saint-Bon*, *Saint-Chris-
tophe*, *Sainte-Croix*, *Saint-Eustache*, *Saint-Gervais*,
Sainte-Geneviève, *Saint-Hilaire*, *Saint-Honoré*, *Saint-
Hippolyte*, *Saint-Jean-de-Latran*, *Jacob*, *Saint-Joseph*,
Saint-Julien-le-Pauvre, *Saint-Lazare*, *Saint-Laurent*,
Saint-Paul, *Saint-Landry*, *Saint-Leufroy*, *Saint-Louis*,
Saint-Magloire, *Saint-Marcel*, *Sainte-Madeleine*, *Saint-
Merry*, *Saint-Nicolas-du-Chardonnet*, *Notre-Dame*,
Saint-Nicaise, *Saint-Pierre-aux-Bœufs*, *Sainte-Oppor-
tune*, *Saint-Thomas-du-Louvre*, etc.

Avant la Révolution, chapelles, églises et couvents
poussaient des rejetons dans le fertile terroir de l'archevêché de Paris : la Cité comprenait seule quatorze
paroisses. Que reste-t-il de tant d'édifices bâtis et enrichis par la dévotion des rois et des reines de France,
respectés pendant des siècles, remplis de tombeaux et
de poussières illustres, resplendissants des merveilles
de l'art, peuplés de statues, rayonnants de vitraux et
protégés par une auréole de miracles? Que reste-t-il de
tout cela aujourd'hui? Des noms de rues, de passages
et de marchés !

Les particuliers qui ont laissé leurs noms aux rues
qu'ils habitaient jadis n'avaient pas d'autre moyen de
passer à la postérité : c'étaient des marchands, des

propriétaires, des échevins, des magistrats, de dignes bourgeois ayant pignon sur rue, notables de leur confrérie et bienfaiteurs de leur paroisse; ainsi, depuis deux, trois ou quatre siècles, ces bourgeois, dont le seul mérite fut peut-être une grande fortune, ont pour épitaphe le nom des rues de l'*Anglade, Baillet, Baillif, Barouillère, Bertin-Poirée* (Bertier Porée), *Bordet* (Bordelles), *Coquillière, Courtalon, Dervillé, Frépillon, Geoffroy-l'Asnier, Gît-le-Cœur* (Gilles le Queux), *Gracieuse, Grenelle* (Quesnelles), *Grenier-sur-l'Eau* (Garnier), *Guillaume, Guillemin, Jean-Lantier, Jean-Beau-Sire, Jean-Hubert, Jean-Pain-Mollet, Jean-Robert, Jean-Tison, Joquelet,* des *Maçons* (Masson), de la *Mortellerie* (le Mortellier), *Pagevin, Pastourel, Portefoin* (Portefin), *Quincampoix* (Kiquenpoit), du *Renard-Saint-Denis, Simon-le-Franc* (Franque), *Scipion* (Scipion Sardini), *Soly, Taranne, Thibautodé* (Thibaut Audet), *Triperet* (Tripelet), de *Versailles* (Verseille), etc., etc.

Ce sont des marchands qui ont nommé les rues de l'*Arche-Marion, Aubry-le-Boucher, Jean-de-Beauce, Charlot,* du *Mouton, Tiquetonne,* etc.; la rue de *Lappe* porte le nom d'un jardinier, et la rue *Saint-Jean-de-Beauvais,* celui d'un libraire.

Des officiers de la ville ont nommé les rues d'*Albiac, Boucher,* de *Fourcy, Mercier, Thévenot,* etc.; des officiers du parlement et du roi, les rues *Bailleul, Béthisy, Férou, Jean-de-l'Épine, Meslay, Montigny,* de *La Planche, Popincourt,* etc.

Dans le siècle dernier et dans celui-ci, cette méthode d'appliquer un nom d'homme à une rue atteste le désir de remplacer au moins un monument par un souvenir qui pût braver le marteau et le temps.

On s'est attaché à signaler ainsi les lieux marqués par le passage du génie en tous genres : on détruisait un hôtel, une église, un couvent; on ne conservait qu'une pierre pour y graver un nom.

L'abbaye de Saint-Germain-des-Prés a disparu ; mais à sa place les rues *Félibien, Lobineau, Clément, Sainte-Marthe* et *Montfaucon* nous parlent des travaux immortels des bénédictins; la vieille basilique de Sainte-Geneviève est tombée, mais les rues *Clovis* et *Clotilde* nous empêchent de fouler sa poussière sans revenir par la pensée à l'époque de sa fondation.

Construisait-on un théâtre de tragédie et de comédie, les rues *Molière, Voltaire, Racine, Corneille, Regnard* et *Crébillon* naissaient à ses côtés. Était-ce une salle d'opéra-comique, les rues voisines recevaient les noms de *Favart, Grétry, Lulli, Marivaux* et *Rameau.*

Autour de la cathédrale, les rues *Bossuet* et *Massillon* survivent au cloître de Notre-Dame, qui, en s'écroulant, n'a pas renversé ces grands piliers de l'Église.

Voici des familles nobles et anciennes : rues d'*Aligre.* d'*Aumont, Ventadour,* de *Vendôme,* de *Breteuil,* de *Choiseul,* de *Grammont,* de *Guéméné, Matignon,* de *Ménars,* de *Miromesnil,* de la *Sourdière,* etc.

Voici des ministres et des chanceliers de France : rues d'*Aguesseau,* de *Birague, Boucherat,* de *Harlay,* de *Lamoignon, Richelieu, Mazarine, Necker,* etc.

Voilà des lieutenants et des préfets de police, des prévôts des marchands et des maires de Paris : rues d'*Argenson*, *Bailly*, *Bignon*, *Chabrol*, *Saint-Florentin*, *Guénégaud*, de la *Michodière*, de *Sartines*, de *Varennes*, de *Viarmes*, etc. Voilà des savants et des philosophes : rues *Buffon*, *Cassini*, *Descartes*, *Vaucanson*, *Montgolfier*, *Franklin*, *Montesquieu*, *Montaigne*, *J.-J.-Rousseau*, etc. Voilà des artistes : rues *Pierre-Lescot*, *Jean-Goujon*, *Pigale*, *Soufflot*, etc.

Toutes ces rues ne datent pas d'un siècle ; quelques-unes seraient magnifiques — si elles avaient des maisons

Quant aux rues nées en même temps que les enfants des rois, elles sont peu nombreuses : la plus ancienne est la rue *Françoise*, qui remonte à François Ier; les rues *Christine*, *Dauphine* et d'*Anjou-Dauphine* datent du règne de Henri IV ; les rues *Palatine* et *Thérèse*, du règne de Louis XIV; les deux rues *Royale*, du *Dauphin*, de *Valois*, des règnes de Louis XV et de Louis XVI, etc.

On a vu que, dans les changements de dynastie, le nom du roi déchu cédait la place à celui du nouveau roi, sur l'écriteau d'une rue, de même que sur les monnaies et dans le calendrier.

Louis XIV aimait à retrouver les provinces de son royaume dans les rues de sa capitale, surtout dans le quartier du Marais, que son aïeul avait commencé, et qu'il acheva de bâtir, en s'occupant du nettoyage de toutes les rues de la ville, mesure de police tellement négligée jusqu'alors, que la boue de Paris était passée en proverbe : le dix-septième siècle entendit nommer les rues d'*Angoulême* (Angoumois), d'*Anjou*, d'*Artois*, de *Beaujolais*, de *Berry*, de *Forez*, de *Bour-*

gogne, de *Beauce*, de *Bretagne*, de *Limoges*, du *Perche*, de *Poitou*, de *Saintonge*, etc.

Un grand nombre de rues conservent le nom du territoire qu'elles ont traversé : les rues *Beaubourg*, *Bourg-l'Abbé*, *Bourtibourg* (Bourg Thiboud), *Boutebrie* (Bourg de Brie), de la *Ville-l'Évêque*, désignent des petits hameaux, anciennement séparés de la ville; les rues du *Champ de l'Alouette*, *Beaurepaire*, *Beauregard*, *Belle-Chasse*, *Carême-Prenant*, *Copeau*, *Culture-Sainte-Catherine*, des *Petits-Champs*, de la *Ferme-des-Mathurins*, de la *Folie-Regnauld*, de la *Folie-Méricourt*, *Grange-Batelière*, *Galande* (Garlande), de *Long-Pont*, de l'*Oursine*, de *Marivault* (Marivas), *Perrin-Gasselin*, de la *Roquette*, de *Courcelles*, etc., ont pris leurs noms de terres cultivées en vignes ou en prés, de fiefs nobles ou roturiers, attirés successivement dans l'immense rayon de Paris. Les rues d'*Argenteuil*, de *Picpus*, de *Surènes*, de *Neuilly*, de *Sèvres*, du *Roule*, etc., étaient les chemins qui conduisaient à ces différents villages.

Il y a une foule de noms que l'usage populaire a fait prévaloir; les rues du *Chemin-Vert*, des *Noyers*, des *Figuiers*, des *Saussaies*, des *Amandiers*, des *Acacias*, des *Lilas*, des *Ormeaux*, du *Poirier*, du *Sentier*, des *Trois-Bornes*, de la *Bourbe*, du *Jardinet*, des *Marais*, etc., nous donnent presque une exacte description de leur état primitif.

Les rues portant des noms de Colléges supprimés sont les rues d'*Arras*, des *Bons-Enfants*, des *Cholets*, des *Irlandais*, de la *Marche*, de *Reims*, de *Rethel*, etc.

Celles ayant des noms d'hôpitaux sont les rues des

Enfants-Rouges, de la *Santé*, de la *Trinité*, des *Capucins*, de la *Charité*, etc.

Parmi les rues dont le nom s'est le plus éloigné de sa source, il faut citer les rues *Saint-André-des-Arts* (de Laas), des *Grés* (des Grecs), *Cassette* (Cassel), *Courbaton* (Col de Bacon), aux *Ours* (Oues, oies), aux *Fers* (Fèvres, *Fabri*, ouvriers), de la *Jussienne* (l'Égyptienne), des *Jeûneurs* (Jeux-neufs), du *Jour* (Séjour et maison de plaisance de Charles V), de *Perpignan* (Pampignon), des *Écouffes* (Écoufles, oiseaux de proie), des *Postes* (Pots), etc.

Le seigneur Caritidès, dans la comédie des *Fâcheux*, de Molière, demande au roi l'inspection générale des enseignes de Paris; quelque savant, moins grec que français, ne manquerait pas de travail, s'il fallait corriger les noms de rues barbares et inintelligibles.

Les anciens lieux de supplice en ont retenu les noms : on pendait dans la rue de l'*Échelle;* on donnait l'estrapade dans la rue de l'*Estrapade;* on faisait bouillir dans l'huile les faux monnayeurs, rue du *Bouloy* et rue de l'*Échaudé;* on perçait la langue et on coupait les oreilles, dans la rue *Guillory* (Guigne oreille); on écartelait à la *Croix du Trahoir.*

La rue du *Mail* et la rue des *Poulies* doivent leurs noms à ces deux sortes de jeux qui furent longtemps en vogue, et dont le second nous est inconnu.

Dans la rue de *Chevalier-du-Guet*, demeurait le chef du guet à pied et à cheval, *assis* et *dormant;* dans la rue *Aumaire*, siégeait le maire ou juge du bourg de Saint-Martin-des-Champs.

La rue de l'*Université* se nomme ainsi, à cause de sa construction dans le Pré-aux-Clercs, qui appartenait à l'Université ; la rue du *Fouarre*, où étaient les grandes écoles des Quatre-Nations, garde quelque chose du *feurre* (paille), qui la jonchait pour faire une litière aux écoliers.

L'hôtel royal de Saint-Paul et celui des Tournelles sont représentés par les rues *Saint-Paul*, des *Tournelles*, des *Jardins*, de la *Cerisaie*, *Beautreillis*, des *Lions*, du *Parc-Royal*, du *Foin*, etc. On croit voir, à ces noms seuls, apparaître les deux palais embrassant une vaste étendue de terrain dans leur clôture hérissée de tours rondes et carrées, contenant chacun plusieurs grands hôtels, avec des parcs, des vergers, des treilles, des ménageries et des jardins, que les rois de France cultivaient de leurs propres mains.

La rue *Censier* était d'abord un cul-de-sac ou *sans chef :* de là son nom ; la rue aux *Feves* se nommait anciennement rue au *Fèvre*, parce que saint Éloi, ministre et orfévre du roi Dagobert, y avait logé, ou du moins y avait établi sa forge.

Le nom de la rue du *Ponceau* vient d'un petit pont de pierre, jeté sur un égoût qui coulait à travers la rue Saint-Denis ; le nom de la rue de la *Planche-Mibray*, d'un pont de bois, sur lequel on passait le *mibras* de la Seine. Dans la rue du *Haut-Moulin*, il y eut un moulin à eau ; et, dans la rue des *Moulins*, sur la butte Saint-Roch, plusieurs moulins à vent.

La rue des *Martyrs* est la route que suivirent saint Denis et saint Éleuthère pour aller se faire trancher la tête à Montmartre, si toutefois ils y allèrent jamais ; la rue du *Martroy (martyrium)*, qui conduit à la Grève, atteste les sanglantes exécutions dont cette place fut le théâtre jusqu'à ce que le peuple de Paris l'eût conquise sur le bourreau en juillet 1830.

Dans la rue de *Jérusalem*, s'arrêtaient les pèlerins, qui partaient pour la Terre-Sainte ou qui en revenaient; dans la rue des *Frondeurs*, la Fronde commença les barricades du 16 août 1648; dans la rue *Hautefeuille*, on vendait les feuillées vertes qui tapissaient en été les salles des gens riches; dans la rue des *Arcis*, les maisons furent *arses* ou brûlées par les Normands qui assiégeaient Paris; dans les trois rues des *Francs-Bourgeois*, on ne levait aucune taxe sur les habitants; dans la rue des *Orfèvres*, ce corps de métier avait sa chapelle et son hôpital; dans la rue d'*Enfer*, le diable s'était, dit-on, emparé du château de Vauvert, d'où le chassèrent les pères Chartreux, du temps de saint Louis.

La rue de la *Saunerie* doit son nom aux sauniers ou marchands de sel; la rue de l'*Aiguillerie*, aux cordonnières qui cousaient les *petits souliers de basene*; la rue de la *Bûcherie*, au port aux bûches; la rue des *Prouvaires*, aux prêtres (provoires) de Saint-Eustache; la rue des *Gobelins*, aux farfadets qu'on appelait ainsi et qui se plaisaient aux environs; la rue *Poissonnière*, aux arrivages du poisson de mer; la rue des *Grands-Degrés*, à un escalier menant au bord de l'eau; la rue du *Colombier*, au colombier abbatial de Saint-Germain-des-Prés; la rue *Clopin*, à sa déclivité périlleuse; la rue *Serpente*, à ses détours tortueux; la rue de *Seine*, à un joli ruisseau, à présent desséché, nommé la Petite-Seine; la rue des *Sept-Voies*, aux sept rues qui viennent y aboutir; les rues de la *Monnaie* et de la *Vieille-Monnaie*, aux anciens hôtels des monnaies; les rues du *Plâtre*, à des plâtrières aujourd'hui épuisées; la rue du *Marché-Palu*, au sol marécageux (*palus*) du marché qui s'y tenait dès les premiers temps de Lutèce; la rue des *Lombards*, aux banquiers juifs, déguisés sous le titre de Lombards; la rue du *Bac*, au bac qui servait à traverser la rivière en cet endroit, avant la construction du pont Royal, etc.

Enfin, les rues dont le séjour était désagréable et le passage dangereux, à cause des mœurs de leurs hôtes ordinaires, ne se recommandaient guère par les noms qu'elles portent encore aujourd'hui : les *truands*, les gueux et les gens de la *Vallée-de-Misère* occupaient la rue de la *Truanderie;* les narquois, ou gens de l'argot, la rue des *Mauvaises-Paroles;* les tireurs de laine, la rue *Tirechape;* les larrons et meurtriers, les rues des *Mauvais-Garçons, Mauconseil, Mondétour* (Mau détour), etc.

Ainsi, en cet âge de naïveté où les argotiers avaient néanmoins inventé tant de ruses contre la bourse et la vie des honnêtes gens, ces rues-là ne trompaient personne. Il est vrai que les patrouilles du guet étaient fort rares et fort peureuses; que les rues étaient à peine éclairées par quelques lampes brûlant devant des images de Notre-Dame, et que le couvre-feu rendait la ville plus déserte qu'un bois. Sous le règne du *grand Roi*, on assassinait encore, toutes les nuits, dans Paris, et même devant le Louvre; mais parfois un nom de rue tenait lieu de police et de réverbères; un nom de rue mettait en fuite une compagnie de garde bourgeoise.

Ce fut sans doute pour familiariser les Parisiens avec la guerre et les victoires que Napoléon baptisa, l'épée à la main, les rues de *Damiette*, d'*Arcole*, des *Batailles*, du *Pont-de-Lodi*, du *Mont-Thabor*, de *Marengo*, d'*Ulm*, du *Caire*, etc. Napoléon, qui aurait voulu que le bâton de maréchal de France devint le bâton de vieillesse de tous ses soldats, appendit comme des trophées les noms de ses généraux à des rues où devait surgir pour ses desseins une nouvelle génération militaire : les rues de *Castiglione*, de *Rivoli*, *Desaix*, *Kléber*, etc., sont aussi retentissantes de sa gloire que le bronze de la Colonne de la Grande Armée.

La Restauration ne débaptisa pas ces rues, mais elle leur opposa les rue *Bayard*, de *Poitiers*, *Neuve-d'An-goulême*, *Neuve-de-Berry*, de *Ponthieu*, *Madame*, etc., comme pour faire un appel aux illusions de la monarchie de quatorze siècles : la courtisannerie tenait les rues sur les fonts. La rue *Charles X* n'est plus qu'une ombre; mais on projette déjà la rue *Louis-Philippe* sur les ruines de Saint-Germain-l'Auxerrois !

Cependant les entrepreneurs, propriétaires, architectes et agioteurs s'étaient approprié des rues, tracées à leurs frais, au milieu des préoccupations sanglantes, victorieuses et jésuitiques de la Restauration, de l'Empire et de la République : on vit, sans y prendre garde, s'établir les rues *Borda*, *Bourdon*, *Buffault*, *Cadet*, *Caumartin*, *Chauchat*, *Duphot*, *Dupont*, *Étienne*, *La-cuée*, *Lacaille*, *Papillon*, *Richer*, et vingt autres bien alignées, bien pavées, bien bâties, mais dont les noms ressemblent à une liste électorale.

L'histoire morale et physique de Paris est donc liée à

celle de ses rues; on doit étudier leurs noms, modifiés par la routine, réformés par arrêté municipal, changés par les événements, comme une langue morte qui se corrompt, qui se perd de jour en jour, et qui n'aura bientôt plus un seul interprète.

1834.

LES RUES DE LA CITÉ[1]

La formation d'une grande ville est lente et progressive comme celle d'un terrain d'alluvion ; il a fallu dix-huit siècles pour que Lutèce, longtemps renfermée dans l'*Ile des corbeaux*, enfantât le Paris moderne, qui est sorti de son berceau, en rompant ses langes de fortifications ; et à peine si l'âge de la virilité est venu pour ce géant des villes !

Depuis les temps reculés où la *Hanse* parisienne avait son siége sous les auspices des dieux gaulois, dans l'île de la Cité, qui a la figure d'un navire échoué au milieu de la rivière, combien de révolutions intérieures ont changé souvent l'aspect de notre capitale, qui

[1] Écrit en 1833, et publié dans l'*Europe littéraire.*

a toutefois conservé le vaisseau des *nautes* dans son blason! L'empereur Julien reconnaîtrait-il sa chère *Lutetia*, où il passait si froidement l'hiver? Que dirait Philippe-Auguste des travaux du règne de François Ier? Louis XIV s'étonnerait-il de voir sa magnificence surpassée par Napoléon? Pierre Grognet, qui rimait au seizième siècle le Blason de Paris, ne s'en tiendrait plus maintenant à la périphrase mesquine de *paradis terrestre : ne reste plus que paradis céleste.*

L'histoire de Paris, qui se trouve partout mêlée à l'histoire de France, est presque ensevelie sous un amas de volumes d'annalistes et d'antiquaires. Corrozet et Dubreul, Félibien et Sauval, Piganiol et Germain Brice, Saint-Victor et Dulaure, ont recueilli tour à tour des faits, des noms et des dates, qui se classent d'autant moins dans la mémoire, que la plupart des monuments ont disparu avec les générations et leurs mœurs : la *culture* s'est couverte de maisons ; de nouvelles rues ont divisé de nouveaux quartiers ; des églises sont métamorphosées en magasins, des cimetières en marchés ; de tous côtés, la civilisation se révèle par des bienfaits, du vandalisme et de l'ingratitude ; déjà le vieux Paris n'existe plus.

Il existe encore dans les livres ; et, pour le reconstruire tel qu'il était sous les rois de la première race, ou bien sous Charles V et Henri IV, les matériaux demandent un architecte. Mais ce n'est pas l'histoire chronologique de Paris qu'on peut essayer de remettre à neuf par lambeaux ; ce n'est pas l'histoire de France qu'il s'agit ici de rhabiller d'après Mézeray, Velly, Anquetil ; un pareil sujet serait trop vaste, trop analytique, trop aride, pour qui veut de l'érudition sans sécheresse et sans fatras.

C'est l'histoire des rues que nous voulons présenter en tableaux variés, en aperçus singuliers, en documents fidèles : histoire colorée, instructive et amusante, que Sainte-Foix a ébauchée avec esprit, que Jaillot a étudiée avec profondeur. Chaque rue nous contera son origine et sa chronique; chaque rue aura sa physionomie étymologique, physique, morale et anecdotique.

Voici l'instant suprême pour ramasser par les rues ce qu'il y a de souvenirs égarés, et pour garder religieusement sur le papier ce qui fut gravé sur la pierre.

Les écrivains bâtissent plus solidement que les maçons.

Paris se fait beau, se nettoie et se rajeunit de jour en jour, quoique les rides et les cheveux blancs soient la fierté du vieillard. Cette toilette de démolition et de badigeonnage efface une à une des traces vénérables d'antiquité et de gloire. La cité de soixante-dix rois déchire ses lettres de noblesse. Laisserons-nous abattre la tradition ?

Sans doute, il est agréable d'habiter des maisons aérées, propres, saines, commodes, dans des quartiers élégants et salubres, dans des rues spacieuses, bien pavées et bien entretenues; mais n'est-ce pas un spectacle pittoresque et attachant, que celui des vieux quartiers, décorés de vieux édifices, noirs et pleins de vieilles illustrations? Sans doute, une ville du moyen âge, comme on en trouve encore sur les bords du Rhin, est invariablement boueuse, puante, sombre et triste, avec ses ruelles qui serpentent et se mêlent, ses pignons qui surplombent, ses gouttières qui s'allongent en gorgones, ses façades surchargées d'ornements de sculptures et ses églises enfumées par les siècles.

Nuremberg, Heidelberg, Cologne, malgré leurs trésors d'art et leur parfum d'ancienneté, n'invitent pas tout le monde à résidence; mais il y a beaucoup à voir, beaucoup à savoir, dans ces demeures intactes des hommes d'autrefois: on dirait que les murs ont retenu l'écho du passé, et l'imagination est frappée en même temps que les yeux. L'esprit seul peut se plaire aujourd'hui dans les rues de Paris.

Ces rues se sont multipliées, à mesure que l'enceinte de la ville s'agrandissait au nord et au midi. Au treizième siècle, le trouvère Guillot, dans son *Dit des Rues*, en a compté trois cent neuf; au dix-huitième siècle, ce nombre s'était élevé à neuf cent quatre-vingt-neuf; il a dû, depuis, atteindre onze cents. Toutes n'ont pas droit de nous occuper : nous ne dirons rien de celles qu'on a percées depuis la Révolution, à moins qu'un fait piquant et peu connu ne rachète leur nouveauté; nous parcourrons de préférence les anciennes, qui ont eu jusqu'à dix noms différents et autant de destinations diverses; qui ont possédé des établissements civils ou ecclésiastiques; qui ont été les témoins d'événements particuliers.

Nous partirons du centre de la Cité, où les dieux *Esus* et *Cervunnos* avaient leurs autels teints de sang; du Cloître Notre-Dame, où l'Université prit naissance à l'ombre de la basilique épiscopale. Ensuite, nous visiterons les rues par quartier, plutôt que par arrondissement, sans suivre une marche réglée, et sans autre guide que notre caprice aventureux.

Nous conduirons même les dames dans les coins et recoins de Paris les plus infréquentés, par des ruelles dont le sobriquet primitif a de quoi épouvanter les oreilles les moins timides, et dont l'état actuel conserve une sorte d'infamie héréditaire ; ce sont de ces choses qu'il vaut mieux voir de loin et à travers un voile décent. Par là les Halles seront mises à la portée des salons.

Jadis les villes étaient fortifiées pour être à l'abri des invasions et du pillage, des guerres et de la conquête : ainsi l'attaque des Normands échoua contre Paris, qui n'avait alors pour fossés que la Seine, baignant sa ceinture de murailles et de tours. Louis VII recula les limites de sa capitale et l'environna d'une clôture capable de soutenir un assaut. Philippe-Auguste, en étendant cette clôture plus avant dans la campagne, ne négligea pas les moyens de défense, et Charles VI, qui répara et augmenta l'enceinte de Philippe-Auguste, y ajouta des *douves* profondes et des créneaux à l'épreuve de l'artillerie. Ces murailles résistèrent, deux siècles plus tard, au siège mémorable de Henri IV.

A ces époques de factions intestines et de guerroyement continuel, l'intérieur des villes était disposé de manière à pouvoir combattre de maison en maison et de rue en rue ; non-seulement les maisons principales avaient quelquefois des enclos crénelés, et toujours des bastions aux encoignures ; mais, outre les deux grandes rues transversales qui coupaient la ville en croix pour le passage des voitures, les autres rues rampaient, se tordaient, s'entortillaient, telles que des serpents, étroites, inégales, ténébreuses, fermées de portes, couvertes de ponts suspendus, hérissées de tourelles, encombrées d'immondices, et engorgées d'eaux croupissantes. A l'angle de ces rues dessinées en labyrinthe, de grosses chaînes de fer scellées dans la pierre, au fond d'une armoire de fer dont le quartenier avait la clef, n'attendaient qu'un signal du beffroi pour être tendues et barricadées ; la ville se transformait tout à coup en citadelle, et les citoyens devenaient autant de soldats ; il en fut ainsi pendant la Ligue et la Fronde, comme sous les Maillotins.

Les rues de Paris ne furent pavées que du temps de Philippe-Auguste. Ce grand roi, qui travaillait sans cesse à embellir sa ville de prédilection, était, un jour, à la fenêtre de son palais, situé à la place même du Palais-de-Justice actuel ; un chariot, qui remua en passant la fange de la Cité, répandit une telle infection jusque dans l'appartement royal, que le prince ordonna de paver les rues avec des pierres dures et carrées.

L'exhaussement du sol à trois pieds au-dessus de ce premier pavé témoigne assez que les successeurs de Philippe-Auguste ne veillèrent pas trop à faire observer l'édit qui prescrivait aux bourgeois d'entretenir à leurs frais le pavé de la voie publique devant leurs logis. Une ordonnance de Charles V, en 1388, déclare que les *pavements des chaussées sont moult empiriés et tellement déchus en ruine et dommagiés, que en plusieurs lieux l'on ne peut aller à cheval ne à charroi sans très-grands périls et inconvénients.* Un procès-verbal et rapport, fait en 1636, pour le nettoyement et pavage de la ville, cite des accidents survenus *à cause du mauvais ordre des chaussées : plusieurs personnes, allant et venant pour leurs affaires, sont tombées et ont eu les jambes rompues.*

En 1833, on se croirait encore en 1388 ou en 1636.

Cependant le voyer de Paris, dont l'institution remonte aux Romains, tenait du roi, à fief ou à baillie, une juridiction de police qu'il exerçait sans appel sur le pavé royal ; mais les innombrables impôts qu'il prélevait à titre de redevances endormirent sa vigilance et paralysèrent son autorité. Si les chaussetiers lui devaient une paire de chausses, *ni des pires ni des meilleures,* si les merciers deux aiguilles par semaine, si les chapeliers *un chapel de roses en la saison,* on peut supposer qu'il exigeait des contributions arbitraires, pour permettre de *faire auvent, de seoir en la voirie et vendre denrée,* de *mener coin de rue* et de *jeter ordures sur le chemin du roi.*

Le voyer était, d'ordinaire, un exacteur de la plus méticuleuse tyrannie : il disputa quelquefois à l'exécuteur des hautes-œuvres et à l'Hôtel-Dieu leurs droits mutuels sur les pourceaux vaguant dans la ville. La mort du dauphin Philippe, fils aîné de Louis le Gros, renversé de cheval auprès de Saint-Gervais par un pourceau furieux, amena cette proscription presque judiciaire contre ces animaux domestiques, qui perdirent alors le privilége de s'ébattre dans les boues et les cloaques de Paris.

D'abord, les rues n'avaient pas de dénomination précise : la rue de la Calandre est désignée, dans les chartes, par cette phrase : *rue par laquelle on va du Petit-Pont à la place Saint-Michel.* Ensuite, les plus importantes reçurent des noms distinctifs, comme la rue Saint-Martin, la rue Saint-Denis; quant aux autres, elles étaient nommées de tant de façons, souvent contradictoires, qu'il en résulte aujourd'hui pour nous un inextricable embarras dans l'application du nom à la rue, et de la rue au nom.

On voit aussi que les moines et les prêtres, qui rédigeaient des actes public, modifiaient ou rejetaient les noms trop barbares, comme s'ils voulussent s'attribuer le baptême des rues à l'instar de celui des chrétiens.

Les noms de rues inventés par le peuple étaient obscènes ou ignobles, ridicules ou burlesques, significatifs ou caractéristiques; on reconnaissait, au simple énoncé de ces sobriquets populaires, les rues consacrées à la prostitution, celles où s'était commis un crime célèbre, celles dont les habitants avaient mauvaise renommée, celles qu'il fallait aborder en se bouchant le nez, celles remarquables par un puits ou une Notre-Dame, par un hôtel ou un couvent. Les culs-de-sac, qui étaient aussi nombreux que les rues, s'appelaient *rues sans chief,* expression honnête que Voltaire, l'inventeur du mot *impasse,* eût admiré chez nos naïfs aïeux, qui ne songeaient guère à éviter l'incongruité d'une équivoque; une partie de ces *rues sans chief* servaient de dépôt aux charognes et de sentine à tout le voisinage : de là les noms fréquents de *fosse aux chiens* et de *trou punais.*

Dans ce temps-là, l'hérédité, ce dogme despotique auquel toutes les existences étaient soumises, semblait dominer les choses de même que les hommes; une rue avait à perpétuité son genre particulier d'habitants, de commerce et de réputation.

Les mendiants logeaient à la *Vallée-de-misère*, et peuplaient les deux *Truanderies;* les juifs se cachaient dans leur *Juiverie* vers les Halles; on vendait les jonchées de feuillage rue Hautefeuille; la paille ou *feurre*, rue *au Feurre*, maintenant rue aux Fers; le drap, à la *Vieille-Draperie*, et la pelleterie, rue *des Fourreurs*.

Cette attribution spéciale des rues subsiste encore à peu près, bien que les six corps des marchands aient perdu leur bannière armoriée, et que les quinze cent cinquante et une communautés d'artisans ne se gouvernent plus en petites républiques.

Enfin certaines rues avaient leurs prérogatives féodales : telle était exempte de subsides, telle relevait d'un hôtel seigneurial ou d'un domaine religieux; plusieurs, semblables aux *squares* anglais, avaient des portes closes la nuit, comme la rue des Deux-Portes nous l'apprend par son nom; plusieurs ne donnaient entrée aux marchandises que moyennant un droit de péage, comme la rue des Barres paraît l'indiquer; quelques-unes, comme celle du Fouarre, abandonnée aux Écoles, n'étaient pas publiques à toute heure du jour. On avait un respect inviolable pour la coutume.

Les maisons n'étaient étouffées et entassées que du côté de la rue, où n'arrivaient jamais l'air et la lumière, où s'ouvraient des portes basses et quelques rares fenêtres; mais, à l'exemple des villes mauresques d'Espagne, une cour et un jardin planté d'arbres fruitiers se trouvaient ménagés, par derrière, pour l'agrément du local, que des granges et des hangars accompagnaient toujours, lorsque la maison avait quelque importance.

Les rues étant moins longues et moins peuplées, il suffisait de la plus vague indication pour distinguer les *hôtels*, qui, d'ailleurs, portaient le nom de leur enseigne peinte ou sculptée : l'hôtel du Pélican, l'hôtel de la Croix de fer, l'hôtel du Cheval rouge, appartenaient à Nicolas Flamel. A défaut d'une enseigne, on inventait une désignation quelconque : *Un hôtel qui fut à Robin Violette, près du carrefour, vers le Temple; un hôtel et jardin qui furent jadis à Maître Jehan de Senlis*, etc. On voit, par les Comptes des rentes de Flamel, qui nous fournissent ces citations, que la guerre la famine et la mortalité, durant le quinzième siècle, laissèrent quantité de maisons *inhabitées, fondues et en totale ruine*.

Ce ne fut qu'en 1723, sous la prévôté de Turgot, que les noms des rues furent inscrits définitivement sur des écriteaux; ce ne fut qu'en 1806, qu'un numérotage général des maisons rectifia les vices de l'ancien système.

LA CITÉ

La Cité, qui fut longtemps tout Paris, avant que la réunion de deux îlots à sa pointe occidentale eût augmenté son étendue, forma seulement en 1703 un quartier, comprenant aussi les îles Notre-Dame et Louviers.

Ce quartier renfermait douze paroisses et vingt et une églises ou chapelles, cinquante-deux rues, onze ponts, le Palais, l'Hôtel-Dieu et la cathédrale : depuis un demi-siècle, la plupart de ces églises ont été abattues ou supprimées, et le marteau a fait pénétrer un peu d'air, un peu de jour, dans ces ruelles semblables à des caves. Le commerce, qui florissait sur ce sol héréditaire, s'est acclimaté ailleurs, et presque toutes les maisons, hautes et rapprochées, ont caché leurs charpentes noires et vermoulues sous un enduit de plâtre, comme pour justifier l'étymologie grecque du nom de *Leucoletia*, ville blanche.

On trouve à peine maintenant quelques-uns de ces pignons sur rue, dont les bourgeois étaient si fiers, et qui leur tenaient lieu de parchemins ; on cherche en vain ces *encognures* ou poutres sculptées qui supportaient l'édifice et servaient à son ornement extérieur. Çà et là, un toit en auvent cintré, un étage en saillie, un angle de maison en cul-de-lampe, une porte basse à voûte de pierre, un escalier de bois à rampe massive, une boutique obscure et profonde, rappellent les anciens temps qui remplissent de souvenirs ces rues sombres, boueuses et infectes, qu'on croirait habitées par des crapauds, des hiboux et des chauves-souris.

Il y a pourtant des hommes qui naissent, vivent et meurent, sans sortir de cette atmosphère putride, sans chercher d'autre horizon que des murs enfumés et sans connaître même les magnificences architecturales de Notre-Dame où ils vont à la messe le dimanche, où ils ont été baptisés ! Qui oserait s'aventurer dans la rue des Trois-Canettes ou dans celle des Deux Hermites ? C'est un cloaque où grouille la plus vile populace.

La fondation d'une ville dans la Cité est un de ces faits que l'histoire ne rapportera jamais à une date précise, et le château des Parisiens, *castellum Parisiorum*, lorsque César s'en rendit maître, n'avait pas d'autre importance que sa situation inexpugnable, au milieu de la Seine qui l'embrassait, plus large et plus rapide qu'elle ne l'est maintenant, car ses bords sont *atterris par gravois, fiens et ordures qu'on y a depuis jetés*, suivant Raoul de Presles, qui n'accorde pas moins de vingt-six siècles d'antiquité à la capitale du Parisis.

Ce crédule auteur raconte l'origine de Paris, d'après une croyance qui était généralement adoptée au quinzième siècle. Francon, fils d'Hector, ayant porté les pénates de Troie en Hongrie, y fonda Sicambre, *et ce fut au temps de David ;* la population de cette ville se multiplia tellement dans l'espace de deux cent trente ans, que vingt-deux mille Troyens, conduits par un chef, nommé Iboz, quittèrent leur seconde patrie pour aller s'établir dans un pays plus fertile.

« Ils passèrent la Germanie et le Rhin, et vinrent jusque sur la rivière de Seine, et, avisant le lieu où est à présent Paris, et pource qu'ils le virent beau et délectable, gras et plantureux, et bien assis pour y habiter, y firent et fondèrent une cité, laquelle ils appelèrent Lutèce, *à luto*, c'est-à-dire pour la graisse du pays; et fut édifiée cette cité au temps de Amasie, roi de Juda, et de Jéroboam, roi d'Israel, 830 ans avant l'incarnation de Notre-Seigneur; et s'appelaient Parisiens, ou pour Paris, fils du roi Priam, ou de *Parisia* en grec, qui vaut autant comme *hardiesse* en latin. »

Cent vingt-neuf ans après cette fondation, une nouvelle colonie de Sicambres arriva dans les Gaules et voulut conquérir Lutèce. « Mais, quand ils surent que c'étaient ceux qu'Iboz y avait menés, et que c'était tout un peuple, ils s'entrefirent grand'fête et demourèrent ensemble paisiblement sous un roi et sous une seigneurie; et la ville qui avait nom Lutèce, ils l'appelèrent Paris, disant que c'était laid nom et ord de Lutèce. » Aussi, lorsque César entreprit la guerre des Gaules, « Paris était habité de gens grands et puissants, qui tenaient la Cité seulement, laquelle était si forte pour lors et tellement fermée d'eaux, qu'on n'y pouvait passer. »

Raoul de Presles, qui a intercalé ces histoires dans son commentaire sur la *Cité de Dieu* de saint Augustin, ne se permettait pas les libertés d'étymologiste, que Rabelais a prises en faisant dériver le nom de Lutèce des *blanches cuisses des dames dudit lieu*, et celui de Paris, de la bienvenue de Gargantua, qui, du haut des tours de Notre-Dame, *compissa* et noya *par ris* les badauds rassemblés sur son passage. Gulliver ne traita pas mieux les Lilliputiens.

Les rues de la Cité ont vu se succéder tant de flots de générations que les siècles ont balayées en poussière, et tant d'événements contraires qui n'ont pas tous laissé trace dans la mémoire des descendants; depuis les huttes des bateliers gaulois, petites et rondes, sans fenêtre et sans cheminée, construites en bois et couvertes de roseaux, ces rues ont subi tant de métamorphoses nominales et matérielles, qu'il faudrait des volumes et des in-folios, comme on en compilait chez les Bénédictins, pour recueillir tout ce que nous offrent l'histoire, la tradition, l'archéologie et la statistique. Nous devons donc surtout nous abstenir de rapporter en entier les preuves, qui, pour mettre à couvert notre bonne foi d'écrivain, détruiraient le but utile et agréable à la fois que nous nous sommes proposé : un ouvrage à demi composé de pièces justificatives accuserait seulement l'avidité de l'auteur, intéressé, dirait-on, à grossir ses volumes. Laborieux compilateurs, qui consumiez votre vie à réunir et à publier des matériaux pour l'histoire, ne ressuscitez pas aujourd'hui, de peur de mourir de chagrin !

Il s'agit d'attacher à chaque rue une anecdote ou bien une remarque curieuse, sans empiéter sur la description des monuments anciens ou modernes ; les indications de cartulaires, de terriers, de censives et de registres ecclésiastiques qui n'existent plus, n'intéresseraient que les savants, lesquels font fi de la science dépouillée de ses formes sévères et de sa vénérable poussière : nous nous contenterons de désigner les principales autorités, dans le cas où quelqu'un voudrait recourir aux sources mêmes, et, par horreur pour la pédanterie, nous citerons le moins de latin possible. On jugera si c'est profanation que de débarbouiller cette science crasseuse et de l'introduire par la main dans le beau monde : on ne souffrirait plus de nos jours, même dans une antichambre, le poëte *Colletet crotté jusqu'à l'échine.*

RUE DU CLOITRE NOTRE-DAME

Le Cloître Notre-Dame, qui a gardé son nom en abandonnant ses vieux priviléges et sa destination canoniale, était ceint de murailles et fermé de portes : la principale, bâtie avec les débris de Saint-Jean-le-Rond, s'ouvrait sur l'emplacement que cette petite église avait occupée naguère à la droite de la basilique de Maurice de Sully. C'était le domaine du Chapitre de Notre-Dame, qui existait déjà sous Charlemagne et composait un ordre régulier avec le titre de *Frères de la Vierge Marie :* six papes, vingt-neuf cardinaux et une multitude d'évêques et d'archevêques furent donnés à l'Église par cet illustre Chapitre, dont les chanoines avaient la tonsure en couronne et la barbe rase, sous peine d'être privés de tout bénéfice pendant un mois. Malgré cette rigidité de costume, ces chanoines sybarites expulsèrent de leur Cloître les écoles épiscopales, dont la turbulence ne respectait pas plus leur sommeil que le service divin. Aristote et sa docte cabale traversèrent les ponts et se réfugièrent dans la rue du Fouarre; le chantre de Notre-Dame conserva sa juridiction dans ces foyers de disputes scolastiques, et, seule entre les *quatre Facultés*, la théologie eut la prérogative de s'enraciner à l'ombre du palais de l'évêque.

A la fin du onzième siècle, le Cloître était jonché de paille fraîche, sur laquelle venaient s'étendre, aux heures des leçons, ces écoliers nomades, si nombreux et si passagers, qu'on ne les comptait jamais dans le dénombrement des habitants de Paris; ils allaient quêter de l'instruction dans les écoles célèbres, et souvent ils vieillissaient en apprenant par cœur quelques pages d'Aristote et de Priscien, qu'ils avaient entendu lire, expliquer et paraphraser pendant vingt ou trente ans; car alors un pauvre écolier, qui mendiait son pain de porte en porte et qui couchait en plein air dans son manteau, ne lisait que le missel public, enchaîné derrière un treillis de fer à l'entrée des églises, et profitait plus ou moins des lectures faites par les professeurs qui s'exerçaient aux frivolités verbeuses de la dialectique. Souvent cet écolier, écorchant du grec et du latin, comme l'écolier limousin de Rabelais, passait le jour au cabaret, et la nuit dans les mauvais lieux, qui appendaient leurs enseignes obscènes vis-à-vis des images de saints, impuissants à protéger les mœurs. Ici l'écolier se prenait de querelle avec un camarade, en buvant et en dissertant : un coup de bâton ferré terminait le colloque et la vie de l'un des deux; là, l'écolier détroussait les passants, s'affiliait aux confréries de gueux et de larrons, enlevait une fille ou volait un jambon. Mais, si le recteur de l'Université convoquait à une procession solennelle le ban et l'arrière-ban des *Quatre-Nations*, la tête du cortége, composé de ses *suppôts*, commençait à déboucher dans la ville de Saint-Denis, tandis que la queue se déroulait encore dans les ruelles de la Cité.

Les chanoines de Notre-Dame, qui avaient alors la permission de loger des femmes à titre de parentes, se trouvèrent mal du voisinage de ces jeunes *clercs*, hardis et insolents, à qui Pierre Comestor détaillait les plus scabreuses naïvetés de la Bible. Ce Pierre le Mangeur *historiait* les Écritures à sa fantaisie. Il faisait dire à Adam, après la formation de la femme : « Cette sera appelée virago, car elle est prise et faite de l'homme. Pour laquelle chose l'homme laissera son père et sa mère et se prendra à sa femme, et seront deux en une chair. » Il tirait du crime de Loth cette moralité : « Fut le péché de boire jusques à être ivre, cause de l'autre péché. » Il répétait avec Moïse : « Ce n'est bonne chose à l'homme, qu'il soit seul. » Les chanoines partagèrent peut-être la doctrine de Moïse, jusqu'à ce que le Chapitre eût statué et ordonné, en 1334, qu'aucune femme, jeune ou vieille, chambrière ou parente, ne demeurerait dans le Cloître, « parce que, dit l'ordonnance, ce lieu est saint, dédié et consacré à Dieu. » Cet acte de rigueur contre les femmes fut bien tardif, s'il eut pour prétexte les amours d'Abailard et d'Héloïse, qui dataient de 1110 environ.

On voyait les médaillons de ces illustres amants, dans le Cloître, sur la façade de la maison de Fulbert, chanoine de Notre-Dame, l'oncle jaloux d'Héloïse, le bourreau d'Abailard. On ne passait pas devant cette maison, où furent heureux le maître et l'élève, sans éprouver un serrement de cœur et une émotion tendre. Ces médaillons anciens étaient pourtant altérés par de burlesques restaurations : Héloïse avait la fraise haute et le corsage décolleté du temps de Henri IV ; Abailard portait la moustache, avec toge romaine. L'*imagier* du quinzième siècle les avait fait si peu ressemblants l'un et l'autre, qu'il fallut étudier sur leurs têtes de mort, exhumées au Paraclet, la figure qu'on voulait donner à leurs statues, qui s'étonnent de se voir couchées côte à côte aujourd'hui dans le cimetière du Père-Lachaise.

Abailard, qui traînait à sa suite une armée d'écoliers, avec laquelle il vint camper sur la montagne Sainte-Geneviève, comme pour combattre son rival en philosophie, Guillaume de Champeaux, dont il avait été le disciple bien-aimé, Abailard n'eut d'abord de l'amour que pour le sophisme; il était pourtant aussi noble et gracieux de corps que d'esprit. « Comme il lisait en l'Évêché, raconte Pasquier, un chanoine nommé Foulbert, qui avait chez soi une sienne nièce fort bien nourrie en langue latine, le prie de vouloir lui donner tous les jours une heure de leçon : ce qu'il accepta volontiers. Après avoir quelque temps continué ce métier, amour se mit de la partie entre eux. » Le chanoine Fulbert (peu importe qu'il fût l'oncle ou le père d'Héloïse) avait concentré toutes ses affections sur cette fille de dix-huit ans, qui savait le latin, le grec et l'hébreu, mais qui savait encore mieux aimer : « Héloïse, dit Abailard lui-même, n'était pas la dernière pour la beauté du visage, mais elle était la première pour la connaissance des lettres. » Son maître, jeune et ardent comme elle, avait surtout deux moyens de séduction qui eussent pu lui gagner le cœur de toutes les femmes, comme l'a dit elle-même Héloïse : son éloquence et sa voix enchanteresses. Le grave philosophe, qui n'avait plus d'autre ambition que de plaire à son écolière, composa pour elle des vers amoureux en langue vulgaire et les mit en musique; on les chantait alors au fond des provinces où la renommée scolastique d'Abailard était parvenue, et les disciples de ce grand homme exaltèrent sa belle et docte maîtresse.

La maison du chanoine Fulbert était le théâtre de ces amours, couverts du prétexte de la science. Les deux amants se livraient avec ardeur à la lecture des Pères de l'Église : cette lecture édifiante avait insensiblement rapproché leurs yeux, leurs têtes et leurs

bouches. Françoise de Rimini et Paolo s'interrompi-
rent ainsi par des baisers, en lisant ensemble le roman
de Lancelot et de la belle Genèvre. Peut-être certaine
correction manuelle, usitée dans les colléges, fut-elle
cause de la faiblesse du dialecticien : « Sous les sem-
blants de l'étude, nous n'étions livrés qu'à l'amour,
dit-il ; l'amour choisissait les réduits mystérieux où
s'écoulait l'heure de la leçon ; les livres ouverts devant nous, l'amour, plus que la leçon, occupait nos
entretiens ; nous échangions plus de baisers que de
sentences ; les mains allaient de l'un à l'autre plus
souvent que vers les livres ; l'amour confondait les regards que la leçon ne ramenait guère sur le papier ;
enfin, pour écarter les soupçons du chanoine, l'amour,
plutôt que la colère, mesurait les coups qui surpassaient la douceur des caresses. » L'écolière devint
éprise, avec passion, avec orgueil, du maître célèbre,
qui lui sacrifiait gloire et richesses, qui préférait un
seul mot de ses lèvres aux applaudissements de l'É-
cole. On'a prétendu que le *Roman de la Rose* fut originairement l'œuvre d'Abailard, qui peignit son Héloïse
sous le nom de *Beauté*. Guillaume de Lorris ne serait
donc que le traducteur d'un poëme latin du douzième
siècle. « Quelle femme, s'écriait Héloïse transportée
d'enthousiasme, quelle vierge ne rêvait pas de lui en
son absence, ne brûlait pas pour lui en sa présence ?
Quelle reine ou quelle dame de haut lieu ne portait
pas envie à mes voluptés et à ma couche d'épouse ? »

Fulbert et les parents d'Héloïse, qui étaient de la
maison de Montmorency, apprirent tout, lorsqu'il ne
fut plus possible de rien cacher. Héloïse, déguisée en

homme, partit pour la Bretagne, où elle mit au monde un fils. Le mariage des amants était une réparation que l'oncle exigeait en dissimulant son ressentiment, et la victime de l'amour, par philosophie sans doute, s'opposait de tous ses efforts à une alliance légitime, contre laquelle ses arguments subtils citaient saint Paul, Théophraste et Cicéron : « Quelle convenance y a-t-il entre des servantes et des écoliers, disait-elle, entre des écritoires et des berceaux, entre des livres et des quenouilles, entre des plumes et des fuseaux? Comment, au milieu des méditations théologiques et philosophiques, supporter les cris des enfants, les chansons des nourrices et le tracas de ménage?» Elle consentit cependant à épouser en secret son amant, et celui-ci, trahi par son valet, fut lâchement mutilé, une nuit qu'il dormait seul dans son lit. Malheureux Abailard, le voilà moine!

Son amour survécut à son bonheur, et quelquefois, dans des lettres sublimes que Pope et Colardeau ont osé imiter, les deux amants, séparés à jamais par une atroce violence, revolaient l'un vers l'autre sur les ailes ardentes de leur imagination. Héloïse, qui trouvait « plus noble et plus précieux le titre de *concubine* d'Abailard que celui d'impératrice de toute la terre, » répéta durant quarante ans : « Vœux, monastère, je n'ai point perdu l'humanité sous vos impitoyables règles; vous ne m'avez point fait marbre en changeant mon habit ! » Elle mourut *mère et première abbesse du Paraclet, de doctrine et religion très-resplendissante;* et, quand on la déposa dans le tombeau, où son ami l'attendait depuis vingt années, ils ressuscitèrent tous deux un moment pour remourir ensemble dans un baiser.

Une statue de la Vierge, voisine de la maison qu'habitait Héloïse, ne fut pas exempte non plus des faiblesses de son sexe, si l'on en croit Gautier de Coinci, qui mit en rimes l'histoire des *Miracles de la Vierge*, dans son prieuré de Saint-Médard de Soissons, au commencement du treizième siècle. C'est l'époque même où la cathédrale, fondée par l'évêque Maurice de Sully, achevait de s'élever sur les ruines de la primitive église de Notre-Dame. La statue, héroïne du conte, doit être celle qu'on remarque encore debout sur un pilier, toute noircie et à demi-rongée par le temps, au portail septentrional. Quelque incrédule aura rompu la main droite, qu'elle tenait levée pour rappeler le miracle qui est consigné dans un manuscrit de l'ancienne bibliothèque de l'église de Paris.

Pendant la reconstruction de cette basilique, vers 1170, une image de Notre-Dame avait été inaugurée devant les *portaux* du temple qu'on lui bâtissait, et les passants déposaient leur offrande à ses pieds. Les jeunes clercs venaient jouer à la *pelote* sur le *préau*, qui semble être le Cloître, tout retentissant des jeux de l'école épiscopale. Un jour, un beau *garçonnet*, qui avait au doigt un anneau donné par son amie, craignant de le perdre en jouant, alla vers l'église, *por l'anel mettre en aucun lieu* : il vit l'image peinte de couleurs éclatantes et si belle, qu'il s'agenouilla et s'inclina dévotement, les yeux mouillés de larmes : « Dame, dit-il, dorénavant je vous servirai, car jamais je ne *remirai* femme ni pucelle, *qui tant me fut plaisant ne belle. Je veux vous donner cet anneau pour gage d'amour, et je jure que je n'aurai amie ni femme, si-non vous, belle douce dame.* » A peine eut-il offert son anneau à la statue, que celle-ci plia le doigt de telle sorte, qu'on n'aurait pu lui arracher cet anneau sans le briser. Le jeune homme, effrayé de ce prodige, pousse des cris et raconte aux assistants ce qui vient d'arriver : chacun lui conseille de *laisser le siècle* et de servir *madame sainte Marie*, qui doit être désormais son unique maîtresse. Il oublia bientôt son serment et la Mère de Dieu, en prenant *à femme* celle qui lui avait donné l'anneau des fiançailles. Les noces furent riches et triomphantes : l'époux sentait un vif désir de pos-séder la *mignote* épousée ; mais, dès qu'il entra dans le lit nuptial, il s'endormit, *sans plus faire.*

Notre-Dame lui apparut *couchée entre lui et sa femme :* elle lui montra son anneau et lui reprocha dou-cement de quitter la rose pour l'ortie, le fruit pour la feuille et le miel pour le venin. Il s'éveilla en sursaut, émerveillé de la vision, chercha dans le lit pour y trouver l'image, et ne rencontra que son épousée : aussitôt il s'endormit derechef. Notre-Dame lui réap-paraît, *fière et dédaigneuse*, en l'appelant *faux, parjure et foi-mentie.* Le *gars* s'élance hors du lit, sachant bien qu'il est mort, s'il *touche à sa femme*, et, inspiré par ce songe, il s'enfuit dans un désert, où il *prit habit, habit de moinage : à Marie se maria.*

Cette jolie légende, toute confite en amour mystique, procura certainement beaucoup d'adorateurs à la *Vierge à l'anel.*

RUE DU MARCHÉ-NEUF

La rue du Marché-Neuf ne prit ce nom qu'en 1566, lorsqu'on fit bâtir dix-sept boutiques, une halle aux poissons et deux boucheries, aux deux extrémités du quai, qu'on appelait autrefois *la grant Orberie*, c'est-à-dire la grande place circulaire, *vicus orbus*. Ce mot est encore employé dans Rabelais : l'abbé Lebeuf voulait le tirer de *lormerie*, ancien titre de la profession des selliers-lormiers, *lormarii*. Le peuple, qui ne se fait pas faute de *préparer des tortures aux Saumaises futurs*, changea, de son plein gré, *Orberie* en *Herberie*, parce que les vendeuses d'herbes venaient là étaler leur marchandise potagère, et *faire leur cri* en quatrain :

> A ma belle herbe, à ma belle herbe!
> Parce que c'est toute gaieté,
>   Je ne la crie qu'en été :
> A qui vendrai-je ma grosse gerbe?

Le jeudi 12 mai 1588, jour des Barricades, le Marché-Neuf était gardé par trois compagnies suisses, sous les ordres du maréchal de Biron. La Cité, comme la Ville et l'Université, murmurait sourdement, et chaque minute augmentait l'alarme des bourgeois, qui fermaient et *barriquaient* leurs boutiques et leurs maisons, apprêtaient leurs armes, invoquaient le duc de Guise, et maugréaient contre le roi Henri III et ses mignons. Tandis que le duc de Guise allait *baiser les mains de Sa Majesté, ne portant autre sauf-conduit que ses services, le brave Crillon, menaçant le ciel et la terre,* se promenait par les rues, l'épée au poing, en disant que quiconque serait assez hardi pour sortir avec *bâtons* serait pendu au bout d'une pique, sa maison brûlée et tous les siens mis à mort. Cette horrible menace *fâcha* les habitants de la rue Neuve-Notre-Dame, qui tendirent leurs chaînes et se barricadèrent avec des muids remplis de pavés et de sable. Les gens de la rue de la Calandre imitèrent l'exemple de leurs voisins, et bientôt après, suivant le rapport de Biron au roi, « il y avait autant de villes à combattre qu'il y avait de rues à Paris. » Les Suisses, à moitié ivres du vin qu'on leur avait fait boire pendant la nuit, demandaient aux femmes « si elles avaient de gros demi-saints d'argent, » et juraient tout haut de piller autre chose que les bourses; quelques-uns eurent l'insolence de passer des *folles paroles* aux actions : un coup d'arquebuse tua un tailleur d'habits, et ce meurtre irrita davantage la population qui se souleva tout entière, « les femmes aux fenêtres, bien résolues de se défendre; les vieillards, armés d'hallebardes et d'épieux, reprochant aux jeunes leur trop longue attente à dépêcher ces étrangers. » Vers deux heures, les Suisses, environnés de toutes parts, joignant les mains et implorant pardon, furent attaqués par les bourgeois, qui les eussent taillés en pièces sans résistance si tous n'avaient mis bas les armes, en tombant les uns sur les autres et en criant : *Chrétiens nous!* Le maréchal de Biron avait fait retraite dans une des boucheries du Marché-Neuf; et le duc de Guise, qui, suivi de ses gens, allait de barricade en barricade, sauva le reste des Suisses, « qui étaient à genoux, se

lamentant ; lesquels, le voyant, crièrent piteusement :
« Bon duc de Guise ! Bonne France ! Chrétiens ! » Ledit
duc, soupirant, dit au sieur de Biron : « Ceux qui ont
« allumé le feu le devraient éteindre ! » On conduisit
quatre cents blessés au Louvre, d'où le roi était parti,
abandonnant sa capitale à la Ligue ; et Saint-Paul, une
baguette à la main, menait prisonniers les gardes
« marchant en confusion, de crainte du peuple, l'enseigne roulée, le tambour sur le dos et les mèches
éteintes. » Le duc de Guise annonça lui-même aux
bonnes villes du royaume « cette journée toute reluisante de l'infaillible protection de Dieu. »

RUE DES CARGAISONS

Non loin de la Morgue, une mauvaise porte bran-
lante ferme maintenant l'entrée de la rue des Cargai-
sons, si l'on peut appeler rue un couloir, large de trois
pieds, entre deux hautes murailles qui le font ressem-
bler à un défilé dans les montagnes. Cette rue, dite
tantôt des *Carcaissons*, tantôt des *Carcuissons*, dans les
anciennes nomenclatures, nous paraît revendiquer ce
dernier nom, qui n'a jamais été compris : c'était là,
sans doute, que les charcutiers, établis autour de Saint-
Denis de la Châtre, apprêtaient leurs viandes, et l'origine des *Carcuissons* remonte à celle des charcutiers.

Ceux-ci, dont la communauté ne fut reconnue qu'en
1475, ont été peut-être les premiers cuisiniers, car leur

commerce ne se bornait pas, comme aujourd'hui, au débit de la chair du porc : ils cuisaient et accommodaient toutes sortes de viandes achetées chez les bouchers, et même des légumes et du poisson ; ils excellaient surtout à fabriquer des saucisses, et, en raison de ce talent, fort apprécié par le petit peuple, ils s'intitulèrent *saucissiers*.

On ne se rend pas compte des susceptibilités capricieuses du Parlement, qui excluait de la Charcuterie les corroyeurs et chandeliers, et qui ne s'offensait pas de voir celle-ci domiciliée dans la rue et le cul-de-sac des *Carcuissons;* néanmoins le prévôt de Paris veillait minutieusement sur la propreté et la salubrité de ce métier : les porcs, qui avaient été nourris, soit *en maladrerie*, soit chez les barbiers, soit chez les huiliers, étaient confisqués et *arsés devant les hôtels des délinquants; les chairs pour cuire devaient avoir loi et être bonnes, fraîches, loyales et marchandes;* elles devaient être cuites *en vaisseaux bien nets et écurés*, et couvertes ensuite de *nappes et linge blancs;* enfin il n'était pas permis de réchauffer les viandes cuites : admirable précepte de cuisine qui honore son auteur, Robert d'Estouteville, chevalier, seigneur de Bayne, baron d'Ivry et de Saint-Andry en la Marche, conseiller-chambellan du roi.

RUE DE LA CALANDRE

La rue de la Calandre, à laquelle aboutit celle des Cai gaisons, était anciennement désignée de la soi te : *Rue qui va du Petit-Pont à la place Saint-Michel,* c'est-à-dire au carrefour qui existait devant une chapelle de ce saint, dans la rue de la Barillerie. Depuis l'époque où elle retint son nom actuel, elle n'en a pas changé. Ce nom, qui a éveillé la sagacité des étymologistes, s'interprète raisonnablement de plusieurs manières, sans qu'il soit besoin de recourir au grec, ni même au latin : la *calandre* est à fois un insecte qui ronge le grain, un oiseau, une grive ou alouette, et une machine à polir le drap. Sauval se souvenait d'avoir vu cette machine représentée sur une enseigne *à demi rompue.* Le voisinage de la Vieille-Draperie ajoute à l'autorité de cette dernière explication. La rue de la *Kalendre* n'est nommée ainsi que depuis le règne de Philippe-Auguste, sous lequel, dit l'abbé Lebeuf, les rues commencèrent à emprunter des noms aux métiers. Quant à un Jean de la Kalendre et à un Nicolas le Kalendreur, qui demeuraient dans cette rue au quatorzième siècle, on doit supposer naturellement que leurs ancêtres calandraient du drap.

La maison de ce Nicolas le Kalendreur avait appartenu au domaine du Palais, suivant l'indication qui la caractérise dans les Censiers de 1367 : *où soulaient être les lions du roi.* Tous les rois de France ont aimé les lions, soit par souvenir de la royauté primitive, qui fut le droit du plus intrépide chasseur, soit par envie de dompter quelque chose de plus que des hommes, soit, enfin, pour avoir sous les yeux une image de la force réprésentée par le roi des quadrupèdes. Il paraît même que chaque demeure royale avait sa ménagerie pour ces combats d'animaux, lesquels faisaient les délices de la cour, bien avant Pepin le Bref, qui osa se mesurer contre un lion furieux, jusqu'à Henri III, qui, ayant rêvé que ses lions le déchiraient, les fit tuer tous par le conseil de ses astrologues : Charles le Sage avait enclos un hôtel des Lions dans son hôtel Saint-Paul, et Louis XI, ce lion des rois, aimait autant ses féroces commensaux que son *compère* Tristan l'Ermite.

Il semble que les lions royaux eurent longtemps leur loge dans la rue de la Calandre, puisque le *maître des enfants de chœur* de la Sainte-Chapelle était en même temps garde des lions du roi ; *la nourriture et l'entretenement* des uns et des autres, lions et enfants de chœur, coûtaient par an six cent soixante-dix livres tournois, prises sur la recette des Aides; mais Louis XI, à son joyeux avénement, ordonna que cette somme fût payée sur son domaine : *neuf-vingt* livres furent donc assignées à maître Jehan Boussiquault, prêtre et chevecier, pour le luminaire de la Sainte-Chapelle, deux cent quarante à maître Jehan Parnet pour les enfants de chœur, et le reste à damoiselle Marie Padbon pour les lions transférés à l'hôtel Saint-Paul.

La rue de la Calandre était sous la dépendance immédiate et absolue du *concierge du Palais*, en 1360.

Ce concierge, qui avait basse et moyenne justice au Palais et dans les limites de sa seigneurie, composait son autorité et ses revenus d'une foule de redevances et de prérogatives moins importantes que despotiques : la déclaration royale, qui fixe à perpétuité ces privilèges, révèle une singulière recherche de petite ambition et de mesquine tyrannie : entre autres droits, il avait celui de voirie dans la rue de la Calandre, et le *chantelage* du vin et de l'avoine, c'est-à-dire que sur chaque tonneau de vin il prélevait un impôt de quatre deniers parisis, et pareil impôt sur chaque muid d'avoine.

En 1420, quand le roi de France et le roi d'Angleterre, qu'un traité d'alliance avait réunis après une guerre désastreuse, entrèrent ensemble à Paris le 1ᵉʳ décembre, et allèrent à Notre-Dame, à travers les rues *encourtinées*, les bourgeois, *vêtus de rouge couleur*, et les processions de prêtres chantant *Te Deum laudamus*, « fut fait, en la rue de la Calandre, devant le Palais, un moult piteux mystère de la Passion Notre-Seigneur, au vif, selon qu'elle est figurée autour du chœur de Notre-Dame, et duraient les échafauds environ cent pas de long. » Les *histoires* de la Passion, qui ornaient le chœur de la cathédrale, avaient été sculptées par maître Jean Ravy, *maçon*, et Jean Bouthilier, son neveu, aux frais de messire Pierre Fayet, chanoine de Paris, en 1300; elles disparurent, la plupart, lors de la construction du maître-autel que Louis XIV fit exécuter en 1699 pour accomplir le vœu de son père; celles qui ont été conservées à l'extérieur du chœur donnent une grande idée de l'art statuaire au treizième siècle.

On lisait, il y a quarante ans, sur la maison qui fait le coin de cette rue et de celle de la Juiverie, une inscription que les antiquaires n'ont pas essayé d'expliquer ; *Urbs me decolavit, rex me restituit, medicus me augmentavit* : « La ville me décapita, le roi me releva, un médecin m'augmenta. » On pourrait supposer que, le voyer de Paris ayant fait abattre un ou deux étages de cette maison qui était trop haute, elle fut rétablie dans son premier état d'après les ordres du roi, et encore exhaussée · par un médecin qui la possédait ; mais nous croyons plutôt qu'un crime *détestable* avait été commis dans une maison qui s'élevait à cet endroit, laquelle fut démolie et la place laissée vide en mémoire du crime, par arrêt du Parlement. Le roi seul avait le droit d'infirmer un arrêt de ce genre, en permettant de bâtir sur le terrain vague et infâme. Peut-être cette permission fut-elle accordée à un médecin qui fit réédifier une nouvelle maison plus considérable que l'ancienne. Comme, au moyen âge, on renversait de fond en comble les demeures des juifs qui se rendaient coupables de quelque sacrilége, la proximité de la Juiverie semble confirmer nos suppositions. Au reste, des inscriptions, aussi bizarres et plus obscures que celle-ci, couvraient les murs des vieilles maisons, et plusieurs fois on invita l'Académie des Inscriptions et Belles-lettres à les recueillir dans l'intérêt de l'histoire de la ville ; l'Académie attendait sans doute, pour s'en occuper, qu'elles eussent disparu.

Cherchez la cinquième maison, à droite, en venant de la rue de la Juiverie : elle est recrépie à neuf ; un traiteur y convie les passants, à quinze sous par tête ; un écriteau, qui tournoie au vent, annonce un logement, orné de glaces, à louer. C'est là que *monsieur saint Marcel* est né au quatrième siècle, du temps de l'empereur Valentinien; saint Marcel, neuvième évêque de Paris; saint Marcel, *humble en terre et élevé au ciel*, comme le dit la *Légende des saints nouveaux*, imprimée en 1477; *saint Marcel, bourgeois de paradis.*

Cette maison, qui portait l'enseigne du Casque, *ad Galeam*, lorsque le Chapitre de Saint-Marcel, l'an 1230, la reçut en échange d'une autre maison qu'il cédait aux Templiers, conserva jusqu'à la Révolution son image de saint Marcel et de sainte Geneviève, que les siècles avaient respectée. Cette maison bénie ne payait pourtant que douze deniers parisis de cens, et le Chapitre de Notre-Dame ne manquait pas d'y faire station à la procession solennelle de l'Ascension. Aujourd'hui, le premier venu, qui veut dépenser cent écus de loyer, va s'installer dans la chambre *in qua natus fuit beatus Marcellus.* Saint Marcel avait été mieux partagé que Jésus, qui naquit dans la crèche d'une étable.

Ce saint, selon la légende, *régna en lumière de castité, en fertilité de jeûnes, tellement que, de son enfance, pour dévotement à Dieu servir, tout sot donna à discipline, tellement qu'en sa jeunesse l'âme oublia toute la sensualité et la vie corporelle.* Ses miracles, dont la Cité fut témoin, y laissèrent une vénération que les pères transmettaient à leurs enfants. Grégoire de Tours raconte les principales actions de saint Marcel, qui, par son exemple et son zèle pieux, contribua puissamment à répandre le christianisme. Du temps que le saint était encore sous-diacre de saint Prudence, évêque de Paris, et qu'il *tirait de l'eau de la rivière* pour laver les mains de ce prélat, le jour de l'Épiphanie, l'eau fut *muée en saveur de vin*, et l'évêque prit de cette eau pour le sacrifice de la messe. Tout le peuple communia avec ce même vin, sans que le contenu du vase eût diminué. Une autre fois, que « le saint homme servait en son office, et qu'il jetait de l'eau ès mains dudit évêque, l'eau commença à sentir mieux que basme. »

Mais le plus fameux miracle de saint Marcel est la victoire qu'il remporta contre un dragon, c'est-à-dire sur l'hérésie ou sur les faux dieux. Saint Sylvestre fit à Rome un miracle semblable. De là aussi tous ces monstres, hydres et gorgones, sculptés sous les pieds des statues de saints qui ont terrassé le culte des idoles. Le légendaire, qui rapporte l'histoire du dragon de saint Marcel en traduisant mot à mot le texte du *Miroir historial* de Vincent de Beauvais, est un romancier d'une charmante simplicité.

« Il y avait, dit-il, une matrone qui était noble de génération, mais vile et crimineuse de vie et d'opérations. » Cette femme mourut et fut ensevelie avec une pompe *qui ne profita pas à l'âme*, car un *moult grand serpent et dragon* vint dévorer le cadavre dans son cercueil. Ce spectacle était si horrible à voir, que *plusieurs en mouraient*. Saint Marcel, accompagné de tout le peuple, alla *batailler*, avec l'aide de Jésus-Christ, contre le dragon. Lorsque ce monstre s'élançait du bois pour se rendre au tombeau de la femme damnée, le saint se mit en prière, et le dragon *baissait la tête et applaudissait de la queue avec grande humilité*, en implorant merci. Saint Marcel, l'ayant conduit hors de la Cité, à distance de trois milles, l'*increpa* en ces termes : « Ou t'en va au désert, ou t'en va jeter à la mer! » Le dragon, qui n'était autre que l'*ennemi d'enfer*, obéit aussitôt, et *de lui jamais plus ne fut nouvelle.*

Dans un siècle plus pervers et moins fertile en miracles, la maison de saint Marcel fut peut-être souillée par un meurtre; car l'Étoile raconte que, « le samedi 24 janvier 1604, un gentilhomme anglais tua en une maison de la rue de la Calandre, un Élu de la ville, qui lui avait donné un soufflet, et eut sa grâce du roi, pource qu'il était Anglais. » L'Étoile ajoute, comme un trait de satire : « Ce jour, un de ces tireurs de laine dont la ville était remplie fut pendu au bout du pont Saint-Michel. »

La Ville, à cette époque, n'avait plus le pouvoir de venger la mort de son Élu, l'Université elle-même n'eût pas maintenu ses priviléges contre la volonté royale, et Henri IV, tout ami de la justice qu'il était, n'osa pas livrer à la rigueur des lois un gentilhomme protestant et sujet de l'Angleterre.

RUE AUX FÈVES

La rue aux Fèves, voisine de la maison de saint Marcel, a tiré ce nom (*vicus fabarum*) du marché qui s'y tenait, attribué aux légumes et surtout aux fèves, que les cénobites avaient mises en honneur. Les jeûnes, alors presque hebdomadaires, firent adopter par le peuple cet aliment peu coûteux, lourd et nourrissant ; on criait dans les rues : *Poids chauds pilés, et fèves chaudes.* Plus tard, une halle au blé, établie en cette même rue et appartenant au Chapitre de Notre-Dame, métamorphosa *fèves* en *feurre*, qui signifie *paille* ; mais le nom véritable et primitif de la rue n'en est pas moins *febvres (via ad fabros)*, parce que les forgerons au quatrième siècle, et les orfévres au huitième, avaient là leurs forges et leurs ateliers ; on y voyait jadis la maison de saint Éloi.

N'est-ce pas en cette rue où se travaillaient les métaux que saint Marcel enfant fit son apprentissage de forgeron et de saint ? Un jour qu'il était allé à l'*œuvre fabrile, il fut déprisé du maître de cet art,* qui lui commanda de prendre avec ses mains un fer chaud dans la fournaise, et de dire *combien il pesait.* Le saint, qui se fiait en Dieu et qui savait que *chose plaisante est la vertu d'obédience,* saisit le fer dans la fournaise, et dit : « Il est chaud comme le feu, mais il pèse neuf livres ! » *laquelle chose fut trouvée vraie à peser au poids.* Ce sont de tels miracles qui méritèrent à la *Légende dorée* de Pierre de Voragine la qualification de *Légende de fer, non aurea, sed ferrea.*

RUE DE LA LICORNE

Il n'y a pas cinquante ans que la rue de la Licorne était peuplée et passagère, comme l'est à présent la rue

Saint-Honoré. Le commerce s'y maintenait de père en fils, sans se soucier d'y respirer à l'aise, et le luxe en bas de soie, frisé et poudré, osait s'aventurer dans cette espèce de souterrain humide, que dominent des maisons à six étages, et qui, en plein midi, renferme les ténèbres *visibles* de Milton. Là, l'*ouvroir*, fenêtre sans châssis ouvrant sur la rue, rappelle l'ancienne forme des boutiques, si noires, qu'il fallait y tenir une lampe allumée pendant le jour. On économisait alors le terrain, l'air et le soleil, puisque Paris contenait, dit-on, autant d'habitants qu'aujourd'hui dans un espace qui n'égalait pas la moitié de son étendue actuelle ; car, sous Charles VI, on comptait, dans l'enceinte des murs, « huit cent soixante et douze mille ménagers et plus, sans les prêtres, écoliers et autres *extravaguans*, qui sont sans nombre. »

La rue de la Licorne, qui a pris le nom d'une ruelle *étoupée* depuis des siècles, se nommait autrefois rue des *Obloiers*, ou plutôt *Oblayers*, en latin *vicus nebulatorium*. Anciennement les *oublayers, oblayeurs* et *oublieux* étaient des pâtissiers qui ne fabriquaient pas de pâtisseries grasses. Ce titre, qui survécut à leur première institution, dérivait des *oblées* ou hosties, *oblatæ*, qu'ils avaient seuls la permission de préparer pour la communion, laquelle se fit longtemps sous les deux espèces du pain et du vin. C'étaient donc de petits pains ronds sans levain, qu'on servait aux fidèles admis à la sainte table. Plus tard, on imagina les hosties de pain à chanter, qu'on désignait par le mot technique de *nuilles, nebulæ*, c'est-à-dire, probablement, pâte transparente comme un brouillard.

La gourmandise des moines donna de nouveaux développements au métier des oublayers, en inventant différents gâteaux profanes, qui conservèrent la forme et le nom des oblées et des nuilles. On lit, dans la *Règle de Cluny*, que, pour le souper des frères, on faisait des nuilles en répandant une légère couche de farine sur une plaque de fer. Les chanoines de Saint-Quentin avaient droit à dix nuilles et cinq oblées. Dans les grandes fêtes, on distribuait aux clercs, de l'Église de Paris, des échaudés (*panes qui eschaudati dicuntur*), des oblées et du vin. Les statuts de l'hôtel du roi Philippe le Long, en 1317, constatent que « Jean de Vernon fera le pain de bouche, les pâtés et les oblées, et fera-t-on à lui marché de la pâtisserie. » Les seigneurs, et surtout les suzerains ecclésiastiques, s'étaient attribué un *droit d'oublie* ou *d'oubliage*, que leurs vassaux rachetaient pour une modique redevance en argent. La féodalité empiétait sur le culte qu'on rend à Dieu.

C'était surtout aux jours de *pardons*, indulgences accordées par le pape ou l'évêque, c'était aux pèlerinages de saints et aux processions de jubilé, que les oublayers débitaient une prodigieuse quantité de pâtisseries au sucre et aux épices, enjolivées d'images et d'inscriptions pieuses, appelées *gaufres à pardon*, Ces jours-là, ils établissaient leur *fournaise à deux toises l'une de l'autre*, autour des églises, et attiraient par leurs cris les fidèles alléchés de loin par l'odeur succulente de la pâte chaude, qui se mêlait à l'odeur de l'encens. Les chrétiens avaient perpétué cet usage du paganisme, qui fêtait ses dieux en faisant bombance.

D'ailleurs, l'oublayer exerçait une sorte de ministère religieux à cause des hosties qu'il fabriquait sous la surveillance immédiate de la sacristie.

Le maître et l'ouvrier ne devaient *jouer aux dez, à argent.* Il fallait qu'ils fussent *hommes de bonne vie et renommée, sans avoir été repris de vilain blâme.* Il leur était défendu d'employer aucune femme pour *faire pain à célébrer en église.* Ces oublayers étaient tenus de se servir de *bons et loyaux œufs,* et ils ne pouvaient *aller en hôtels de juif ou juive, pour métier vendre;* mais ils avaient le privilège de travailler les dimanches, excepté les quatre grandes fêtes. L'ordonnance de 1406 permet aux oublayers de jouer *seulement aux oublies, en portant leur métier.* Voià l'origine des loteries de macarons.

Vers le soir, l'oublayer, qui *ne menait avec lui aucun étranger,* sous peine de six sous d'amende, sortait de sa boutique avec son *coffin,* et s'en allait, *la nuit, aval la ville,* en criant : « Dieu ! qui appelle l'oubloyer ! » Ou bien chantant ces rimes équivoquées, d'un ton lamentable qui annonçait *deux gaufres pour un denier :*

> C'est moi qui suis un oublieux,
> Portant oubli à ta saison !
> Pas ne dois être oublieux,
> Car j'en suis, c'est bien la raison.

Sur la fin du quinzième siècle, on montra dans cette rue une licorne ou *unicorne,* venue de l'Afrique, qui fut de tout temps féconde en monstres, comme dit le proverbe latin. Cette licorne, qui mit tout Paris en émoi, sans donner lieu à la moindre dissertation scienti-

fique, fournit sans doute à Rabelais le portrait de la
jument de Gargantua, « la plus énorme et la plus
grande qui fût onc vue, et la plus monstrueuse, car
elle était grande comme six oriflans, et avait les pieds
fendus en doigts comme le cheval de Jules César, les
oreilles aussi pendantes comme les chèvres du Languedoc, et une petite corne ; mais surtout avait la
queue horrible. » On ne connaissait la licorne que par
le témoignage de Pline : « C'est la plus furieuse bête
de toutes, dit la vieille traduction ; elle a le corps entièrement comme un cheval, la tête de cerf, les pieds
d'éléphant et la queue de sanglier ; elle hurle fort hi-
deusement, et a une corne au milieu du front, qui est
de deux coudées de long. On dit qu'on ne la prend
jamais vive. » Les bourgeois et *manans* de Paris n'a·
vaient pas lu Pline, mais ils virent la licorne que Louis
Barthême rencontra depuis à la Mecque, et qu'André
Thevet ne sut découvrir en ses voyages, où il trouva
tant de bêtes prodigieuses aujourd'hui perdues. Il se
moque même de ceux qui croyaient que, « quoique les
licornes soient bêtes farouches, si s'amourachent-elles
pourtant des filles et se plaisent tellement à les
contempler, qu'elles sont prises par ce moyen. »

La licorne mourut comme mourra la girafe, et sa
corne fut déposée dans le trésor de l'abbaye de Saint-
Denis, ou vendue mille écus d'or au pape Alexan-
dre VI, car cette corne, réduite en poudre, passait
pour le contre-poison le plus efficace, et les Borgia
passaient pour les premiers empoisonneurs de la cour
de Rome. La rue des Oublayers garda donc, avec le
nom de la Licorne, une enseigne longtemps fameuse, sur

laquelle cet animal fabuleux était *représenté au naturel*, et Belleforêt, qui l'a dépeint d'après Séb. Munster,
put dire aux incrédules : « Vous en avez les cornes! »

RUE DES TROIS-CANETTES

La rue des Trois-Canettes, dont l'entrée par la rue
Saint-Christophe n'est point assez large pour que deux
personnes y pénètrent de front, doit son nom à l'enseigne d'une maison, et peut-être aux armoiries d'une
famille noble, sculptées sur la porte de son hôtel ; car
les canettes aux ailes serrées ayant, de plus que les
merlettes de Lorraine, bec et pattes, figurent souvent
dans l'ancien blason, et jusqu'au dix-septième siècle, il
y eut dans cette rue deux vieilles maisons appelées *les
grandes et les petites Canettes.* En 1387, on la nommait
rue de la *Pomme-Rouge,* sans doute à cause de l'i-
mage d'une boutique; en 1421, rue de l'*Homme-Sau-
vage,* à cause de quelque prétendu sauvage, que des
charlatans disaient avoir amené des pays lointains, et
qui, vers cette époque, inspira le fatal ballet des Sauvages, dans lequel Charles VI, déguisé avec des *étoupes
attachés à poix-résine,* faillit être brûlé au milieu de sa
cour. Autrefois les récits des voyageurs et les tableaux
des peintres avaient répandu parmi le peuple la fable
des hommes sauvages, c'est-à-dire *velus et hérissonnés
de leur naturel par tout le corps, sauf la face.* Les
Hyrcaniens, voisins des Parthes, donnèrent lieu sans

doute à cette croyance, par les peaux de bêtes dont ils se couvraient. Au reste, longtemps après les contes de Pomponius Mela, sous le règne éclairé de Louis XIV, on prétendit avoir trouvé une fille sauvage dans les bois, aux environs de Châlons en Champagne, et la malheureuse idiote fut enfermée dans un couvent, catéchisée et convertie.

Cette hideuse rue n'eut pas toujours des habitants misérables et crapuleux : on y voit encore de vieux hôtels où logeaient des magistrats, des prélats et des dames de bon lignage; avant les ordonnances de voirie pour l'alignement des rues, à côté de ces maisons à portes cochères cintrées, on remarquait de « grandes pierres, de deux pieds et demi de hauteur et d'environ trois pieds de largeur, taillées en manière de gradins, attachées et cramponnées contre les murs; » c'étaient des *montoirs*, servant à monter sur les mules, qui furent en usage à Paris jusqu'à la fin du seizième siècle; les gens de robe, les médecins et même les femmes, ne connaissaient pas de véhicule plus commode; les présidents et conseillers du Parlement se rendaient au Palais en cet équipage, et la reine Catherine de Médicis elle-même se plaçait en croupe derrière son écuyer. Du temps de Boileau, qui s'indignait en vers contre *les embarras de Paris*, le médecin Guesnaud, fameux partisan de l'antimoine, se distingua de ses confrères, en dédaignant la mule classique de la Faculté pour *éclabousser* à cheval ses malades.

Ces montoirs de pierre, qui aidaient les vieillards à se mettre en selle, étaient envahis le jour et la nuit par les *gueux de l'hostière*, sorte de pauvres qui s'atta-

chaient à la porte d'une maison pour recueillir les restes de la table, comme le Lazare dans l'Évangile. Ces
gueux étalaient là leurs plaies postiches, dormaient à
l'ombre, ou faisaient sonner leurs cliquettes, s'ils étaient
ladres. Dans la *Moralité du mauvais riche*, le ladre
toujours revenait céans à l'heure du dîner, et le riche
ordonne à son valet Trottemenu de *chasser de sa
porte ce truand*, en lui lâchant les chiens. Étienne
Pasquier explique bien cette expression, *gueux de l'hostière (ganeo hostiarius)*, par ces mots : « Un caïman
qui va fleureter les huis des maisons. » C'était une
espèce de servitude vivante incorporée au domaine.

RUE COCATRIX

La rue Cocatrix tire son nom d'une famille bourgeoise, qui a pu s'appeler ainsi parce que son auteur
exerçait la profession de *queux* ou cuisinier (*coquus*) ou
celle de constructeur de *coques*, vaisseaux (*coqua*). La
famille de Coquatrix ou Coquatrisse, dont le nom et les
descendants ont existé jusqu'au siècle dernier, possédait, en 1300, plusieurs fiefs à Paris, et la terre sei-
gneuriale de *Val-Cocatrix*, près de Corbeil, où Philippe le Bel et Charles le Bel furent hébergés dans leurs
voyages : le premier de ces deux rois eut pour échanson
un Geoffroi Cocatrix ; en 1415, Jeanne, fille d'un Bernard Cocatrix, vendit à la fabrique de Saint-Jacques-
la-Boucherie ses droits sur des maisons qui furent abat-

tues pour dégager le porche de l'église; enfin, il y avait,
dans l'église de Saint-Gervais, une chapelle de Coquatrisse, destinée aux sépultures de cette célèbre famille.
Cependant la bonne renommée des Cocatrix ne souffrait
pas de la proximité d'un repaire de débauche, établi dans
leur rue patrimoniale, *de si longtemps qu'il n'est mémoire du contraire*, disent les Registres du Parlement.

Grâce à Collé, le nom de Cocatrix brilla d'un nouveau lustre, au dix-huitième siècle, dans une *tragédie
amphigouristique*, chef-d'œuvre du genre absurde et licencieux, qui était en faveur dans les théâtres de société,
surtout chez la danseuse Guimard. Mais cette *Cocatrix*, mère de *Colorax*, roi de l'Arabie-Pétrée, et aïeule
d'*Amatrox*, condamné à être *chatouillé à mort*, suivant les lois du pays, cette Cocatrix, qui a *vu vingt-
trois rois acharnés à lui plaire*, et qui *se tue avec un
pistolet de poche*, est née du dévergondage libertin de
l'âge couleur de rose de madame Dubarry.

RUE DES DEUX HERMITES

La rue des Deux-Hermites, qui était en 1220 la
Cour Ferri, *Porprisia Ferrici*, et qui se nomma ensuite
rue *de la Confrérie Notre-Dame*, devint, au quinzième
ou seizième siècle, la rue de l'*Hermite*, à l'occasion
de l'un des deux événements historiques, qu'on peut
rapporter à l'origine de ce nom. En 1391, un ermite,
Étienne de Dommachier, fut accusé d'avoir *jeté du*

poison par les puits, fontaines et rivières du royaume,
et mené, avec ses complices, du Châtelet de Paris aux
prisons d'Angers. En 1525, lorsque Noël Béda eut
requis en Sorbonne la peine de mort contre les
hérétiques partisans de Luther, le second martyr
de la réforme religieuse fut un jeune homme, appelé
l'Hermite, qu'on brûla vif au parvis Notre-Dame, avec
grand appareil et au branle joyeux de toutes les cloches. Longtemps après, une enseigne de boutique mit
cette rue sous les auspices des *Deux-Hermites*, comme
pour rappeler à la fois deux faits différents, qui se rat-
tachaient à son histoire.

RUE DES MARMOUZETS

La rue des Marmouzets a dû certainement son nom
à un hôtel, *domus Marmosetorum*, qui étoit orné de
ces petites statues peintes et dorées, que fabriquaient
les *tailleurs d'images*, dans toute la simplicité de leur
art, et qu'on prodiguait alors pour la décoration intérieure et extérieure des édifices. Étienne Pasquier cite
des « marmousets qui sont encore au commencement
de la chambre dorée du Parlement de Paris. » Que le
mot de *marmouset* soit dérivé de *marmor*, marbre,
ou de *marmous*, singe, ou de *marmot*, il variait peu
de signification, en s'appliquant à des têtes fantastiques
qui jettent de l'eau en fontaine, à des figures de ronde-
bosse en pierre, en métal ou en bois, à des peintures,

à des poupées, à des images de saints, et à des girouettes. Dans les réjouissances publiques de Paris, aux
sacres, aux entrées, aux mariages des rois et des reines
de France, le plus beau rôle appartient partout aux
marmousets, qui, à chaque carrefour, représentaient
une scène allégorique de circonstance : ces automates
avaient souvent à la bouche un rouleau, portant une
devise en latin ou en rimes françaises. Nicolas Flamel,
qui faisait servir ses immenses richesses à l'émulation
des arts, nicha des marmousets coloriés dans tous les
monuments qu'il fonda ou répara ; aux églises des
Saints-Innocents, de Saint-Jacques-la-Boucherie, et surtout aux Charniers où sa femme Pernelle fut enterrée :
entre tous ces marmousets, son portrait tenait toujours le premier rang, à genoux, en costume de pèlerin, l'écritoire à la ceinture, comme pour représenter ses armes parlantes. Les rois ne dédaignaient pas
eux-mêmes de figurer en marmousets sur le frontispice
de leurs palais, et de réduire ainsi la royauté aux proportions d'un magot de la Chine.

Le pape Grégoire XI, qui avait été chanoine de Notre-
Dame, légua par testament au Chapitre une maison
qu'il possédait, entre la rue de la Colombe et celle du
Chevet-Saint-Landry : la place de cette maison semble
au moins indiquée par une enseigne de la Vierge, dont
le nom reste seul à sa niche vide. Si un pape ne s'est
pas trop compromis en logeant dans la rue des Marmousets, où il devait entendre les glapissantes orgies
du *Val-d'amour* de la rue de Glatigny, Gérard de Mon-
taigu, évêque de Paris, mort en 1420, pouvait s'autoriser de l'exemple apostolique pour habiter son hôtel,

situé dans la même rue, au coin de celle de la Licorne; il voyait de là mener aux carrefours les vendeuses de prostitution, que l'on marquait d'un fer chaud, et à qui l'on coupait les oreilles au pilori. Le roi était aussi propriétaire d'une plâtrière dans cette rue, qu'une lettre de François Ier qualifie : *l'une des principales et plus anciennes de notre ville*, et cette plâtrière rapportait quelques sous de loyer annuel à la couronne de France.

Vers la fin du quatorzième siècle, la maison des Marmouzets était en bonne renommée dans la vicomté et prévôté de Paris : un barbier et un pâtissier y tenaient boutique. Le pâtissier, qui augmentait chaque jour sa clientèle et sa fortune, se gardait de toute contravention aux ordonnances de la police du Châtelet, tandis que les maîtres de son métier commettaient « fautes, mesprentures et déceptions, au préjudice du peuple et de la chose publique, au moyen desquelles fautes se peuvent encourir plusieurs inconvénients ès corps humains. » On ne lui reprochait pas d'avoir fait un seul pâté de *chairs sursemées et puantes,* ni de *poisson corrompu,* un seul flanc de lait *tourné* et *écrémé,* une seule *rinsole* de porc ladre, une seule tartelette de fromage *moisi.* Il n'exposait jamais de pâtisserie rance ou réchauffée; il ne confiait pas sa marchandise à des gens de *métiers honteux et déshonnêtes.* Aussi estimait-on singulièrement les pâtés qu'il préparait lui-même; car, malgré la vogue de son commerce, il n'avait qu'un apprenti pour manipuler la pâte, et cela, sous prétexte de cacher les procédés qu'il employait pour l'assaisonnement des viandes.

Son voisin le barbier, baigneur étuviste, avait mérité également la faveur du public, qui ne tarissait pas d'éloges sur son adresse et sa probité : personne mieux que lui ne *testonnait*, ne rasait, ne saignait, n'étuvait. A peine ses garçons allaient-ils crier par les rues : *Les bains sont chauds!* la foule s'y portait et l'étuve était pleine en un instant. Il connaissait la pratique des drogues autant qu'un *physicien* et il exerçait la chirurgie de même qu'un *mire*. On saluait ses trois bassins de fer blanc à l'instar d'une madone, et ses confrères enviaient l'affluence de clients qui faisait cortége à sa réputation.

Cependant des bruits sinistres avaient plus d'une fois circulé dans la rue des Marmouzets. On parlait d'étrangers massacrés la nuit, et on montrait du doigt le ruisseau teint de sang, qui ne provenait pas de saignées faites chez le barbier, car on l'eût mis en prison et à l'amende pour n'avoir pas jeté ce sang dans la rivière, comme l'exigaient les règlements de police.

Un soir, des cris perçants sortirent du laboratoire du barbier, chez lequel on avait vu entrer un écolier qui arrivait de l'Allemagne. Cet écolier se traîna sur le seuil, tout sanglant, le cou mutilé de larges blessures : on l'entoura, on l'interrogea avec horreur, il raconta comment le barbier l'avait attiré dans son ouvroir, en promettant de le raser gratis. En effet, il n'avait pas plutôt livré son menton à l'opérateur, qu'il sentit le rasoir entamer sa peau; il cria, il se débattit, il détourna les coups de la lame tranchante, et parvint à saisir son ennemi à la gorge, à prendre l'offensive à son tour, et à précipiter le barbier dans une trappe

ouverte qui attendait une autre victime. En achevant
ce récit d'une voix étouffée, il tomba d'épuisement et
s'évanouit dans son sang.

Les assistants éclatèrent en malédictions et se si-
gnèrent, avant de pénétrer dans ce repaire d'assassinats. On ne trouva plus de barbier : la trappe était
refermée; mais, quand on descendit dans une cave commune aux deux boutiques, on surprit le pâtissier occupé à dépecer le corps de son complice le barbier, qu'il
n'avait pas reconnu en l'égorgeant : c'est ainsi qu'il
composait ses pâtés, *meilleurs que les autres*, dit le
père Dubreul, *d'autant plus que la chair de l'homme
est plus délicate à cause de la nourriture*. En mémoire
de ce crime incroyable, la maison fut démolie et une pyramide expiatoire élevée à l'endroit où ce boucher de
chair humaine, qui fut brûlé avec ses pâtés, apprêtait
sa délicieuse et atroce pâtisserie. L'arrêt exécuté, la
procédure anéantie, le temps n'effaça point le souvenir du pâtissier anthropophage, qui sert encore d'épouvantail aux petits enfants de la rue des Marmouzets.

Plus de cent ans après l'événement, la place vide,
*appelée anciennement le lieu des Marmousets, et qui
devait à toujours être inhabitée*, appartenait à Pierre
Belut, conseiller au parlement, qui *n'osait entrepren-
dre* d'y faire bâtir; il requit une permission du roi, qui,
par lettres patentes du mois de janvier 1536, dérogeant à
*l'arrêt, sentence et condamnation qui sur ce pouvaient
être intervenus*, donna congé de *réédifier cette place
et lieu vide, pour être habitée*, et, *sur ce*, imposa *silence
perpétuel au procureur présent et à venir*. Il ne fallut
pas moins de la formule royale : *car tel est notre bon*

plaisir, pour que les murmures du peuple ne se changeassent pas en voies de fait contre les maçons, qui travaillaient *de par le roi*, quoique la rue des Marmouzets fût *grandement difformée* par cette place vide et cette pyramide en ruines.

Les rois au douzième siècle n'étaient pas aussi absolus qu'au seizième, et, si François Ier fit rebâtir impunément une maison, Louis le Gros n'en fit pas abattre une, *de pleine puissance et autorité*, sans outrepasser ses droits. Le chanoine Durancy avait, dans cette rue des Marmouzets, un hôtel qui empiétait sur la voie publique et fermait presque le passage. Le fils de Philippe Ier ordonna de renverser la partie parasite de cette propriété particulière. Le Chapitre se plaignit de cet attentat à ses immunités, et, lorsque Louis fut monté sur le trône, il consentit à céder au pouvoir ecclésiastique et à payer un denier d'or d'amende, le jour même de son mariage avec Adélaïde de Savoie. Louis le Gros, qui menaçait le roi d'Angleterre d'aller faire ses *relevailles* à Londres, en compagnie de vingt mille lances, s'avoua vaincu par le chanoine Durancy.

La rue des Marmouzets, qui n'a conservé de sa vieille physionomie que des piliers ronds incorporés dans une maison moderne, des angles de mur en saillie, des portes basses surmontées de soupiraux grillés et une enseigne en relief : *Au palmier*, était encore plus sale et plus noire, s'il se peut, avant l'année 1663, où commença le nettoiement général des rues, lorsque le médecin Courtois, qui demeurait dans cette rue, avait chez lui de gros chenets à pommes de cuivre, lesquels étaient chaque jour encroûtés de vert-de-gris, produit

par l'infection de l'air. « Jugez, disait-il en narrant
son expérience journalière, à quelle action corrosive
sont soumis les poumons et les autres viscères de
l'homme, plus susceptibles que le cuivre ! » Néanmoins
le médecin Courtois ne délogeait pas, malgré les intérêts de ses poumons, intérêts contraires, il est vrai, à
ceux de sa bourse.

LA RUE SAINT-ÉLOI

La rue Saint-Éloi, qui garde encore le stigmate révolutionnaire sur son inscription, où le nom de *saint*
a été effacé, nous rappelle ce sage conseiller du roi
Dagobert, que le peuple a immortalisé en chanson, espèce d'immortalité toute française. Ce saint, dont la
naissance fut annoncée à sa mère, dans une vision, par
un aigle voltigeant au-dessus du ventre qui le portait,
vint de Limoges à Paris, sous le règne de Clotaire II, et
entra dans l'atelier d'un orfévre *qui faisait ouvrage
pour le roi. «* Si advint que le roi querait qui lui pût
faire une selle d'or et de pierres précieuses ; adonc le
maître du saint dit au roi qu'il avait trouvé un ouvrier
qui très-bien lui ferait tout ce qu'il voudrait, et dont
le roi bailla toute une grande masse d'or à celui maître
à saint Éloi, lequel en fit deux très-belles selles, et en
présenta l'une au roi, et retint l'autre devers lui. Quand
le roi vit cette selle tant belle, lui et toutes ses gens
s'en émerveillèrent moult, et lui remunéra le roi

moult largement : et après saint Éloi lui représenta l'autre selle, en lui disant qu'il l'avait faite du remanant de l'or; dont le roi fut plus émerveillé que devant; si lui demanda comment il avait pu faire ces deux selles tout du même poids qui lui avait été baillé : saint Éloi lui répondit que bien par le plaisir de Dieu. » C'est ainsi que Jean de Vignay raconte, d'après Vincent de Beauvais, le premier miracle de saint Éloi, qui devint orfèvre-monétaire du roi, et fixa sa demeure vis-à-vis du palais royal; on montrait encore, au treizième siècle, la *maison au fèvre*, qu'on disait être la sienne que l'incendie de 900 avait respectée.

Saint Éloi, qui pratiquait l'aumône avec un si généreux dévouement, la recevait aussi des mains du roi, pour la répandre ensuite dans celles des pauvres, de sorte *qu'il demeurait souvent presque tout nu*. Dagobert lui octroya un grand espace de terrain formant la douzième partie de la Cité, et compris entre les rues de la Barillerie, de la Calandre, aux Fèvres, et de la Vieille-Draperie, sous la dénomination de *Ceinture Saint-Éloi*. Le saint établit sur ce domaine un monastère de filles, au nombre de trois cents, dirigé par la vierge sainte Aure, pendant que lui-même parcourait les Gaules, délivrant les prisonniers, et *ensépulturant* les pendus. Ce monastère se relâcha tellement, qu'en 1107 les religieuses furent chassées et remplacées par douze moines bénédictins et un prieur, qui n'imitèrent pas les débordements des nonains, *intemperantem, quam imprudentes agebant, fornicationem moniales*. Jusqu'au quinzième siècle, le *four de madame sainte Aure* resta l'objet de la vénération des fidèles,

quoique nul n'y fit cuire son pain depuis l'abolition
des fours banaux par Philippe le Bel, qui avait ordonné
que *chacun de Paris puisse pain faire et fourner en sa
maison,* en *faisant pain souffisant et raisonnable.*

La rue Saint-Éloi a été ouverte sur l'emplacement
de la croisée de l'ancienne église, dont le chœur devint
la chapelle de Saint-Martial, et dont la nef forma une
autre église, que les Barnabites réédifièrent, quand
François de Gondi, premier archevêque de Paris, la
leur donna avec le couvent qui en dépendait L'autel
de cette église était placé à l'endroit même où passe la
rue actuelle, et les reliques de sainte Aure s'y trouvaient enfermées dans une châsse de bois et de verre;
car saint Éloi, qui *élaboura de ses propres mains* plusieurs châsses d'un travail merveilleux que la République a fondues en lingots, mourut évêque de Noyon,
huit ans avant sainte Aure, qu'il n'eut pas la satisfaction
de mettre *en un vaissel moult précieux,* comme il fit
des corps de saint Lucien et de saint Quentin. Néanmoins, la châsse de bois et de verre toute modeste qu'elle
était, fut miraculeusement préservée dans l'épouvantable incendie de 900, qui ne s'éteignit qu'à l'intercess-
sion de la sainte ; et une dame, nommée Aldegonde,
qui s'était réfugiée auprès de cette châsse, au milieu
des flammes qui l'environnaient, ne fut pas atteinte
par les charbons ardents, ni écrasée par la chute de
la voûte de l'église. Ce beau miracle valait bien les
quarante marcs d'argent qu'Isabeau de Bavière offrit
à l'église de Saint-Éloi pour faire fabriquer une châsse
plus digne de la sainte.

Cette rue fut appelée d'abord la *chevalerie* ou la *ca-*

valerie, cavaleria, c'est-à-dire l'orfévrerie; car on entendait par *cavatores* les ouvriers ciseleurs en métaux et graveurs en pierres précieuses. Les orfévres, qui avaient saint Éloi pour patron, résidèrent longtemps dans ce lieu consacré à leur métier; et ils étaient si fiers de leur sainte origine, qu'ils réclamèrent le premier rang parmi les six corps des marchands, à l'époque où ils avaient la garde du buffet du roi, aux cérémonies publiques. Le métier d'orfévre était autrefois inséparable de la royauté, qui, dans cette Lutèce de boue, trônait sur des siéges d'or massif; plus tard, dans les galas que la Ville célébrait aux entrées, sacres, mariages et baptèmes de ses *amés et redoutés sires,* les tables et les dressoirs ployaient sous une éblouissante quantité d'or et d'argent travaillé; il est vrai que le populaire assistait à ces fêtes, le ventre vide et couvert de haillons, pour prendre sa part du spectacle de ce luxe royal. Le roi et ses courtisans, Dieu et ses saints, utilisaient ainsi la confrérie des orfévres.

Ceux-ci, pour se soustraire aux vexations du bailli du Palais et à celles du prieur de Saint-Éloi, s'exilèrent de leurs forges héréditaires, et transportèrent ailleurs leurs pénates, leur bannière et leur industrie. Peut-être furent-ils contraints d'abandonner une rue malsaine, dont les exhalaisons corrosives ternissaient le poli de leurs ouvrages. Les savetiers, ne craignant pas les mêmes inconvénients, s'emparèrent de la rue, qui, depuis 1315, fut nommée la *saveterie* ou *savaterie.*

On peut attribuer cette invasion des savetiers au soulier de saint Éloi, que possédait l'église de ce saint, et qui n'était pas la plus médiocre relique du trésor.

Ce soulier dépareillé fut dérobé, un jour, par *une certaine personne connue de tout le voisinage* (c'était sans doute un savetier); mais, *devenant comme enragée*, elle restitua le soulier au sacristain, et alla se confesser de son larcin, qui n'était, dit-elle, que pure curiosité. Cette aventure fit du bruit dans toute la Savaterie, et *fit voir que ces choses ne doivent point être négligées*, dit gravement le père Dubreul.

Les savetiers, qui d'abord colportaient par les rues leur boutique ambulante, en criant du soir au matin : *Houseaux vieux, souliers vieux*, se formèrent en confrérie, moyennant une redevance qu'ils payaient au grand-écuyer Jean Pothon de Xaintrailles, conseiller et chambellan du roi, grand-maître de l'écurie, et maréchal de France sous Charles VII; ce vaillant capitaine, qui aida la Pucelle à chasser les Anglais, ne dédaignait pas de prélever on ne sait quel impôt sur les savetiers de Paris. Il paraîtrait que ces derniers avaient de jolies femmes, car Villon, dans son *Testament*, regrette fort de quitter *Blanche la Savatière*.

Les savetiers cependant n'étaient pas seuls propriétaires de leur rue, où le célèbre bonnetier Patrouillet fit bâtir une *fort belle* maison avec l'argent qu'il avait gagné à vendre des bonnets *à quatre brayettes*, dont il fut l'inventeur. Avant lui, le bonnet rond n'était que le bourrelet de l'ancien chaperon, débarrassé de ses *grands appentis*, qui, après avoir été roulés autour de la tête, pendaient d'un bout sur l'épaule, et de l'autre environnaient le cou. Il passa de mode à cause de sa pesanteur, et les gens de robe longue, qui se l'attribuèrent exclusivement, consentirent à changer sa

forme, sans toutefois changer son nom, lorsque Patrouillet *commença d'apporter, à ses bonnets ronds*
une sorte de *quadrature grossière et lourde*; ainsi,
pendant longtemps le bonnet carré conserva le nom
primitif de *bonnet rond.* Pasquier remarque, à ce propos, qu'en *réparant nos têtes rondes de bonnets carrés,* nous *avons par hasard trouvé la quadrature du
cercle, amusoir ancien des mathématiciens.* Le bonnet
carré, qui *florissait* au milieu du seizième siècle, n'a
donc pris son véritable nom, que dans le premier Dictionnaire de l'Académie.

IMPASSE SAINT-MARTIAL

L'impasse Saint-Martial conduisait au porche de
cette petite église, qui fut abattue en 1722, parce
qu'elle tombait en ruines. Louis XIV, peu de jours
avant sa mort, avait autorisé une loterie destinée à reconstruire Saint-Martial. Les loteries, ouvertes sous la
protection du roi et de l'archevêque, faisaient pleuvoir
les louis d'or, bien différentes de ces loteries de *plaisirs* et de *peines,* que tiraient innocemment les héros
de la *Clélie,* sous les auspices de Sapho; mais la loterie
de Saint-Martial ne survécut pas à Louis XIV, et on
jugea inutile de conserver une paroisse qui ne comptait pas plus de quinze ou vingt paroissiens. Aussi bien,
le règne de madame de Maintenon étant fini, une loterie pieuse excitait peu de sympathie à la cour folle et

débauchée du Régent, qui eût donné dix grandes églises pour un petit souper.

Cette impasse a dû être autrefois la *rue de la Ganterie*, qui aboutissait à celle aux *Fèvres*, vis-à-vis la rue du *Four-Basset*, supprimée depuis longtemps. Il est certain, du moins, que cette impasse s'est nommée *rue* et *ruelle Saint-Martial*. La *Ganterie*, que Guillot cite comme existant à cet endroit, remontait sans doute à une époque fort reculée. Le clergé faisait usage de gants, de même que la Noblesse, et les moines, excepté ceux de Fontevrault, avaient les mains gantées, même aux principales fêtes de l'Église; les rois et les seigneurs envoyaient un de leurs gants en signe de consentement, et le don d'une paire de gants, valant un sol ou deux deniers, était le gage d'un marché conclu, à l'instar du *pot-de-vin* ou des *épingles*, que se réserve encore le vendeur. Un vieux coutumier dit : *Chacune vente, soit de maison ou de terre, il y a un wans.* Jean de Sens, ménestrel du roi en 1417, acquit une île de la Marne, pour une rente de *gants fauves rendus chacun an, à la récolte de Paris, à la Saint-Rémi.* Les gantiers suivirent l'impulsion qui entraînait le commerce dans le quartier des Halles, et allèrent se fixer rue de la Lingerie, deux siècles avant l'importation des gants parfumés d'Italie, qui empoisonnèrent Jeanne d'Albret, et qui rendaient plus blanches et plus polies les mains des mignons d'Henri III.

RUE DE LA VIEILLE-DRAPERIE

La rue de la Vieille-Draperie, qui a été deux fois élargie avant que la place du Palais lui enlevât la moitié de sa longueur, était anciennement habitée par des marchands juifs qui vendaient du drap et des étoffes de fabrique étrangère. La richesse de ces marchands, cloîtrés dans leur rue malpropre et ténébreuse, à l'ombre des tours du monastère de Saint-Barthélemy, tenta la cupidité des drapiers chrétiens, qui profitèrent de l'expulsion générale des juifs, en 1183, pour se faire octroyer en pur don, par Philippe-Auguste, dans la rue de la Vieille-Draperie, vingt-quatre maisons hautes et étroites confisquées auxdits drapiers; ils furent exemptés de toute taille, en payant cent livres de rente au roi. De là date la grandeur commerciale de la Draperie, qui marchait en tête des six corps de métiers, sous sa bannière d'azur au navire d'argent et à l'image de saint Nicolas, quoique les drapiers-chaussetiers se fussent séparés de confrérie, de patron et de bannière, en recommandant leurs chausses à la Nativité de la Vierge.

Oh! les belles processions qui défilaient par la *Juiverie des drapiers (Judæaria pannificorum)!* En 1551, le roi Henri II, accompagné de sa maîtresse la duchesse de Valentinois, de la reine et de sa cour, suivait le Saint-Sacrement, un cierge de cire blanche à la main, *pour la religion.* Voici les croix des paroisses, les quatre ordres mendiants, les corps saints des églises et couvents, les *grandes reliques* de la Sainte-Chapelle, trois archevêques et neuf évêques *vêtus en pontificat*, quatre cardinaux, les Suisses du roi, l'évêque de Paris et le cardinal de Bourbon sous un dais porté par les ducs de Guise, de Montpensier et de Montmorency, le Parlement en robes écarlates et en chaperons fourrés, les archers avec leurs hoquetons d'orfévrerie ! La rue, tendue de tapisseries, était toute bourdonnante de peuple, avide de voir l'ordonnance de la cérémonie, qui se termina par un dîner *en la maison épiscopale*, et non cette fois par une exécution d'hérétiques.

Ces gentilshommes, qui faisaient si pieusement cortège au roi, *portant cierges* et *tous têtes nues*, étaient peut-être les mêmes que ceux qui avaient tué, en 1541, dans cette rue, deux archers du guet, Quentin Thomas et Adrien Duval, pour l'âme desquels le Parlement fonda un service perpétuel en l'église de Saint-Barthélemy, où, chaque jour, vers cinq heures de relevée, un prêtre montait en chaire et lisait la Passion, au son des cloches et du *De profundis*. Le *pauvre* guet de nuit était exposé à bien des embûches de la part des voleurs et des écoliers, comme Rabelais nous le raconte; et, jusqu'au temps de Louis XIV, les jeunes seigneurs qui revenaient ivres, avec un train de laquais armés, se divertissaient à mettre le guet en déroute. On ne poursuivait pas en justice les agresseurs; mais on accordait aux victimes chandelles et obits.

Au coin de la rue de la Vieille-Draperie, qui débouchait vis-à-vis de l'ancienne porte du Palais, certaine boutique de drapier, où les ligueurs avaient tenu leurs conciliabules régicides, était bien achalandée des pères jésuites, en 1594. Le mardi 27 décembre, la nouvelle se répandit que le roi arrivait de son voyage de Picardie. Aussitôt Jean Châtel, que son père avait confié au père Guignard, régent du collége des Jésuites, et qui sortait à peine de la *chambre des méditations*, où se voyaient *les pour-traits de plusieurs diables de diverses figures épouvan-tables*, reçut des mains de sa mère un *Agnus Dei*, une médaille bénite à Chartres, appelée *chemise Notre-Dame*, et des chapelets : il s'arma d'un couteau, pris sur le *dressoir* du drapier, et se répétant, pour s'encoura-ger, cette maxime, *qu'il était loisible de tuer les rois, mêmement le roi régnant, lequel n'était en l'Église, parce qu'il n'était approuvé par le pape*, il courut au Louvre, où Henri IV, *tout botté*, se trouvait au milieu *de trente ou quarante des principaux seigneurs*, et le frappa d'un coup de couteau à la lèvre inférieure. Ce miséra-ble subit la question ordinaire et extraordinaire, sans vouloir nommer ses instigateurs, sinon qu'*il désespérait de la miséricorde de Dieu pour les grands péchés par lui commis, et qu'il avait eu volonté de commettre plu-sieurs péchés énormes contre nature*, dont il s'était confessé à son précepteur de philosophie, le père Guéret. Le roi, qui avait *commandé* à son capitaine des gardes *qu'on le laissât aller, en disant qu'il lui pardonnait*, écrivit à ses bonnes villes : *Il y a, Dieu merci, si peu de mal, que, pour cela, nous ne nous mettrons pas au lit de meilleure heure.* Cependant Jean Châtel fut écartelé en place de Grève; son père fut banni à perpétuité de la ville et faubourgs de Paris, sous peine *d'être pendu et étranglé, sans autre forme ne figure de procès*, et con-damné à deux mille écus d'amende envers le roi; sa maison *abattue, démolie et rasée, et la place appliquée au public, sans qu'à l'avenir on y puisse bâtir*, et un pilier érigé avec un tableau *énonçant les causes de ladite démolition.* Quelques années après, la pyramide fut supprimée, ainsi que l'arrêt qui chassait les jésuites, et changée en fontaine, comme pour laver l'infamie que la procédure avait fait rejaillir sur la robe d'Ignace de Loyola. On a retrouvé, l'année dernière, les fondations de la maison de Jean Châtel, calcinées par la flamme et bariolées de soufre ; car la justice des temps de foi religieuse se modelait sur la justice du Dieu de la Bible, qui ne laissait pas pierre sur pierre des villes coupables, et qui les purifiait avec le feu du ciel.

RUE DE LA BARILLERIE

La rue de la Barillerie, qui unit le pont Saint-Michel au pont au Change, formait jadis trois rues sous trois noms différents : *rue du Pont-Saint-Michel, rue de la Barillerie, rue Saint-Barthélemy.* Il est à croire que cette rue exista, dès que le Grand et le Petit Pont furent construits, dès qu'un Palais fut élevé pour le gouvernement de Lutèce, dès que le commerce exigea plus de relations entre les deux rives de la Seine : cette rue était une voie romaine, quoique son élargisssement n'ait eu lieu qu'en 1703, et César y passa avec son armée, tandis que, sur la montagne de Mars, les Gaulois appelaient la bataille en heurtant leurs boucliers.

Quant au nom de la Barillerie (*Barilleria*), que Guillot, dans son *Dit des rues*, change en *Grand Barisxerie*,
pour distinguer cette rue d'une autre ruelle de la Barillerie qui lui était parallèle et qui est aujourd'hui couverte
de maisons ; ce nom témoigne assez qu'elle était habitée par des tonneliers, qui suffisaient à peine pour l'immense quantité de vin que produisait le Parisis, depuis que Brennus y avait apporté d'Italie la vigne en
trophée. Lutèce, du temps de l'empereur Julien, qu'elle
devrait placer à la tête de ses rois bien-aimés, s'environnait de fertiles vignobles, dont la récolte faisait sa
richesse et sa gloire ; le Palais, les Thermes, les temples
et les monastères eurent longtemps une ceinture de
ceps chargés de raisins délicieux, et l'on vendangeait à
l'endroit même où la rue de la Harpe grimpe, moisie
et fangeuse, entre ses deux quais de maisons pendantes ;
enfin, le *nectar* de la Ville-l'Évêque, de Surène, de
Vanvres et de Sainte-Geneviève était destiné à la table
royale, et passait pour exquis, même sans être cuit, su-
cré et aromatisé. Il faut que le vin ou le goût ait eu ses
révolutions, ainsi que le royaume de France.

Saint Louis avait autant de soins de sa *barillerie* que
de sa chapelle, et trois *barilliers*, qui mangeaient *à cour*,
étaient préposés à la garde des tonneaux, muids, *bottes*
et barils du roi. Le roi Jean se contentait de deux barilliers d'échansonnerie. Peut-être le voisinage des caves
du Palais, où Charlemagne entassait ses bons barils cer-
clés de fer (*bonos barridos ferro ligatos*), a-t-il donné
à la rue de la Barillerie le nom qu'elle portait avant
1280.

Ce nom, suivant Robert Cenalis, fut modifié en celui

de la *Babillerie* (*via loqutelia et locutia*), soit à cause
du Parlement où se dépensaient tant de paroles ; soit à
cause des badauds qui se rassemblaient là pour s'entretenir des nouvelles ; soit à cause de la confusion de
cris de toute espèce que jetaient les marchands ambulants, dont le nombre était si effrayant, que Guillaume
de la Villeneuve, après en avoir dénombré une partie,
finit par s'écrier :

> Que si j'avoie grand avon,
> Et de chacun voulsisse avoir
> De son métier une denrée,
> Il aurait moult courte durée.

Aujourd'hui, la plupart de ces *crieries* singulières
sont perdues pour nous, avec l'objet qui les avait fait in-
venter, et beaucoup de petits métiers se sont agglomé-
rés en un seul, qui à présent attend l'acheteur en silence et en boutique. On ne crie plus des aiguilles
pour du vieux fer, de l'eau pour du pain, des oiselets
pour du pain ; on ne connaît plus les marchands de
lie de vin, de *bûche à deux oboles*, de sauce à l'ail et .
au miel, de *poivre pour un denier*, de jonchées d'herbes fraîches. Enfin, pour comprendre la *babillerie* que
c'était dans les rues, il faut lire le *Dit du mercier*, qui
avait la constance d'énumérer sa marchandise en plus
de deux cents rimes, depuis le *queton* (coton) avec lequel les dames se *rougissent*, jusqu'au *bon coffre à
guarir la teigne* : on verra que notre mercerie est
moins riche en assortiment que celle de nos *naïfs* aïeu'
Vers cette époque où de hideuses maisons entassées
l'une sur l'autre, chacune se haussant à l'envi au-dessus

du toit voisin, formaient la cour du Palais et prolongeaient l'étroite rue de la Barillerie jusqu'à l'endroit où s'ouvre aujourd'hui une place assez vaste pour y dresser l'échafaud du pilori moderne, on établit, dans une de ces maisons bourgeoises, un *hôpital pour les pauvres enfants* : la charité chrétienne osa se montrer en public, pendant que la justice se cachait au fond de son sanctuaire.

En 1420, l'hiver fut bien rude et la misère bien affreuse; les fléaux célestes semblaient d'accord avec les fléaux terrestres : la mauvaise saison avait gâté les récoltes, et la guerre civile, qui mettait en feu la France, arrêtait toutes les ressources du commerce. Paris, dépourvu de police et d'approvisionements, sous la domination anglaise, ne se souvenait plus de ses sanglants désordres au milieu de la famine qui déchirait ses entrailles.

Le prix des denrées de première nécessité augmentait tous les jours, et bientôt l'argent ne suffit plus pour avoir du pain. Dans les rues, *à l'huis des boulangers*, « ouissiez, par tout Paris, piteux plaids, piteux cris, piteuses lamentations, et petits enfants crier: *Je meurs de faim!* et sur les fumiers, parmi Paris, puissiez trouver ci dix, ci vingt ou trente enfans, fils et filles, qui là mouraient de faim et de froid, et n'était si dur cœur qui par nuit les eût ouï crier : *Hélas! je meurs de faim!* qui grand pitié n'en eût; mais les pauvres ménages ne les pouvaient aider! »

L'Église ne vint pas au secours de ces malheureuses créatures; l'Église avait aussi sa part des calamités publiques, et saint Vincent de Paul n'était pas né. Cependant l'Église avait toujours ouvert ses bras aux enfants abandonnés qu'elle adoptait comme une bonne mère, qu'elle nourrissait et qu'elle élevait dans son sein. Mais la *crèche*, placée dans la cathédrale et destinée à recevoir les *pauvres enfants-trouvés de Notre-Dame*, semblait changée en cercueil et restait vide comme pour insulter à tant d'êtres souffrants : Isabeau de Bavière ne leur avait pas encore légué huit francs, dans son testament ; Isabeau qui causa tous les malheurs de ces temps-là ; Isabeau qui ne donna pas à manger au peuple mourant de faim aux portes de l'hôtel Saint-Paul !

Enfin, *aucuns des bons habitants de la bonne ville de Paris*, émus de tout ce qu'on souffrait autour d'eux, car la cherté des vivres devint excessive, et *il faisait toute la douleur de froid qu'on pouvait penser*, achetèrent trois ou quatre maisons, dans la rue de la Barillerie, où *les pauvres enfants avaient potage et bon feu, et bien couchés*, chaque hôpital ayant *quarante lits ou plus, bien fournis, que les bonnes gens de Paris y avaient donnés*. Mais ces soulagements ne favorisaient qu'un petit nombre d'infortunés : au mois d'avril, lorsqu'on vidait, *emmi la rue*, les pommes et prunelles qui, en hiver, avaient fait les *buvages* (cidres), femmes et enfants *mangeaient par grand saveur* ces fruits pourris, qu'ils disputaient aux *porcs de M. Saint-Antoine !*

Cette famine n'est pas le seul événement funeste dont la rue de la Barillerie fut le principal théâtre : en 1618, le feu consuma la grand'salle du Palais, et faillit détruire toutes les maisons et les églises de la Cité. Cet incendie frappa les Parisiens, comme une grande calamité publique : car le palais de saint Louis, plein de souvenirs royaux amassés pendant quatre siècles, semblait devoir vivre autant que la monarchie, et Paris s'intéressait à la conservation de ce vénérable monument, ainsi que Rome rattachait sa destinée au Capitole.

Ce Palais, dont le peuple savait tous les chemins, et qu'il avait rendu complice de toutes ses révoltes, au temps des Maillotins, des Bourguignons et des Ligueurs, ce vieux et solennel Palais s'enorgueillissait alors de sa grand's.le, *qui passait pour l'une des plus grandes et des plus superbes du monde;* il n'était pas moins fier de sa Table de marbre, *qui portait tant de longueur, de largeur et d'épaisseur, qu'on tient que jamais il n'y a eu de tranches de marbre plus épaisses, plus larges ni plus longues.*

Cette Table de marbre servait de tribunal, quand les maréchaux de France y rendaient leurs arrêts; de théâtre, quand les clercs de la Bazoche y représentaient leurs farces et moralités; de réfectoire, quand les empereurs, rois, reines et princes y siégeaient dans les festins publics; de pilori, quand on y exposait quelque illustre coupable aux yeux de la foule circulant et bayant à l'entour.

Cette grand'salle, bâtie par saint Louis sur des fondations plus anciennes que la royauté, avait été achevée et décorée par ce malheureux Enguerrand de Marigny, qui fut jugé à mort dans ce Palais qu'il fit réédifier avec tant de splendeur, et pendu au gibet de Montfaucon qu'il fit reconstruire avec tant de prévoyance!

Un pavé de marbre blanc et noir, une magnifique voûte de charpente toute peinte en or et argent, des lambris de bois de chêne sculpté et rehaussé d'or et d'azur, de même que les piliers massifs qui soutenaient les arceaux du plafond, tels étaient les ornements de cette salle, que la poussière de trois cents années avaient noircie, mais que les pas et les cris de tant de générations n'avaient pas ébranlée. Les statues des rois de France, rangées chronologiquement comme dans l'histoire, ne régnaient plus que sur des bancs et des sacs d'avocats, sur des boutiques de merciers et de libraires; car le Palais n'était plus le séjour royal par excellence, et le jeune Louis XIII eût dédaigné d'y venir coucher, quoique le bon roi Louis XII y eût dormi tout paisiblement la première nuit de ses noces avec la belle Marie d'Angleterre.

Une partie du Palais brûla donc en 1618 : ce fut comme un contre-coup au crime de Ravaillac; l'incendiaire se chargea de parfaire la besogne du régicide. On soupçonnait, on accusait même plusieurs grands personnages d'avoir trempé dans le meurtre d'Henri IV; les pièces du procès de Ravaillac, déposées au greffe du Parlement, pouvaient d'un jour à l'autre enfanter des échafauds pour de nobles maisons; il était donc urgent d'anéantir ces pièces : on mit le feu au Palais, au risque de détruire la Cité tout entière.

On ignora toujours les auteurs ou les causes de ce mystérieux incendie: « Le feu est descendu du ciel en façon d'une grosse étoile flamboyante, d'une coudée de longueur et d'un pied de large, sur le minuit, » dit une relation, imprimée peu de jours après et vendue dans les rues.

Le feu ne se déclara que vers trois heures du matin, et un soldat qui était en sentinelle donna l'alarme le premier. La flamme, alimentée par les bancs, les ais et les boutiques, s'élançait de toutes parts et jusqu'au faîte de la tour du Tocsin, qu'on ne put sonner pour appeler du secours. Cependant Defunctis, prévôt de la Cour et de l'*Ile* (la Cité), accourt avec ses archers ; les voisins se réveillent au bruit et apportent de l'eau, qu'on tire de la rivière et des puits de la rue de la Vieille-Draperie.

Déjà la grand'salle, *admirable, certes, en sa structure de si grande masse de pierre, et en ses hauts et plantureux lambris*, était tout embrasée, ainsi que la chambre du trésor et la première chambre des enquêtes et requêtes de l'hôtel ; déjà l'incendie gagnait la chambre dorée : les *seaux, cruches et chaudrons*, employés par deux mille travailleurs, semblaient impuissants pour arrêter les progrès du terrible fléau, lorsqu'on imagina de faire au milieu de la rue de la Barillerie, vis-à-vis de l'église Saint-Barthélemy, un *canal, bordé des deux côtés de fiens bien épais, qui conduisait l'eau jusqu'en la basse cour du Palais, qui tout aussitôt fut presque un lac d'eau.*

Les flammèches pleuvaient *à toute outrance* dans la Conciergerie, et les prisonniers, *alléguant que la prison était destinée pour les garder et non pour les brûler*, arrachèrent les clefs des guichetiers et tentèrent de s'évader ; mais Defunctis et ses gens les repoussèrent de vive force ; et plusieurs de ces misérables périrent par le fer, en cherchant à fuir le feu.

Cette fournaise jetait une telle clarté dans les ténèbres, que les villageois, qui venaient des environs apporter des provisions au marché, pensèrent que le *so-*

Icil s'était levé deux heures plutôt que de coutume.

A huit heures du matin, tout était consumé. « Les grands piliers, bâtis de pierre dure, demeurèrent brisés en menus morceaux en façon d'écailles, ni plus ni moins que chaux mouillée; cette longue et épaisse tranche de marbre noir fort luisant, avec les pieds de même, fut presque réduite en cendre; ces belles et hautes statues des rois affichées aux parois, selon l'ordre qu'ils avaient régné, toutes mutilées et tronquées. » Il ne restait « que le pavé marqueté, encore bouillant, qu'on n'osait toucher ni marcher dessus à pied, qui ne brûlât, pendant qu'on portait dehors les immondices du feu. »

Le lendemain, Messieurs de la Cour eurent beau rendre un arrêt, pour réclamer les sacs, procès, pièces et registres dérobés pendant l'incendie : les marchands, apothicaires, papetiers, cartiers, merciers, épiciers et autres, sommés de n'acheter aucuns parchemins, papiers, écrits en minutes ou grosses, ne rapportèrent rien au Greffe civil et criminel. Il est donc bien prouvé maintenant que Ravaillac n'avait pas de complices.

L'arrêt du Parlement, publié à son de trompe par la ville et lu aux prônes des paroisses, n'intimida pas la verve satirique du poëte Théophile, qui osa rire de ce désastre :

<blockquote>
Certes, ce fut un triste jeu,
Quand, à Paris, dame Justice,
Pour avoir mangé trop d'épices,
Se mit le Palais tout en feu.
</blockquote>

Ce froid quolibet faillit coûter cher au poëte-athée

qui, sept ans plus tard, lors de la publication de ses
vers libertins, fut enfermé à la Conciergerie et brûlé en
effigie sur la place de Grève.

RUE SAINT-CHRISTOPHE

Guillot l'appelle *grand'rue Saint-Christophe*, pour la
distinguer d'une *ruelle* du même nom, qui existait, au
treizième siècle, sur l'emplacement du parvis Notre-
Dame ; mais les anciens titres ecclésiastiques s'accordent pour nommer cette rue la *Regraterie : Regrataria
juxta Judaismum*, en 1218 ; *Regrateria*, en 1248, et
Regrateria de Parvo Ponte, en 1263.

La *Regrateria* était un marché permanent, affecté à
la vente en détail et de seconde main ; car le petit
commerce n'avait pas, comme aujourd'hui, formé une
hiérarchie de revendeurs ou regrattiers, qui enchéris-
sent, l'un après l'autre, les marchandises achetées aux
Halles, et qui spéculent ainsi sur la paresse des con-
sommateurs. Il est vrai que l'agrandissement de Paris
ne permettrait plus la concentration des vivres dans un
seul quartier.

Autrefois, les marchés ne se tenant pas tous les
jours, il fallait bien qu'à leur défaut la vente des objets
de première nécessité ne fût pas interrompue pour les
étrangers nouvellement arrivés, pour les pauvres privés
des moyens de s'approvisionner d'avance, et pour toutes
les personnes qui se trouvaient forcées de fournir à des

besoins non prévus. Mais la regraterie, qui, à l'ombre d'une boutique, s'exemptait de la police sévère et vigilante des marchés publics, s'enrichissait par tant de fraudes, que son nom devint synonyme de friponnerie. Une charte de 1399 met de compagnie *regrataria* et *extorsiones*.

C'est pourquoi de nombreuses ordonnances ont tâché de mettre un frein à la mauvaise foi et à la rapacité des regrattiers, trop enclins à *regratter* la bourse des acheteurs : « Que nul regrattier qui vive de regrat ne peut acheter nulle chose pour vendre à regrat, jusqu'à l'heure de tierce du jour, et que nul regrattier ne peut aller, par lui ou autre, encontre victuailles, pour les acheter en chemin. » Cette ordonnance de 1219 avait été en vigueur dans la plupart des villes de France, jusqu'en 1632, où le *regrat* fut absolument défendu, sous peine d'amende, attendu que les regrattiers allaient accaparer les marchandises « esdits marchés auparavant l'heure, et enlèvent icelles, pour après les revendre à un tiers ou la moitié plus qu'ils ne les achètent. »

Dès l'année 1305, Philippe le Bel avait rendu un arrêt pareil : « Nous commandons et ordonnons que toutes denrées soient vendues et amenées en plein marché, et défendons étroitement que nul ne soit si hardi, qu'il achète ni vende denrées, vins, ni victuailles ailleurs qu'en plein marché, et que nul n'achète blé ni grain autre, pour revendre le jour du même marché. »

Il est à présumer que la rue changea de nom, lorsque les regrattiers changèrent de résidence, et elle prit alors le nom de Saint-Christophe, à cause de la petite église dédiée à ce saint, ou plutôt à cause de sa statue colossale qu'on voyait encore sur la place du Parvis, peu d'années avant la Révolution.

Cette statue, qui a été le sujet de bien des dissertations savantes, à travers lesquelles la vérité s'est fourvoyée, représentait certainement saint Christophe, et non Mercure Trismégiste, non Esculape, non le dieu Terme; non Guillaume d'Auvergne, évêque de Paris et chef des hermétiques; non Archambault ou Erchinoald, maire du palais, sous Clovis II; non Jésus-Christ, non sainte Geneviève, comme l'ont pensé les antiquaires, toujours prêts à échafauder un système que le simple bon sens renverse d'un souffle.

C'était un grave personnage, de douze pieds de haut sur deux pieds de diamètre, ayant la tête nue, une longue barbe, tenant de la main gauche un livre fermé, soulevant de la même main sa robe traînante, et faisant le geste de bénir la foule avec sa main droite. On remarquait un aigle, des dragons et un lion combattant, sculptés sur le fût de colonne auquel il s'appuyait. D'ailleurs, cette statue, taillée grossièrement comme une borne et à demi enfoncée dans le sol, n'avait aucun des caractères symboliques que lui prêtait l'imagination des poëtes et des historiens.

Ce saint Christophe provenait sans doute d'une ancienne église démolie; car on pouvait lui supposer huit ou neuf cents ans d'antiquité. Autrefois on plaçait, à la porte des cathédrales et dans les places publiques, de hautes statues de ce saint, afin qu'on les aperçût de loin, selon une bizarre superstition qui recommandait aux bons chrétiens, dès leur arrivée dans une ville, de voir l'image de saint Christophe, pour n'être pas exposés à mourir subitement et déconfés ; témoin cet ancien vers :

Christophorum videas, postea tutus eras.

Saint Christophe cependant est au nombre des saints apocryphes que le savant Jean de Launoy, docteur en Sorbonne, *dénichait* avec un zèle si digne d'excommunication.

Au reste, cette superstition était si profondément enracinée, que, du temps de Sauval, on *envoyait, en hiver, les nouveaux venus, pour les déniaiser*, sur la place du Parvis, en leur disant d'y chercher *M. Legris*. Sauval dit pourtant qu'on ne sait rien de l'origine de ce vieil usage, qui se rapporte certainement au culte de saint Christophe. Après avoir fait errer de porte en porte les pauvres badauds, lassés, morfondus, déconcertés par les éclats de rire qui les poursuivaient dans la recherche d'un être imaginaire, on les conduisait par la main au milieu de la place du Parvis, et là on les poussait violemment contre la statue, qui leur meurtrissait le visage, pour leur faire faire connaissance avec M. Legris. Certes, M. Legris dut recevoir la visite du petit Poinsinet *le mystifié*.

Ce nom de *Legris* dérivait peut-être de la couleur de cette figure, qui était en plâtre, mais entièrement recouverte de plomb. Quoi qu'il en soit, on lit sur un ancien mur de Bourges, auprès de la cathédrale, une inscription que personne n'a expliquée et qui semble se rapporter à cette coutume de berner et *moquer* les gens simples et crédules, en les envoyant voir saint Christophe ou M. Legris : *Ici on donne le gris.*

Dans la rue Saint-Christophe résidait, au septième siècle, le prétendu fondateur de l'Hôtel-Dieu, Erchinoald, dont on a défiguré le nom en Erembauld ou Archambault, maire du palais de Neustrie sous Clovis II. En 645, après la mort d'Ega, il fut appelé à cette importante charge, qui devait se changer en royauté, un siècle plus tard. « C'était un homme paisible, dit Fauchet (historien obscur, mais profond, mais savant, contre lequel on aurait tort de partager l'antipathie de Henri IV et de Louis XIII), avisé, humble et affectionné à l'endroit des ecclésiastiques et prêtres ; lequel benignement répondait à ceux qui avaient affaire à lui, nullement enflé d'orgueil, ni cruel, ni larron, et qui, durant son gouvernement, entretint la paix : qui sont toutes bonnes qualités de sage gouverneur. »

Erchinoald légua, dit-on, son hôtel aux pauvres *matriculaires* de Notre-Dame, c'est-à-dire inscrits sur la matricule de l'église ; car l'aumône, en ces temps de barbarie et d'ignorance, était la partie vitale de la religion, et le peu de bien qu'on faisait sur la terre pour gagner des indulgences au ciel surnageait à peine dans ce torrent de crimes où luttait la société. Ces pauvres, qui, à l'Hôtel-Dieu, couchaient peut-être dans le lit d'un maire du palais, et dont les chanoines venaient laver les pieds, étaient les membres souffrants de Jésus-Christ, froissés et mutilés par l'inhumanité des grands et la superbe des clercs, hors de cet asile, qui les recevait à l'abri d'une généreuse hospitalité, sous l'invocation de saint Christophe. Bien plus, l'hôpital n'avait ni serrures ni portes, comme pour faire entendre que la charité a les bras ouverts pour tous.

Saint Christophe, à qui l'imagination des légendaires donne une taille de vingt à trente pieds, figurait souvent à l'entrée des églises pour épouvanter les voleurs et les impies. Voilà pourquoi le carcan des blasphémateurs était attaché aux murs de l'église de Saint-Christophe, afin que le saint fît justice du délit. En effet, plusieurs années avant que Louis XII, par le conseil de son confesseur, Guillaume Parvi, eût remis en vigueur l'ancien édit contre *ceux et celles qui renieront, maugréeront et blasphémeront le très-doux nom de Dieu, notre Créateur*, Guillaume Dubois, valet boucher, pour *blasphèmes de Dieu*, par lui faits et commis, le jour de Pâques 1500, fut mis à ce carcan, où il resta pendant qu'on disait la grand'messe, depuis huit heures jusqu'à onze. Il subit *toutes vilénies et opprobres* que chacun lui voulut *impro[pérer*; mais on ne dit pas s'il eut *la lèvre de dessus coupée d'un fer chaud*, ou même *la langue coupée tout juste*, pour l'empêcher dorénavant de dire, *ne proférer tels maugréemens, reniemens, et blasphèmes de Dieu ni de sa glorieuse Mère*.

Le voisinage de la licorne, que l'on montrait dans la rue de ce nom, ne fit pas tort à la *grande merveille*, qui, au quinzième siècle, illustra la rue Saint-Christophe. Ce n'était pourtant pas quelque relique gigantesque de ce saint, une de ses dents, par exemple, « d'un si gros calibre, qu'il faudrait que la bouche qui en logerait une douzaine de même force fût plus grande que la plus grande gueule de four qui soit entre Paris et Lyon. » Cette merveille fut simplement la naissance d'un monstre, le 6 juin 1428.

Ce monstre, du sexe féminin, avait deux têtes, quatre bras, deux cous, quatre jambes, quatre pieds, deux dos, avec un seul ventre et un seul nombril. La mère, nommée Gillette, accoucha sans accident à Aubervilliers, « et pour vrai, du peuple de Paris, y fut les voir plus de dix mille personnes que hommes, que femmes. » Ce monstre fut *chrétienné* en la paroisse de Saint-Christophe, et reçut deux baptèmes, sous les noms d'Agnès et de Jeanne. Il ne mourut que le troisième jour, après avoir passé *entre les mains* de tous les curieux. L'illustre Geoffroy Saint-Hilaire aurait couru risque du fagot, s'il eût soutenu sa théorie des monstres, dans un temps où les *prodiges* de cette espèce étaient attribués à l'œuvre de l'Esprit malin, qui, depuis le premier âge du monde, *par nuit se couchait avec les femmes et les connaissait*, selon un vieux commentateur de la Bible, Guyard des Moulins.

Hartman Schedel, auteur de l'ouvrage intitulé *Liber chronicarum mundi*, imprimé en 1493, était plus philosophe que son siècle, lorsqu'il regardait ces *jeux de la Nature* comme les moyens qu'elle emploie pour révéler sa puissance aux yeux des générations. On ne voit pas souvent, au quinzième siècle, le nom de la Nature remplacer les noms de Dieu et du diable.

RUE DE PERPIGNAN

La rue de Perpignan, qui, de la rue des Trois-Canettes, conduit presque en ligne droite à la rue des
Marmouzets, vis-à-vis celle de Glatigny, mériterait
d'occuper longtemps l'étymologiste à cause des noms
divers qu'elle a portés successivement : *Charauri,
Charroui, Charoci, Charoli, Chalori, Chalauri;* en
latin : *Vicus de carro aurici,* au treizième siècle; puis,
*Champrosay, Champrose, Champron, Champourri,
Champrousiers, Champflori, Champrosy,* jusqu'à la fin
du quinzième siècle; puis, au seizième : *Pampignon,
Parpignan* et *Perpignan.*

Il semble que, dans l'origine, cette rue étroite et putride, accaparée aujourd'hui par le vice qui se plaît à
l'ombre, fut dépositaire du *Pennon* royal. Cette bannière, dont l'usage venait d'Italie, où elle parut vers
1100, était blanche avec une croix rouge au milieu;
elle flottait à l'extrémité d'un grand mât que surmontait une croix dorée et que soutenait un char magnifique attelé de huit bœufs houssés d'écarlate; un cha-
pelain, disait la messe au pied de cet étendard que
remplaça l'oriflamme, et huit chevaliers, assistés de
huit trompettes, veillaient à sa garde nuit et jour.
C'était au centre de la bataille que s'élevait le pennon,
pour la défense duquel les preux combattaient et mouraient. Ce palladium, en temps de paix, devait être

renfermé dans l'enceinte de la ville, non loin du palais des rois, et son nom *carocium*, en vieux français *charroy*, a pu rester à la rue *Charroui* ou *Charoci*. Il ne serait peut-être pas difficile de retrouver dans *Vicus de carro aurici*, et surtout dans l'ancien nom *Charauri*, la rue du *Char d'or* ou *Char rouge*, d'après l'italien *carro rozzo*.

Quant au nom de *Charoli*, que le peuple changea en *Chalori*, par une contrepeterie ou déplacement de lettres, il faut le rapporter aux danses d'autrefois, appelées *charolles*, du bas latin *carolare* qui s'est transformé en *caracoler*, depuis l'invention des carrousels. Le roman de Merlin nous montre *cent damoiselles et plus, qui viennent carolant et dansant*. Ronsard emprunte à nos romanciers gaulois les *carolles* des Muses qui le ravissent par leurs *sauts*. Il est impossible qu'un carrousel ou même une de ces *belles* fêtes où *les dames et les damoiselles de la cité* fesaient *moult belles charolles* ait eu pour théâtre cette vilaine rue qui n'a pas cent pieds de longueur sur dix de large; mais l'autorité du nom de *Charoli* donne à penser qu'un bal public se tenait là, dans un hôtel, ou plutôt dans un jardin planté de rosiers, que représentent encore les noms de *Champrosay, Champrose*, etc.

Nos bons aïeux avaient pour les roses le même amour que les Orientaux, et pourtant ils connaissaient moins bien que nous Anacréon, le chantre de la rose. Les parfums de cette reine des fleurs se mêlaient à toutes les solennités religieuses, royales, parlementaires et universitaires; une statistique, qui remonte au règne de Charles VI, fixe à quinze cents écus d'or la dépense annuelle de Paris en *chapeaux de fleurs, bouquets et mais verts.* Le chapel de roses complait parmi les droits seigneuriaux; la rose embaumait les sauces et les ragoûts de la cuisine de Taillevent; la rose couronnait les images des saints, les premiers présidents de la grand'chambre, et les doyens des quatre Facultés. Guillaume de Lorris et Jean de Meung, ce célèbre détracteur des femmes, consacrèrent un long poëme à l'éloge de la rose. N'était-ce pas une merveille que la culture des roses, *Champrosay* ou *Champrousiers*, au milieu des fanges et des ténèbres de ce hideux quartier?

Le Champrosay attenait probablement au jeu de paume de Perpignan, qui était établi là dès 1399, puisqu'on lit sous cette date : *Vicus Champrose è regione ludi palmæ de Perpignan.* Ce jeu de paume, l'un des plus anciens de Paris, n'a pas tiré son nom du Romain *Perpenna*, ni du seigneur espagnol *Pierre Pigna*, auxquels on a prétendu attribuer la fondation de la ville de Perpignan; mais le nom actuel de la rue dériverait plutôt de l'enseigne du *Pignon*, puisque ce mot se retrouve dans une des vieilles dénominations de la rue, *Pampignon.* On ne doit pas oublier non plus une étymologie qui s'appuie sur une curieuse recherche de Pasquier : l'invention de la raquette pour la paume ne date que du commencement du seizième siècle; auparavant, on jouait *à mains découvertes, de l'avant-main et de l'arrière-main,* comme une femme du Hainaut qui vint à Paris en 1427. Cette manière de *pousser la pelote* avec le poing (*per pugnum*) n'a-t-elle pas servi à caractériser le jeu de paume de Perpignan, où les raquettes et les gants doubles n'avaient pas encore introduit leurs *sophistiqueries*.

C'est dans la rue de *Charoli* que l'on montrait avec vénération une maison *qui fut au fameux abbé de Lire*, lequel a composé une glose de la Bible, imprimée en cinq volumes in-folio. Il était juif circoncis, mais, s'étant fait chrétien, il convertit plus de six mille juifs. Rabelais a dit de lui : *Si Lira ne delire*, d'après une équivoque scolastique. Le savant docteur, qui mourut à l'âge de quarante-huit ans, dans l'ordre de Saint-François, en 1340, avait laissé une telle réputation de sainteté, que l'empereur Charles-Quint ne passa point par Paris, sans aller prier sur le tombeau de Nicolas de Lira, qu'on voyait dans la salle du chapitre au couvent des Cordeliers. Cette prière lui inspira plus tard la fantaisie de se faire moine.

RUE DE GLATIGNY

La rue de Glatigny, dont le nom originel s'est conservé depuis le douzième siècle à travers les légères variantes de *Glategny* et *Glateingny*, malgré l'honnête déguisement de *rue au chevet de Saint-Denis de la Châtre*, en 1380, et le surnom caractéristique de *Val d'amour*, fut attribuée, dès la plus haute antiquité, à la débauche, qui se logeait toujours au bord de l'eau. Saint Louis, dans son ordonnance de 1254, n'oublia pas cette rue parmi les lieux réservés et privilégiés

pour la prostitution, qui n'était nulle part plus floris-
sante qu'en Glatigny, *in Glatiniaco*, quoique, au treizième siècle, Robert et Guillaume de Glatigny eussent
un fief dans ce repaire, fief dépendant peut-être de la
seigneurie de Glatigny qui passa dans la famille des Essarts. Sous le règne de Charles VI, Antoine des Essarts,
seigneur de Glatigny, conseiller et chambellan du roi,
ayant pris part aux excès de la faction bourguignonne,
fut emprisonné dans la grosse tour du Louvre; après
sa sortie de prison, il fit faire *un grand image de pierre*,
dans l'église de Notre-Dame, *en l'honneur et remem-
brance de monsieur saint Christophe.*

N'entrons pas dans cette rue impure, où logeait
néanmoins le vénérable prieur de Saint-Denis de la
Châtre en 1722, là même où demeuraient, du temps
de Guillot, poète viographe de Paris, *bonne gent et
dames au corps gent;* n'entrons pas dans ces bouges
où se tenaient les *assemblées* jusqu'à l'heure du couvre-
feu; car les *femmes de vie dissolue* avaient la honte
de se rendre en plein jour à leurs domiciles publics,
et ce pilori quotidien remplaçait la patente de police.
Alors des filles nobles et de bon lieu se déshonoraient :
damoiselle Laurence de Villers, et Marguerite, épouse
de Pierre de Rains, livrèrent aux sergents, l'une, sa
*ceinture ferrée de boucle, mordant et clous d'argent
doré, pesant deux onces et demie,* son *Agnus Dei d'argent,* son *Pater noster de corail,* ses *Heures à fermoir
doré;* l'autre, sa *robe courte de drap gris sur le tanné,
fourrée de penne blanche fort usée,* et ses *vieilles
chausses de drap violet rempiécées de drap violet;* car
il était défendu aux femmes de mauvaise vie de porter

des robes traînantes, des collets renversés, du drap d'écarlate en robes ou en chaperon, des fourrures de petit-gris et autres riches fourrures, des ceintures en tissus de soie, et des ferrures d'or ou d'argent, *qui sont les ornements des femmes d'honneur.* Ces objets confisqués étaient vendus au nom du roi, qui disputait le produit de la vente au Roi des Ribauds, ce singulier suzerain de *six mille belles filles,* ses vassales, qui desservaient Paris en 1490, *sans celles des faubourgs.*

Jean Juvenel, qui avait son hôtel des Ursins proche du Val d'amour, était à portée d'entendre les ébats du libertinage, les cris, les imprécations, les rires et les danses des femmes *folles.* Cet hôtel, que les Ursins d'Italie (Orsini) avaient habité et qui portait leur blason au-dessus de sa façade, fut donné par la ville à Jean Juvenel, premier garde de la prévôté des marchands, pour avoir *remis sus l'état de la ville et s'être opposé aux insolences des grands jusques aux périls de sa vie.* Ce magistrat, que l'histoire appelle *homme entier, sage et bon politique,* s'était installé à l'Hôtel-de-Ville, où il resta vingt-quatre ans, *aimé, honoré et prisé de toutes gens;* ensuite il devint avocat du roi et président au Parlement, sans jamais compromettre ni sa vie, ni sa fortune, qu'il laissa, intacte, en 1431, à ses onze enfants, héritiers de son bonheur et de *sa politique :* l'un fut archevêque de Reims; l'autre, chancelier de France.

Avant la Révolution, toute la famille des Ursins, éteinte en 1650, reposait à Notre-Dame, dans sa chapelle armoriée; mais, dès le seizième siècle, l'hôtel des Ursins tombait en ruines, et son emplacement est encore marqué par les trois rues *haute, basse* et *du mi-*

lieu des Ursins : la première, nommée autrefois *rue de l'Image* et *rue de l'image Sainte-Catherine*, faisait partie du port Saint-Landry, et la dernière fut ouverte au milieu de l'hôtel même des Ursins, comme l'indique son nom. L'amie et l'élève de madame de Maintenon, cette célèbre madame des Ursins qui joua un rôle si actif dans les affaires de la succession d'Espagne, sous Louis XIV, était digne de descendre du *sage et bon politique* Juvenel.

Il échappa toutefois, en 1393, à un danger imminent, cet *homme de bien qui mit les choses en très-bonne police, pendant sa prévôté!* Ses ennemis rapportèrent au duc de Bourgogne *plusieurs paroles de lui, qui n'étaient que bourdes,* et le duc, qui lui gardait rancune de prince, ordonna contre lui une information secrète, appuyée sur trente faux témoins et confiée à maître Jean Audriquet, avocat au parlement. Les deux commissaires du Châtelet, qui avaient rédigé l'information, allèrent souper à la taverne de l'Échiquier, dans la Cité, et *se tinrent assez aises, buvant fort et caquetant;* car ils étaient bien payés de leurs peines; les pièces de l'information, qu'ils avaient posées sur le bord de la table, glissèrent à terre : un chien les prit en jouant pour les ronger et les traîna dans la ruelle du lit; la femme du tavernier, qui se couchait, sentit un rouleau de papier sous ses pieds et le remit à son mari, qui s'écria, dès qu'il l'eut ouvert : *Hélas! qui sont ces mauvaises gens qui le veulent grever!* Il se leva tout inquiet, et courut à l'Hôtel-de-Ville sur l'heure. Le concierge, qu'il éveilla, le conduisit auprès du prévôt des marchands, qui fut bien étonné et bien joyeux de recevoir avis de l'information dirigée secrètement contre lui. Le lendemain, un huissier d'armes vint l'ajourner *à comparoir en personne par devant le roi et son conseil, au bois de Vincennes, au samedi matin et suivant.* Le bruit se répandit, ce jour-là, dans la ville, qu'il aurait la tête coupée : *dont le peuple s'ébahissait.* Mais Jean Juvenel comparut devant le roi, accompagné de quatre cents notables, écouta les *conclusions criminelles* de maître Andriquel, et *se défendit en soi déchargeant bien et honorablement,* car il *avait un beau langage.* Il se plaignait surtout qu'on eût procédé à son égard sans information, et les deux commissaires furent fort empêchés de produire leurs pièces, ne sachant ce qu'elles étaient devenues. Le roi *vit la manière,* et dit : « Je vous dis, par sentence, que mon prévôt est preud'homme, et que ceux qui ont fait proposer les choses sont mauvaises gens; » et s'adressant à Juvenel : « Allez-vous-en, mon ami, et vous, mes bons bourgeois! » Au carême de l'année suivante, les faux témoins eurent *repentance de leur péché :* le curé et l'évêque n'osèrent les absoudre, et le légat du pape, auquel ils s'adressèrent en confession, les envoya, le Vendredi saint, de grand matin, faire amende honorable, affublés d'un drap et *nuds dessous,* à *l'huis* de l'hôtel du prévôt des marchands, qui les trouva en cet équipage et qui pleura de les voir pleurer. Il les « nomma chacun par leur nom, puis bien doucement leur pardonna. »

1853.

LES RUES HONTEUSES

AU MOYEN-AGE

Nous avons très-peu de renseignements sur l'histoire des mauvais lieux de Paris au moyen âge, et c'est à peine si nous pouvons établir d'une manière positive leur situation topographique à des époques antérieures au seizième siècle. Cependant, à partir du treizième siècle, nous les trouvons nommés dans les actes (*instrumenta*) publics de la prévôté, dans les cartulaires des paroisses et des couvents, dans les papiers terriers, dans les comptes de différentes juridictions et même dans les poésies populaires. Il nous est donc permis d'étudier, à l'aide de ces autorités, l'ancienne topographie de la prostitution parisienne.

Malheureusement, en relevant avec peine cette carte

routière des rues honteuses de la capitale, nous sommes dans l'impossibilité d'y joindre des détails pittoresques et de curieuses particularités, qui viendraient distraire le lecteur au milieu d'une monotone dissertation d'antiquaire. Ces particularités et ces détails nous manquent absolument, et, si nous savons quelles rues et quelles ruelles avaient alors la triste destination que plusieurs d'elles ont conservée jusqu'à nos jours, nous ne savons pas quel était l'aspect extérieur de ces séjours de débauche, quels étaient leurs noms et leurs enseignes (du moins pour le plus grand nombre), quel était le système ordinaire de leur organisation impudique, quelle était leur physionomie intérieure. Tout, sur ce chapitre, est livré au domaine de l'imagination, qui a le soin de chercher dans Rabelais et même dans Regnier les couleurs appropriées à la peinture des *bordeaux* de nos ancêtres. Mais, néanmoins, quoique nous n'ayons que des notions très-vagues et très-imparfaites sur les arcanes d'un pareil sujet, nous croyons utile et intéressant de dresser l'inventaire archéologique de ces mauvais lieux, que nous verrons s'éloigner graduellement du centre de la cité et qui semblent avoir été les fiefs de *dame Vénus* et de son fils *Cupidon*, que le moyen âge français n'entourait guère de réminiscences mythologiques.

Dans ces temps de privilèges et de traditions, chaque métier possédait en propre certains quartiers et certaines rues, auxquels il attachait son nom : là étaient les *ouvroirs*, les *fenêtres*, les *étaux* des maîtres de ce métier; là seulement ils concentraient leur industrie et leur commerce. La prostitution, qui se régissait

comme un de ces métiers, n'aurait pu se confiner dans
un seul quartier ni occuper quelques rues attenantes
l'une à l'autre ; car il était de son essence, comme de
son intérêt, de diviser ses forces et de rayonner dans
tous les quartiers à la fois, pour être plus à même
d'étendre partout ses filets et d'y faire tomber plus de
victimes. La police, qui la réglementait, s'opposa toujours à cette diffusion du libertinage sur tous les points
de la ville, et elle travailla constamment à restreindre
le domaine impur qu'elle concédait aux femmes communes. Telle est la lutte que nous présente, pendant
plusieurs siècles, la prostitution de Paris, qui tient tête
tour à tour à l'autorité de l'archevêque, à celle du
prévôt, à celle du parlement, même à celle du roi. Ses
empiétements, ses obstinations, ses audaces, résistent
aux ordonnances, aux arrêts et aux sergents ; elle ne
cède que de guerre lasse un terrain qui lui plaît et que
la tradition lui attribue ; elle y revient sans cesse, après
en avoir été chassée, et ne l'abandonne jamais entièrement ; elle n'est pas difficile, d'ailleurs, sur le choix
des lieux où elle se fixe : elle se rend justice, en adop-
tant de préférence les rues les plus sombres, les plus
étroites, les plus sales, les plus infectes ; c'est une habitude qu'elle garde encore aujourd'hui, comme si elle
n'osait pas sortir de son repaire, comme si l'air que
respirent les honnêtes gens était malsain pour elle.
De même que les juifs qui n'avaient pas le droit de
mettre le pied hors de leur Juiverie et qui s'y voyaient
enfermer la nuit, à l'instar des lépreux dans leurs
ladreries, les ribaudes et leur infâme séquelle ne dépassaient pas les limites de leur résidence privilégiée,

sous peine de s'exposer au fouet, à la prison ou à l'a-
mende; mais, depuis que leur existence légale avait été
réglée par les ordonnances de saint Louis, elles n'a-
vaient plus besoin de se cacher, pour vaquer à leur
scandaleuse profession, pourvu qu'elles se confor-
massent aux prescriptions et aux statuts de la *ribaudie*.

Le plus ancien document dans lequel nous trouvons
une nomenclature des mauvais lieux de Paris, c'est un
poëme ou un monologue en vers, composé au treizième
siècle par un certain Guillot, qui ne nous est connu
que par son *Dit des Rues de Paris*. Ce poëme fut publié
pour la première fois en 1754 par l'abbé Lebeuf, d'a-
près un manuscrit qu'il avait découvert à Dijon et qu'il
déposa dans la bibliothèque de l'abbé Fleury, chanoine
de Notre-Dame. Depuis cette époque, on a souvent ré-
imprimé l'ouvrage de Guillot, et l'on s'en est servi surtout pour fixer la topographie parisienne au treizième
siècle; car on peut dater de 1270 ce catalogue rimé,
où l'*acteur* parle de *Dom Sequence*, chefecier de Saint-
Merry, comme d'un contemporain; or, ce personnage,
vivait encore en 1283.

Les critiques, qui ont cité le *Dit des Rues*, auquel
Guillot a donné la forme d'un itinéraire commençant
à la rue de la Huchette, dans le quartier de l'Université,
n'ont pas pris garde que le poëte ou plutôt le rimeur,
en accumulant des noms de rues et de ruelles, qu'il se
plait à faire rimer ensemble le plus naïvement du
monde, semble n'avoir pas eu d'autre préoccupation que
la recherche et le signalement des endroits consacrés
au vice. Nous ne voulons pas dire cependant que cet

honnête Guillot, qui a peut-être vu son nom passer en proverbe avec l'épithète de *songeur*, se soit préoccupé de cette recherche dans un but déshonnête. Il est toutefois remarquable que, dans les trois cents rimes de son Dit nomenclateur, les principales digressions du poëte soient relatives à la débauche ; sur cette matière, du moins, il se relâche de l'aridité de son catalogue onomastique et il y ajoute complaisamment quelques images, qui ne sont pas, il est vrai, du meilleur goût. Chaque fois que Guillot rencontre sur son chemin un de ces *clapiers* que la police urbaine environnait d'une tolérance mystérieuse, il a l'air de s'y arrêter, ne fût-ce que pour en marquer la place et en constater l'existence. Comme il désigne plus de vingt rues suspectes dans les trois grandes divisions de Paris, comprises sous les dénominations d'*Université*, de *Cité* et de *Ville*, on a lieu de supposer qu'il fut appelé *Guillot le songeur* par les femmes bordelières, qui lui reprochaient d'avoir cité des *bordeaux* qui n'avaient jamais existé que dans son imagination.

Le premier qu'il croit reconnaître sur son passage, à partir du Petit-Pont, en remontant vers le quartier de l'Université, c'est dans la rue *de la Plâtrière*, qui parait être celle qu'on a nommée depuis rue du Battoir :

> Le maint (*demeure*) une dame loudière
> Qui maint chapel a fait de feuille.

L'abbé Lebeuf, que la pudeur égare sans doute, explique le mot *loudière*, par *faiseuse de couvertures;* mais, dans la vieille langue française, *loudière* signifiant *couverture* au propre, équivalait, au figuré, à *prostituée*; il n'est donc pas autrement question de couverture dans le Dit des Rues. Cette *loudière*, que Guillot ne se fût pas permis de qualifier ainsi au hasard, pouvait bien, d'ailleurs, dans les loisirs que lui laissait son vilain métier, s'occuper à faire des *chapeaux de fleurs* ou de *verdure*, que les confrères des corporations portaient aux fêtes patronales, dans les processions et en diverses circonstances solennelles. Nous ne sommes pas éloigné de croire que ces *chapels*, dont la fabrication était une industrie assez importante à Paris, figuraient aussi sur la tête des fiancés, des épousés et des amoureux, aux repas de famille. Guillot ne s'arrête pas longtemps rue de la Plâtrière, quels que fussent les charmes de la loudière; il poursuit sa route, dit-il, par la rue du Paon, qu'il appelle *Puon* :

> Je descendis tout bellement
> Droit à la rue des Cordèles :
> Dame ya : le descord d'elles
> Ne voudroie avoir nullement.

Cette rue des *Cordèles* est maintenant la rue des Cordeliers, laquelle devait son nom au couvent des Grands-Cordeliers, que la Révolution a détruit. Il est probable que Guillot a remplacé *Cordeliers* en *Cordèles*, pour les besoins de la rime, et aussi par allusion aux affaires de cœur (*cordèle*) qui se traitaient dans cette rue-là. Les *dames* qui y demeuraient n'étaient sans doute pas d'une humeur accorte et facile, puisque le poëte ne craint rien tant que d'avoir un débat (*descord*) avec elles. Cela prouve que de tout temps les femmes

de plaisir ont été très-promptes à la dispute et très-ar-
dentes dans leurs colères. Guillot, pour rencontrer d'autres femmes de la même espèce, est obligé d'aller jusqu'à la rue des Prêtres-Saint-Severin, qu'il appelle la
petite ruellette de Saint-Sevrin, où

> . . . . . Mainte meschinette
> S'y louent souvent et menu,
> Et font batre le trou velu
> Des fesseiaux, que nus ne dic.

Nous n'entreprendrons pas de dégager des voiles du
vieux langage le métier scandaleux des *meschinettes*,
que Guillot met en scène avec beaucoup d'indulgence.
Nous le suivrons plutôt dans la rue *de l'Ospital*, qu'on
a nommée ensuite rue Saint-Jean-de-Latran, en mémoire des Hospitaliers de Saint-Jean-de-Jérusalem, qui
y avaient une maison. Guillot tombe au milieu d'une
querelle de femmes qui s'injuriaient et se battaient en
pleine rue, malgré le voisinage des pères Hospitaliers;
le texte est ici moins obscur que corrompu :

> Une femme i d'espital (*despita*)
> Une autre femme folement
> De sa parole vilment...

Guillot s'enfuit, sans attendre la fin de la dispute, ca
il craignait si fort de s'y voir mêler, qu'il ne fit que
traverser la rue *Saint-Syphorien*, aujourd'hui rue des
Cholets, où il connaissait pourtant une fille nommée
Marie, qui devait être à la fois égyptienne (tireuse d'ho-
roscope) et *loudière :*

> La rue de la Chavelerie (*a présent rue Charliere*)
> Trouvai. N'allai pas chez Marie,

> En la rue Saint-Syphorien,
> Où maignent li logiptien.

En passant dans la rue Saint-Hilaire, qui a conservé son nom, il se rappelle qu'une *dame débonnaire* y demeure, mais il n'a pas le temps de faire une pose chez cette dame de bonne volonté, qu'il nomme *Gieledas*, sobriquet où il serait aisé de découvrir un sens obscène. Le voilà dans le Clos Bruneau (*Burniau*) *où l'on a rôti maint bruliau*, dit-il; ma's, par *bruliau*, il n'entend pas certainement parler des fagots qu'on y aurait brûlés. Le Clos Bruneau était au centre des Écoles, et les écoliers, qui, du temps de Rabelais, y allaient faire leurs ordures, s'y rendaient, au treizième siècle, pour y faire *chérc-lie* avec leurs *meschines*. Guillot a donc raison de dire que l'on *a rôti maint bruliau* dans ce repaire sombre et infect. Nous disons encore dans le même sens : *rôtir le balai.* Près de là se trouve la rue des Noyers, où il y avait alors autant de femmes de mauvaise vie qu'on en rencontrerait de nos jours dans tout le quartier :

> Et puis la rue du Noyer,
> Où plusieurs dames, por louier,
> Font souvent battre leurs caitiers.

Guillot, dans la rue du Bon-Puits, qui devait son nom à une allusion gaillarde, n'oublie pas d'enregistrer les hauts faits d'une commère, femme d'un charpentier, fameuse par le nombre d'hommes qu'elle avait envoyés de son lit au cimetière, suivant une interprétation hasardée de ces deux vers :

> Là maint la femme à un chapuis
> Qui de maint homme a fait ses glais.

Leduchat ou Lenglet Dufresnoy, en expliquant le second vers, y verrait sans doute une image érotique empruntée à la sonnerie des cloches que l'on ébranle lentement pour tinter le glas des morts. Guillot, qui connaît tous les bons endroits, comme on disait dans la langue familière du siècle dernier, pousse un soupir, en traversant la rue *de l'École, où demeure dame Nicole.* Cette rue de l'École, qui est devenue la rue du Fouarre, à cause de la paille ou *feurre* qu'on y étendait pour amortir le bruit des pas, renfermait les grandes Écoles de l'Université, et, en même temps, plus d'une école de libertinage. Voilà pourquoi Guillot dit avec malice :

> En celle rue, ce me semble,
> Vent-on et fain et feurre ensemble.

Guillot n'a plus rien à apprendre dans ces écoles ; il se sauve par la rue Saint-Julien-le-Pauvre, et il invoque ce saint-là, *qui nous gard de mauvais lieu.* Saint Julien était le protecteur des voyageurs ; il les garantissait des mauvais pas et des mauvaises rencontres. Guillot entre donc sain et sauf dans la Cité, et la première rue où il éprouve l'attrait de la concupiscence, c'est la rue Cocatrix :

> Où l'on boit souvent de bons vins
> Dont maint homs souvent se varie.

Il n'y avait pas, à cette époque, de cabaret qui ne fût un lieu de débauche. Guillot mentionne encore une *bonne taverne*, dans la rue *Charoui*, qui s'étendait depuis l'entrée du Cloître Notre-Dame jusqu'à la rue des

Trois-Canettes. Ces tavernes et leurs dépendances étaient fréquentées probablement par les chantres et les écolâtres de la cathédrale. Guillot, sans doute, leur fait raison, en passant ; espérons, pour son honneur, qu'il ne fait que passer aussi dans la ruelle Sainte-Croix, *où l'on chengle* (cingle) *souvent des cois* (cuisses), et dans la rue Gervais-Laurent, qu'il appelle *Gervese Laurens,*

> Où maintes dames ignorent
> Y mesnent, quis de leur guiterne.

Nous ne pensons pas que les habitantes de cette rue mal famée attirassent les innocents aux sons de la *gui-terne* (guitare), et nous attribuons plutôt au mot *gui-terne* un sens figuré que la décence nous défend d'approfondir. Nous ne nous arrêterons pas davantage à une rencontre étrange que Guillot fait dans la rue des Marmouzets, alors *du Marmouset,* où un quidam lui adresse une infâme proposition :

> Trouval homme qui m'eut fet
> Une musecorne belourde.

Dans la rue du Chevet-Saint-Landry, Guillot n'a plus affaire qu'aux folles femmes, dont il définit la profession d'une manière peu compréhensible :

> Femme qui vont tout le chevet
> Maignent en la rue de Chevez.

Guillot s'enfonce de plus en plus dans le domaine héréditaire de la prostitution ; il est en plein Glatigny, qu'on appelait alors le *Val d'amour :*

> En bout de la rue descent
> De Glateingni, où bonne gent
> Maignent et dames au cors gent,
> Qui aux hommes, si com moy semblent,
> Volontiers charnelment assemblent.

Il échappe peut-être au péril de la tentation, et se jette dans la rue du Haut-Moulin, qui se nommait rue *Saint-Denis-de-la-Chartre*, à cause de l'église de ce nom, qu'on y voyait et qui n'a été démolie qu'à l'époque de la Révolution. Le mauvais lieu que Guillot signale dans cette rue devait être un des plus considérables de Paris : les femmes qu'il renfermait ne sortaient jamais de cette abbaye malhonnête,

> Où plusieurs dames en grant chartre
> Ont maint ... en leur ... tenu,
> Comment qu'ilz y soient contenu.

Ce passage et beaucoup d'autres prouveraient que le *Dit des Rues* aurait pu être intitulé, avec non moins d'à-propos, le *Dit des Bordeaux* de Paris. Guillot en avait fini avec ceux de la Cité : il traversa le Grand-Pont ou le Pont-au-Change, et il continua dans la Ville son enquête pornographique.

Dans la rue des Lavandières, *où il a maintes lavandières*, il nous fait entendre que ces filles ne se bornaient pas à rincer du linge à la rivière. De tout temps, les blanchisseuses ont eu la même réputation, et leur reine, qu'elles élisaient chaque année, avait des pouvoirs analogues à ceux du Roi des Ribauds, mais seulement dans ses États et sur ses sujettes. Guillot ne se laisse pas retenir par ces ribaudes ; il poursuit sa route, à travers les rues fangeuses du quartier des Halles ; il

entre, un moment, pour se rafraîchir, chez un tavernier de la place *aux Pourceaux*, qui devint ensuite la
place aux Cha's, puis la *fosse aux Chiens*, parce qu'on
y entassait des charognes et des immondices : c'est le
carrefour formé par la jonction des rues Saint-Honoré,
des Déchargeurs et de la Lingerie. Guillot, qui se plaint
ici de n'avoir point de bonheur (*Guillot, qui point
d'heur bon n'as*), dit pourtant qu'il trouva sa *trace*,
son chemin, ou plutôt ce qu'il cherchait, la piste de
quelque jolie *galloise*, avec laquelle il vida un pot de
clairet ou de muscadet. Dans la rue Béthisy, il ne fut
pas étonné de se heurter contre un homme qui tenait
conférence avec une ribaude, sans se soucier de faire
rougir les passants :

> Un homs trouvai en ribaudez,
> En la rue de Bethisi
> Entré : ne fus pas éthisf.

Guillot ne se déferrait pas pour si peu. Il était arrivé
dans la rue de l'Arbre-Sec, et il n'avait garde d'oublier
un petit cul-de-sac, qui existe encore sous le titre de
Cour Baton, et qui avait autrefois le nom malhonnête
de *Coul de Bacon*. Il est bien certain que, dans cette
dénomination locale, il ne faut pas attribuer au mot
bacon le sens de chair de porc salée, ni même chercher dans ce mot une image plus ou moins rapprochée
de ce sens primitif. C'était une cour de ribaudie, avec
son puits, autour duquel les femmes d'amour tenaient
leurs assises. Guillot ne se fait pas scrupule de dire :

> Trouvai et puis Col de Bacon
> Où l'on a traforcié maint ...

Il y aurait à faire sur ce vers une curieuse dissertation philosophique, que nous recommandons à l'ombre de Leduchat, et qui permettra de rétablir la véritable acception du vieux verbe *trafarcier* ou *trafarcer*, que le *Complément du Dictionnaire de l'Académie française* traduit assez mal par *traverser*. En sortant de ce vilain cul-de-sac, Guillot suit le bord de la Seine et arrive à l'entrée d'une grande rue qui conduit à la porte du Louvre; le voisinage de la rivière (*bord d'eau*) caractérise assez les dames qu'il rencontre et qui vendaient leurs *denrées* à un prix trop élevé pour sa bourse :

> Dames i a gentes et bonnes;
> De leurs denrées sont trop chiches.

Il ne perd pas son temps à marchander ce qu'il ne peut acheter, et il se dirige vers la rue Saint-Honoré. Auprès d'une *rue de Maître-Huré*, rue dont il n'est plus possible de déterminer la position, quoiqu'elle avoisinât la rue des Poulies, il eut sans doute à se louer de la politesse de certaines dames qui lui souhaitèrent la bienvenue :

> La rue trouvai le maistre Huré,
> Lez lui séant les nes polies!

En faisant de *maître Huré* un personnage vivant au lieu d'un nom de rue, on serait forcé de l'accuser d'un odieux métier que desservaient les *dames polies* dont il paraît entouré. Guillot ne remarque rien qui soit relatif à son sujet dans les deux rues de la Truanderie, malgré leur incontestable réputation ; il n'omet pourtant pas de nous montrer le fameux Puits d'Amour

qui s'y trouvait : *le Puits le carrefour despart*, dit-il
seulement ; mais il se ravise dans la rue Mauconseil :

> Une dame vi sur un seil,
> Qui moult se portoit noblement :
> Je la saluai simplement,
> Et elle moi, par saint Loys.

Les façons de cette dame ne différaient pas des habitudes de ses pareilles que nous voyons, dans les mêmes
rues, exercer le même manége qu'autrefois, attendre et
guetter leur proie sur le seuil des maisons, à l'entrée
de sombres allées, en appelant ou invitant les passants.
Guillot, qui jure par saint Louis, lorsqu'il répond à
cet appel, pourrait bien avoir voulu, par ce juron, rappeler à la ribaude les ordonnances du saint roi contre
les femmes de mauvaise vie. Quand il fut dans la rue
Saint-Martin, il entendit chanter les litanies de la
Vierge au prieuré de Saint-Martin-des-Champs, et il
s'arma de continence pour achever sans encombre son
voyage à la recherche des lieux impurs. Il traversa rapidement la rue Beaubourg, qui lui eût offert de quoi
satisfaire tous les genres de débauche :

> Alai droitement en Biaubourc,
> Ne chassoie chievre ne bouc.

De la rue des Étuves, il s'aventura dans une rue
Lingarière, qui ne peut être que la rue Maubué, un
des fiefs les plus anciens de la prostitution parisienne :

> Là où leva mainte plastrière
> D'archal mise en œuvre pour voir,
> Plusieurs gens pour leur vie avoir.

Ces gens-là, qui levaient des grillages en fil d'archal pour regarder dans la rue, étaient, sans contredit, les hôtes ordinaires de cette rue Maubué, dans laquelle il y avait autant de *clapiers* que de maisons, autant de filles et d'hommes dissolus que d'habitants. Les rues voisines se ressentaient de ce voisinage. Guillot se contente de nommer la rue Quincampoix (*Qui qu'en poil*), la rue Aubry-le-Boucher, et le *Conreerie*, dont la pruderie du quinzième siècle avait fait la *Corroierie*, et qui est cachée à présent dans la rue des Cinq-Diamants, par allusion à ses impudiques origines. Il craint qu'un malheur ne lui advienne, en approchant de la rue Trousse-Vache, qui avait tiré son nom ignoble des mœurs plus ignobles encore de sa population ordinaire :

> La rue Amaury de Roussi
> Encontre Troussevache chiet :
> Que Diex gard qu'il ne nous meschiet!

Guillot approchait du terme de ses pérégrinations; il était si fatigué, qu'il s'assit, pour prendre quelques instants de repos, dans la rue des Arcis. Il reprit bientôt sa course et négligea sans doute de désigner certaines rues comme affectées spécialement à la prostitution. Ainsi, en passant dans la rue de *l'Étable-du-Cloistre*, qui ne peut être que la rue du Cloitre-Saint-Merry, il est surpris de n'y pas rencontrer de femmes bordelières, comme il en avait vu à une autre époque, et il reconnaît que cette rue est devenue *honestable*; mais, quand il va de Saint-Merry *en Baillehoe*, dit-il, *où je trouvai beaucoup de bor;* cette rue

Baillehoé, dont le nom n'était qu'un hideux sobriquet et qui prit plus tard celui de *Brisemiche*, qu'elle a gardé jusqu'à nos jours, ne lui présente pourtant aucune trace de libertinage, et il s'en éloigne, sans l'avoir qualifiée comme elle le méritait. Il s'avance dans le Marais, et donne un coup d'œil à la rue du Plâtre ;

> Où maintes dames leur emplastre
> A maint compagnon ont fait battre,
> Ce me semble pour eux esbattre

Guillot est inépuisable pour trouver des périphrases aussi libres que naïves, qui caractérisent les endroits qu'il cherche. Au carrefour *Guillori,* dont le nom équivaut à celui de *Jean-de-l'Épine,* que ce carrefour a porté plus tard, et que le savant de J'Aulnaye n'eût pas manqué de mettre en évidence dans les *Erotica verba* de son édition de Rabelais avec toute l'obscénité que ce nom-là peut offrir, Guillot ne sait plus à qui entendre :

> Il un dit *ho!* l'autre *hari!*

Nous croyons qu'il était là aux prises avec deux *meschines* qui voulaient l'entraîner chacune de son côté ; mais il leur résista : *Ne perdis pas mon essien,* dit-il, et il débouche dans la rue *Gentien,* maintenant rue des Coquilles, où demeurait un *biau varlet* qui n'était peut-être qu'un courtier de luxure. Il ne se hasarda pas dans la rue de *l'Esculerie,* qui devint depuis le cul-de-sac de Saint-Faron, et qui n'avait pas un honnête homme parmi ses locataires; il longea rapidement

la rue de *Chartron* ou des Mauvais-Garçons, près de
Saint-Jean en Grève :

> Où mainte dame en chaitre ont
> Tenu maint ... pour se norier (*nourrir*).

C'est la seconde fois que Guillot nous montre *en
chartre* les méprisables artisanes de la prostitution : il
est clair que leur clôture n'était pas volontaire et qu'elle
ne dépendait que des règlements de police. Dans la rue
du Roi-de-Sicile, Guillot se souvint d'une nommée Se-
dile, qui logeait dans la rue Renaut Lefèvre, *où elle
vend et pois et febves*, dit-il dans le langage figuré, auquel il a recours pour exprimer tous les mystères de
l'impudicité. Il s'engage ensuite, avec précaution, dans
la rue de *Pute-y-musse :* ce nom significatif ne permet
pas de doute à l'égard de la destination originelle de
cette rue *bordelière*, que le peuple avait baptisée et qui
conserva toujours traditionnellement son premier nom,
quoiqu'on eût essayé de le modifier en *Petit-Musc* et
même de le changer en *Cloche-Perche*, qu'elle porte encore sur son écriteau. La vertu de Guillot avait échappé
à bien des dangers, quand il entra dans la rue Tyron,
où il alla voir dame Luce :

> Y entrai dans la maison Luce
> Qui maint en la rue Tyron :
> Des dames hymnes vous diron.

Nous ne pensons pas, avec l'abbé Lebeuf, qu'il soit
question ici des cantiques et des chants religieux qui
s'élevaient d'un couvent de filles pénitentes. La *maison Luce* a toute la physionomie d'un mauvais lieu,

et les hymnes qu'on y chantait s'adressaient évidemment à Vénus. Telle est l'abbaye galante que nous persistons à voir dans cette rue, où les archéologues ont imaginé de placer un logis appartenant à l'abbé de Tiron. Guillot, au terme de son excursion, se donne du bon temps; dans la rue Percée, une des cinq rues de Paris qui portaient alors ce nom, indiquant une ancienne impasse transformée en rue de traverse, il se repose et se rafraichit :

> Une femme vi destreció
> Tout soi pignier, qui me donna
> De bon vin.. ..

Cette femme, qui se peigne ou qui s'ajuste en versant du vin à Guillot, ne peut être qu'une femme de mauvaise vie. Mais Guillot ne se lasse pas : il va de la rue des Poulies-Saint-Paul dans la rue des Fauconniers,

> Où l'en treuve bien, por denier,
> Femmes, por son cors solacier.

Il ne nous dit pas s'il a usé de la recette qu'il donne à ses lecteurs. Puis, dans la rue *aux Commanderesses*, qui est aujourd'hui la rue de la Coutellerie, Guillot fait un retour sur lui-même, en disant :

> Où il a maintes tencheresses (*querelleuses*)
> Qui ont maint homme pris au bras (*à la pipée*.

Enfin, la tâche de Guillot est achevée; il a ramassé la boue de toutes les rues de Paris, et il se glorifie de son Dit, rimé en leur honneur, sans craindre de dédier cette œuvre, pleine d'impuretés, *au doux Sei-*

gneur du firmament et à sa très-douce chière mère.

Nonobstant cette dédicace, qui n'épurait pas les rimes de Guillot, un autre poete anonyme, qui vivait à la fin du quatorzième siècle, eut l'idée de s'approprier le *Dit des Rues*, en lui ôtant son cachet licencieux et en rajeunissant le style de cette pièce de vers, dans laquelle on ne reconnaissait déjà plus les rues qui avaient changé de nom. C'est Henri Géraud qui a publié ce nouveau Dit, d'après un manuscrit des Archives de l'Empire, et qui l'a placé à la suite de la Taille imposée sur les habitants de Paris en 1292, dans son savant ouvrage intitulé : *Paris sous Philippe le Bel.* Remarquons, à ce propos, que le rôle de la Taille ne contient aucun détail particulier qui se rattache directement à l'histoire topographique de la la prostitution : ce qui prouverait que les femmes *folles de leur corps* ne participaient pas, du moins sous cette désignation, aux taxes extraordinaires, et que leur indignité les exemptait de payer un droit proportionnel dans l'assiette de l'impôt.

Le poete anonyme, qui a voulu s'approprier le poeme de Guillot et qui ne fait souvent que le reproduire en l'abrégeant, s'est attaché surtout à en ôter ce qui lui donnait un caractère ordurier. Ainsi cet anonyme, au lieu de nous représenter son héros allant de rue en rue à la découverte des mauvais lieux, a inventé une fable assez amusante : il se met en scène lui-même, nouvellement débarqué à Paris, où il n'était jamais venu, et il parcourt la capitale, en cherchant sa femme, qu'il avait perdue près de Notre-Dame; rien ne peut le distraire de ses recherches, qui sont infructueuses, et toutes les femmes qu'il rencontre à chaque pas ne lui font pas oublier la sienne, jusqu'à ce qu'il ait terminé sa longue et pénible quête à travers 310 rues, qu'il a pris soin d'énumérer ; il s'écrie alors :

> Tant l'ai quise, que j'en suis las !
> Or la quiere qui la voudra :
> Jamais mon corps ne la querra.

Dans cette nomenclature de rues, il ne parle que des chambrières, qu'on louait dans la rue des Lavandières, et des *trusseresses* de la rue aux Commanderesses ; mais il cite, d'ailleurs, les rues les plus mal famées. sans faire même allusion à la nature de leur mauvaise renommée.

Depuis le *Dit des Rues* de Guillot, il y a un intervalle de près d'un siècle jusqu'à l'ordonnance du prévôt de Paris, qui détermine les endroits où la prostitution pouvait avoir cours, sans être exposée à une pénalité quelconque. Cette ordonnance, rapportée par Delamare, dans le *Traité de la Police*, est du 18 septembre 1367. On pressent déjà l'influence moralisatrice du règne de Charles V. Dans l'ordonnance précitée, le prévôt enjoint à toutes les femmes de vie dissolue d'aller demeurer dans les bordeaux et lieux publics qui leur sont destinés; savoir: « à l'Abreuvoir Mâcon, en la Boucherie, en la rue du Froidmantel, près du Clos Bruneau, en Glatigny, en la Cour Robert-de-Paris, en Baillehoé, en Tyron, en la rue Chapon, en Champ-fleury. » Ce sont les mêmes lieux à peu près que Guillot avait désignés dans le *Dit des Rues*, mais leur nombre est infiniment plus restreint, et l'on doit en conclure que la police prévô-

tale s'efforçait de diminuer les effets déplorables de la
débauche publique, en lui disputant pied à pied le terrain où elle était autorisée à se produire. Le prévôt de
Paris fait défenses, en outre, à toutes personnes honorables de louer des maisons aux femmes de mauvaise
vie, en aucun autre endroit, sous peine de perdre le
prix du loyer; il défend aussi à ces femmes d'acheter
des maisons hors des rues attribuées à leur métier, sous
peine de voir lesdites maisons confisquées. Quant à
celles qui seraient trouvées faisant leur commerce infâme en d'autres lieux, elles pourraient être, sur la
réquisition de deux voisins, arrêtées par les sergents
et emmenées prisonnières au Châtelet. Après consta-
tation du fait, on les chasserait hors de la ville, en
prenant sur leurs biens huit sols parisis par chacune
d'elles, pour le salaire des sergents. Il y a toute apparence que cette dernière mesure de police fut exé-
cutée avec une extrême rigueur.

Les asiles de tolérance que le prévôt de Paris accordait à la prostitution étaient des espèces de clos ou de
cours plutôt que des rues entières; nous verrons plus
tard se créer de la même façon les Cours des Miracles,
qui renfermaient les gueux et les mendiants, les voleurs
et les autres malfaiteurs, comme les cours de ribaudie
réunissaient les femmes publiques et les *hommes dissolus*, leurs ignobles complices. L'Abreuvoir Mâcon
était, au quatorzième siècle, un groupe de masures environnant une ruelle putride qui descendait à la rivière
près du pont Saint-Michel, au coin de la rue de la Huchette. Cet abreuvoir, que les titres de 1272 nomment
Aquatorium Matisconense et *Adaquatorium comitis*

Matisconensis, tirait son nom du voisinage de l'hôtel des comtes de Mâcon, situé dans la rue qui porte encore leur nom. Ce mauvais lieu s'est perpétué au même endroit jusqu'à nos jours : il avait une horrible célébrité au seizième siècle, et les libertins lui faisaient honneur des impures analogies de son nom, qu'ils s'obstinaient à prononcer d'une façon déshonnête. Ce fut sans doute à cause de cette grossière équivoque qu'on essaya de débaptiser l'Abreuvoir mâconnais et d'en faire l'*Abreuvoir du Cagnart*, soit parce qu'il servait de repaire nocturne aux *cagnardiers*, rôdeurs de rivière, soit plutôt parce que les habitants du bord de l'eau y élevaient des canards. En tout cas, il y avait là bien des cagnardiers, vagabonds dangereux, qu'on appelait ainsi, selon Pasquier, à cause de leur genre de vie, car, à l'exemple des canards, « ils vouaient leur demeure à l'eau. » Borel, au contraire, prétend que *cagnardier* dérive de *canis* et dénote des *gens qui vivent en chiens.*

Il est difficile de préciser l'endroit que le prévôt appelle la *Boucherie*, sans autre désignation ; mais, quoique plusieurs boucheries eussent établi leurs étaux dans différents quartiers de la capitale, nous présumons qu'il est question ici de la Grande Boucherie de l'Apport de Paris, qui existait depuis le dixième siècle vis-à-vis du Châtelet, et qui s'était agrandie successivement, de manière à former une sorte de bourg au milieu de la ville. C'était là qu'on tuait et dépeçait les bêtes, dont la viande se détaillait ensuite dans tout Paris. On ne doit pas s'étonner que la prévôté autorisât le séjour des ribaudes au milieu d'une population de ribauds, tels que les bouchers, les écorcheurs et les équarrisseurs ; car il y eut, à toutes les époques et dans tous les pays, une marque d'infamie attachée à ces professions qui respiraient l'odeur du sang des animaux. Cependant la législation municipale exigeait certaines conditions de moralité chez ceux qui touchaient aux viandes et qui les taillaient aux étaux de la Grande Boucherie.

Le Clos Bruneau, dont Guillot avait déjà fixé la réputation, ainsi que celle des rues de Glatigny, de Baillehoé et de Tyron, comprenait encore, au quinzième siècle, un vaste espace rempli de jardins et de vergers, quoique les rues Saint-Jean-dé-Beauvais et Saint-Hilaire eussent été prises sur le terrain de ce clos : les *bordes* des prostituées s'étaient répandues, de toute ancienneté, aux environs du clos *Brunel*, et peut-être dans son enceinte, derrière les haies et parmi les vignes. La rue *Froidmantel*, qu'on a nommée alternativement *Fremantel*, *Fresmantel*, *Fremanteau*, etc., en latin *Frigidum mantellum*, et qui est devenue la rue Fromentel, au mépris de son étymologie, dut certainement son nom primitif à une comique allusion aux ordonnances de saint Louis, qui dépouillaient de leur manteau et de leur *peliçon* les femmes convaincues de ribauderie ; celles qui habitaient cette rue étaient donc naturellement privées de manteau : de là leur surnom de *dames de Froidmantel*.

Le fief de Glatigny, qui appartenait en 1241 à Robert et à Guillaume de Glatigny, avait donné son nom à un labyrinthe de ruelles étroites et malpropres, que la prostitution occupait par privilége et dont elle avait fait le fameux *Val d'amour :* Guillot, qui s'y était engagé en plein jour, y avait vu des *dames au corps gent,* qu'il ne craignait jamais de rencontrer sur son chemin. La destination impudique de Glatigny a persisté jusqu'au dix-septième siècle, où les rues adjacentes furent rebâties et mieux habitées.

Sauval et ses continuateurs ne nous disent pas en quel quartier était située la Cour Robert-de-Paris; et le nom sous lequel cette cour est désignée dans l'ordonnance de 1367 ne nous aiderait pas à retrouver sa situation, si la Taille de 1292 ne fixait notre incertitude à cet égard. Cette cour, qui devait être fort petite, puisque le rôle de la Taille n'y compte que treize personnes imposables, attenait à la rue Baillehoé, qui lui servait d'annexe et qui rassemblait la même sorte d'habitants. Henri Géraud dit que la rue du Renard-Saint-Merry a été percée sur l'emplacement même de la cour Robert-de-Paris.

La rue Chapon, qui n'a pas changé de nom, avait pris, au treizième siècle, celui d'un de ses habitants, Robert Beguon, ou Begon, ou Capon, que nous supposons avoir été un roi des truands, un maître gueux, car *begon* ou *beguon* semble dérivé de *beguinus*, qui veut dire originairement *quêteur* ou *mendiant*, en anglais *begging*; *capon*, qui vient de *capus*, oiseau de proie ou faucon, était synonyme de *beguon*. Nous ne pensons pas que l'on ait attribué, par antiphrase, le nom de *Chapon* à une rue de débauche.

Enfin, la rue de *Champfleury*, qui, sous le nom de rue de la Bibliothèque, conserve toujours religieusement ses traditions locales, avait été ouverte depuis peu d'années sur l'emplacement du *parc* du Louvre, car, dans la Taille de 1292, elle ne figure que pour quatre contribuables. Cette rue de *Champfleury* ne se composait donc que de quelques petites maisons, encloses de haies et ombragées d'arbres, dans lesquelles la Vénus populaire n'avait rien à redouter du regard curieux des passants, qui ne venaient là que pour y trouver un lieu d'asile.

Nous continuerons notre enquête pornographique à travers le vieux Paris, en nous attachant à signaler les rues honteuses qui ne sont pas mentionnées comme telles dans le poeme de Guillot, ni dans les ordonnances du Châtelet, quoique l'ancien nom de ces rues soit presque toujours l'enseigne de leur caractère particulier.

D'abord, dans la Cité, nous constaterons que, malgré l'usage général qui éloignait du centre des villes les femmes de mauvaise vie, pour les rejeter au delà des murs et, en quelque sorte, hors de là vie commune, la prostitution s'était maintenue en plusieurs rues autour de Saint-Denis-de-la-Châtre, qui avait vu se former la première confrérie de la Madeleine, recrutée parmi les femmes de folle vie, comme le rapportent Dubreul et Sauval. Il était tout naturel que le voisinage du Val d'Amour de Glatigny fût envahi de préférence par les ribaudes, qui y allaient *commettre le péchié*, suivant les termes des anciens édits. On peut donc affirmer que la plupart de ces hideuses ruelles, qui ont disparu depuis peu d'années dans les grands travaux de voirie exécutés à travers la vieille cité lutécienne, étaient, au moyen âge, le théâtre permanent de la débauche, quoique les règlements du pouvoir administratif eussent essayé de circonscrire cette débauche autorisée dans son sanctuaire de Glatigny. Les rues des

Marmouzets, Cocatrix, d'Enfer, de Perpignan, et d'autres, qui formaient un labyrinthe de maisons entassées l'une sur l'autre, privées de jour et d'air, convenaient parfaitement au genre de vie de leurs habitants. Nous savons, par exemple, que la rue de Perpignan s'était nommée rue *Charoui*, à cause d'un cabaret du Char doré (*de carro aurico*); Guillot a parlé de ce cabaret :

> .... En Charoui,
> Bonne taverne achiez ovri.

Toute taverne devenait, au besoin, un mauvais lieu. Cette taverne de Charoui devait être accompagnée d'un jardin planté de roses, puisque la rue prit successivement les noms significatifs de *Champrousiers*, de *Champflory* et de *Champrosy*. Ce champ de roses n'était peut-être qu'une image du plaisir qu'on allait chercher dans ce cabaret, qui fut remplacé plus tard par un jeu de paume, d'où la rue tira son dernier nom de *Pampignon* ou *Perpignan*.

Le nom de *Val d'Amour* s'appliquait plus particulièrement à l'entrée fort étroite de la rue de Glatigny, qui descendait vers la rivière et qui menait au port Saint-Landry. Le long de ce petit port, où venaient atterrir quelques barques chargées de bois et de blé, régnait une ceinture de maisons, qui, accrochées l'une à l'autre et se soutenant à peine, baignaient dans l'eau leurs pieds vermoulus; ces maisons appartenaient de droit à la plus abjecte prostitution, que nous voyons partout se réfugier aux bords des fleuves. La rue humide et ténébreuse, que ces affreuses masures formaient par derrière, se nommait tantôt rue du *Port-Saint-*

Landry-sur-l'Yeau, et tantôt rue du *Fumier*. La famille des Ursins ne craignit pas d'y faire bâtir un hôtel où demeura un des membres les plus illustres de cette famille, Juvénal des Ursins, prévôt des marchands et chancelier de France sous Charles VI. La présence de ce grave personnage dans une rue si mal famée contribua sans doute à faire changer le nom de cette rue, qui se nomma dès lors rue des Ursins, mais dont l'extrémité inférieure (*via inferior*) fut appelée rue *d'Enfer*, par allusion à la damnable vie que menaient ses habitants.

Nous avons déjà hasardé une conjecture, peut-être téméraire, à l'égard de la rue des Marmouzets, que Guillot semble nous représenter comme fréquentée par des ribauds plus encore que par des ribaudes. Cependant une liste des rues de Paris, que l'abbé Lebeuf estime avoir été dressée vers 1450, enregistre cette rue sous le nom de *rue des Marmouzètes*. Nous savons aussi qu'un grand logis, dit Maison des Marmousets (*domus Marmosetorum*), auquel on montait par des degrés extérieurs, y a existé jusqu'au seizième siècle. Ce logis renfermait-il une cour de ribaudie? Près de là, il y avait un lieu de cette espèce, nommé la *cour Ferry*, qui avait donné son nom à la rue des Trois-Canettes. Faut-il encore reconnaître un lieu analogue dans la Maison de Cocatrix (*domus Cocatricis*), qui attenait à celle des Marmousets et portait le nom de la rue où il était situé? Cette rue, que les archéologues de Paris prétendent honorée du nom d'un bourgeois qui l'habitait au treizième siècle, pourrait plutôt, à cause de son vilain nom, offrir un champ curieux à l'étymologie. Ainsi, dans notre vieille langue, *cocatre* signifie un *chapon châtré à demi*; *cocatrix* est, au propre, un lézard qui s'engendre dans les puits et les citernes ; au figuré, c'est une fille de joie qui fait des *coues* et des *coqs*, suivant l'expression facétieuse d'un vieux conteur. Dans les *Verba erotica* de son édition de Rabelais, le docte de l'Aulnaye a recueilli *Cocquatris* comme un synonyme de *prostituée*. A l'appui de cette définition, et pour nelaisser aucun doute sur les anciennes franchises de la rue Cocatrix, les auteurs de la grande *Histoire de Paris*, Félibien et Lobineau, ont extrait des Registres du Parlement les premières lignes d'un arrêt qui commence ainsi : « Du mardi, quinzième jour de juin 1367, entre Jehanne la Peltière, appelante, d'une part, maistre Jehan d'Alcy et les autres habitants de la rue des Marmouzets, d'autre part. L'appelante dit qu'elle demeure en la rue Coquatrix, qui est foraine, où il y a eu bordel, de si longtemps, qu'il n'est mémoire du contraire, etc. » Ce passage prouve, en outre, que les rues où il y avait *bordel* étaient regardées comme *foraines*, c'est-à-dire étrangères au régime et au droit commun de la voirie ordinaire.

A l'opposite des mauvais lieux de Glatigny, on trouvait encore, dans la Cité, d'autres asiles de débauche connus seulement des plus vils vagabonds. C'étaient le *Caignard* et les voûtes de la Calandre et du Marché-Palu. Quoique l'aspect de ces lieux-là soit encore aujourd'hui aussi triste que répugnant, on se ferait difficilement une idée de ce qu'ils étaient aux treizième et quatorzième siècles, lorsqu'ils servaient de repaire nocturne à la débauche la plus immonde. La rue de la Calandre, par son nom emprunté à une pe-

tite alouette babillarde, caractérisait les assemblées de
femmes, qui s'y tenaient du matin au soir, et qui ne
faisaient que *jargonner et débattre*, quand elles ne
péchaient pas. Cette rue, pleine de boues et d'immondices, conduisait au Marché-Palu, dont le nom annonce
un étang ou marais (*palus*), et qui n'était qu'un cloaque, un *trou punais*, comme on disait en ce temps-là.
Mais ce n'étaient que roses auprès des ruelles qui y
aboutissaient et qui ne furent fermées qu'au milieu du
dix-septième siècle. Une de ces ruelles, qui, du temps
de Sauval, existait encore en partie entre les premières
maisons du Petit-Pont et quelques maisons du Marché-
Neuf, s'appelait le *Caignard*, « à cause, dit Sauval (t. I,
p. 174), qu'elle servait de passage aux hommes et aux
femmes de mauvaise vie, qui y passaient, en se reti-
rant, la nuit, sous les logis du Petit-Pont, où ils menaient une étrange vie. »

Enfin, la prostitution errante avait encore, dans la
Cité, deux champs de foire nocturne : l'un sous les
saussaies d'une petite île, qui, nommée l'*île de Gourdaine* au quinzième siècle, et l'*île aux Vaches* trois
siècles auparavant, forma depuis la pointe occidentale
de l'île de la Cité ; et l'autre, sur un monticule qui
s'élevait à l'extrémité orientale et qui s'est toujours
nommé le *Terrain*. Ce monticule, que les décombres
provenant de la reconstruction de Notre-Dame avaient
élevé dans le lit de la rivière, et que le Chapitre de
la cathédrale s'était approprié sans en tirer parti, devenait tous les soirs le rendez-vous des débauchées et
de leurs méprisables instigateurs : on l'avait surnommé, pour cette raison, dès l'année 1258, *la Motte*

aux *Papelards* (*Motta Papelardorum*). Une citation, tirée d'un sermon de Robert de Sorbon, sur la Conscience, nous fera comprendre dans quel sens équivoque le peuple employait ici le mot *Papelards* pour désigner les vils poursuivants des femmes perdues : *Imo propter hoc dicuntur papelardi, quia frequentant confessiones.* Il est remarquable que le sermon de Robert de Sorbon, où Ducange a pris cette citation singulière, est presque contemporain du baptême de ce *terrain* ou *terrail* (*terrale*), où les Papelards avaient droit d'asile. Quant à l'île de Gourdaine, qui avait été l'*île aux Vaches,* suivant d'anciens titres que les archéologues n'ont pas tenté d'expliquer, son nom a des analogies ou des accointances avec *goudine, gourgandine* et *gordane,* qui étaient synonymes de *prostituée.* Cette île-là, d'ailleurs, dans laquelle fûrent brûlés les Templiers sous le règne de Philippe le Bel, paraît avoir été un lieu de supplice consacré particulièrement à la punition des crimes contre nature, parce qu'on voulait tenir à distance du peuple les coupables qui s'étaient souillés de cette espèce de crime et qui pouvaient être un objet de scandale à leurs derniers moments.

Dans le quartier de l'Université, qui renfermait tant de rues désertes, tant de clos et de champs inhabités, tant de *bordes* et de tavernes, la prostitution avait encore une foule de retraites que les sergents du Châtelet n'osaient pas violer et dans lesquelles affluait jour et nuit la gent écolière. La triste peinture que fait de la vie des faubourgs une ordonnance de Henri II, en 1548, peut servir à nous montrer l'aspect que présentaient

ces mêmes lieux, deux ou trois siècles auparavant :
« Plusieurs des maisons desdits faubourgs ne sont que
retraites de gens malfaisants, taverniers, jeux et bourdeaux, et la ruine d'un grand nombre de jeunes gens
qui, alléchés et attirés d'oisiveté, consument et perdent
là profusement leur jeunesse. » Il est aisé d'imaginer
les besoins de débauche qui dominaient cette population universitaire, composée de robustes compagnons
ayant la plupart âge d'homme et souvent pervertis par
la fainéantise et la misère.

Les ordonnances de saint Louis n'avaient autorisé
dans l'Université que deux asiles de ribaudes : l'Abreuvoir Mâcon et Froidmantel, près le Clos Bruneau; mais
Guillot nous a signalé six ou sept rues où s'exerçait
ouvertement la prostitution. Les écrivains du même
temps, Jacques de Vitry surtout, nous apprennent que
chaque maison du quartier des Écoles contenait au
moins un mauvais lieu. Alain de l'Ile, *le docteur uni-
versel*, au douzième siècle, disait des écoliers de Paris
qu'ils aimaient mieux contempler les beautés des
jeunes filles que les beautés de Cicéron. Ce sont surtout les Flamands que Jacques de Vitry représente
comme plus corrompus que les autres : « Ils sont pro-
digues, dit-il, aiment le luxe, la bonne chère et la
débauche, et ont des mœurs très-relâchées. » Il fallait
une quantité prodigieuse de femmes de bonne volonté,
pour contenter les passions de cette jeunesse indisci-
plinée, qui s'en allait par bandes à ses plaisirs comme
à ses études. Rabelais, dans son *Pantagruel*, en nous
racontant les exploits de Panurge, nous apprend que
la police municipale n'avait pas encore d'action, au

seizième siècle, sur les franchises de l'Université, et que l'ombre d'un écolier mettait en fuite une escouade du guet : il résulte de là que les femmes dissolues se trouvaient placées sous la sauvegarde des écoliers, qui, dans le quartier des Écoles, les tenaient hors de la portée des règlements du Châtelet.

Outre les rues de la Plâtrière, des Cordeliers, du Bon-Puits, des Noyers, des Prêtres-Saint-Séverin, etc., où l'auteur du *Dit des Rues de Paris* confesse avoir rencontré *mainte meschinette*, nous sommes surpris qu'il n'en ait pas trouvé davantage au *Champ-Gaillard* et au *Champ-d'Albiac*. Le *Champ-Gaillard* était une place vague ou plutôt un préau, qui s'étendait le long des murs de l'enceinte de Philippe-Auguste, depuis la porte Saint-Victor jusqu'à la porte Saint-Marcel ; la rue qu'on ouvrit sur ce terrain au treizième siècle prit le nom de rue *des Murs*, à cause de sa situation ; on l'appela ensuite rue *d'Arras*, lorsqu'on y fonda un collége ainsi nommé, en 1332 ; mais le peuple qui l'avait qualifié de *Champ-Gaillard*, pour exprimer sa destination nocturne, ne lui retira pas ce nom, que justifiait d'ailleurs l'établissement d'une ribaudie fréquentée surtout par les écoliers.

Ce mauvais lieu avait encore assez de célébrité au seizième siècle pour que Rabelais, qui n'en parlait pas vraisemblablement par ouï-dire, l'ait nommé, seulement avec trois autres, pour caractériser les désordres des écoliers de Paris : c'est dans le chapitre vi du second livre de *Pantagruel*, où le Limousin qui contrefaisait le langage français raconte les faits et gestes de ses pareils : « Certaines diecules, nous invisons les lupa-

naires de Champ-Gaillard, de Mâcon, de cul-de-sac de
Bourbon. de Hueleu, et, en ceste ecstase venereique,
inculcons nos veretres ès penetissimes recesses des
pudendes de ces meretricules amicabilissimes. » Le
langage de l'écolier limousin, qui écorchait le latin et
croyait *pindariser*, est, par bonheur, assez inintelligible, pour qu'on ose le rapporter ici comme un monument du vocabulaire érotique de l'Université.

Dans le même chapitre de Rabelais, il est aussi question de quatre cabarets qui devaient être aussi mal
famés que les bordeaux, puisque nous savons, par
plusieurs ordonnances de la prévôté, que la plupart
des *caves* et tavernes où l'on donnait à boire étaient
tenues par des femmes publiques ou par leurs maqui-
gnons ou *courratiers*. « Puis, nous cauponisons, dit
l'Écolier à Pantagruel, ès tabernes méritoires de la
Pomme-de-Pin, du Castel, de la Madelaine et de la
Mulle. » Voilà bien les *tabernæ meritoriæ* des historiens romains, notamment de Suétone, qui nous
prouve par là que le mot *meretrix* a été tiré du verbe
mereri et du substantif *meritum*. Mais nous ne cher-
cherons pas à fixer, au moyen d'une dissertation archéologique, l'emplacement de ces quatre tavernes
méritoires, et nous nous bornerons à faire remarquer
que leurs noms semblent concorder avec ceux des
rues où elles étaient probablement situées. Ainsi, la
rue *de la Madeleine* et celle *de la Pomme*, dans la Cité,
sont devenues depuis le quatorzième siècle la rue de la
Licorne et la rue des Trois-Canettes, tout en conser-
vant leurs cabarets à l'enseigne de la Madeleine et de
la Pomme-de-Pin ; la rue *du Châtel* ou *du Château-*

Fétu se composait d'une partie de la rue de la Ferronnerie, aboutissant à la rue de l'Arbre-Sec, et une
maison, dite le *Château-Fétu* ou *Château-de-Paille*,
dont l'origine n'est pas connue, a subsisté longtemps
entre l'église de Saint-Landri et la rivière : la place
n'était-elle pas bien choisie pour y mettre un cabaret
et le reste? Quant à la taverne de la Mule, il faut aller
la chercher jusque dans la rue du Pas-de-la-Mule, que
la fondation de la place Royale n'a pas débaptisée de
son vieux nom, en lui imposant celui de rue Royale
qu'elle n'a pas voulu garder. Nous ne craignons donc
pas de comprendre, dans l'inventaire des mauvais lieux
de Paris, ces quatre cabarets fameux, qui sont men-
tionnés souvent par les poëtes et les conteurs du seizième siècle.

Mais cette digression sur les cabarets nous a un peu
écarté des *lupanaires* de l'Université, que nous n'avons
pas la prétention de connaître tous. La rue Gracieuse,
qui a porté d'abord le nom de rue *d'Albiac*, avait été
bâtie sur un terrain qu'on appelait le *Champ d'Albiac*,
et qui était, de temps immémorial, inféodé à la prostitution : les asiles qu'elle y avait occupés par droit
héréditaire ne furent détruits qu'en 1555. Les antiquaires étymologistes ont trouvé, dans les Comptes de
Paris, le nom d'une famille *d'Albiac* et celui d'une famille *Gracieuse*, qu'ils nous donnent pour les parrains
rivaux de cette même rue, mal habitée à toutes les
époques; mais, si nous hasardons une conjecture plus
analogue au caractère de ce lieu-là, nous aimons mieux
reconnaître dans le nom d'*Albiac* une allusion aux
Albigeois (*Albiaci* et *Albigenses*), lesquels étaient des

hérétiques, non-seulement en religion, mais encore en amour, suivant l'opinion populaire qui confondait sous la dénomination d'*Albigeois* et d'*Albiacs* tous les débauchés perdus de vices et souillés d'impuretés. Le Champ d'Albiac devait donc être le champ de foire de ces abominations, et la rue qui s'ouvrit sur ce repaire, sans le purifier, fut surnommée *Gracieuse*, par moquerie ou par antiphrase.

Il y avait d'autres *champs* où les ribaudes tenaient leurs *bouticles au péché*, tels que le *champ de la Boucherie*, près de la rue des Mauvais-Garçons; le *champ Petit*, près de la rue du Battoir; le *champ de l'Alouette*, etc. Le mot *champ* désigne ordinairement un endroit où l'on vend et où l'on achète. Mais, en nous renfermant dans la catégorie des rues et ruelles honteuses, nous ne pouvons oublier la rue de *l'Aronde* ou de l'Hirondelle, voisine de l'Abreuvoir Mâcon, que Rabelais, peu avare d'étymologies ordurières, appelle *Malcon*. Cette rue de l'Hirondelle, qui se cache noire et infecte derrière les maisons du quai Saint-Michel, avait tiré son nom de l'enseigne d'un lieu de débauche. Près de là, il serait facile de découvrir une équivoque très-significative dans le nom de la rue Gît-le-Cœur, qui a été appelée tour à tour, par corruption malicieuse ou involontaire, *Villequeux, Guillequeux, Gilles-Queux, Gui-le-Comte*, etc. A peu de distance de cette rue (à propos de laquelle il faut sous-entendre la spirituelle parenthèse de Boufflers : *Je dis* LE CŒUR, *par bienséance*), on avait encore la rue Pavée, que les bonnes langues nommaient tout au long rue *Pavée-d'Andouilles* Les rues voisines, dont les anciens noms accusent la destination spéciale, furent également infestées de femmes de mauvaise vie ; la rue *Sac-à-Lie*, sobriquet donné à ces sortes de femmes, est devenue rue Zacharie ; la rue de l'Éperon se nommait rue de *Gaugai* (*Gaut gay*, plaisir gai) et annonçait ainsi l'espèce de passe-temps qu'on y trouvait. Enfin, c'est dans ce dédale de ruelles, qui avaient remplacé le clos et vignoble de Laas ou Liaas, où la prostitution errante promenait autrefois ses caprices ; c'est entre la rue de Hurepoix et la rue Poupée que nous voudrions retrouver le *lupanaire du cul-de-sac de Bourbon*, que les commentateurs de Rabelais transportent près du Louvre.

En un mot, le quartier de l'Université était plus riche en lieux de débauche, ou du moins plus peuplé de filles de joie, que tous les autres quartiers de Paris ; et cela n'a pas besoin de preuves, si l'on considère les mœurs licencieuses des écoliers, qui ne sortaient guère des limites de leur résidence et qui avaient chez eux assez de *chière-lie*, comme ils disaient, pour n'en point chercher ailleurs. Mais les savants qui ont écrit sur les rues de Paris se sont attachés à réhabiliter les vieux noms de ces rues, en dépit de leurs vieilles traditions pornographiques ; ils n'ont pas remarqué que ces noms de rues, nés la plupart d'une boutade populaire, avaient passé aux hommes plutôt que des hommes aux rues, et ils n'ont presque jamais tenu compte de l'autorité de l'étymologie. Ainsi, quand ils veulent étudier l'origine du nom de la rue *Bordet*, qui part de la fontaine Sainte-Geneviève et monte jusqu'à la rue Mouffetard, à l'endroit même où était la porte Bordelle, qui lui a légué

son nom, ils prétendent qu'un personnage, nommé
Pierre de Bordelles (*de Bordelis*), demeurait dans cette
rue au douzième siècle, et qu'il y a naturellement laissé
un nom qu'on ne saurait interpréter à mal : « C'est une
erreur populaire, disent les auteurs du *Dictionnaire
historique de la ville de Paris*, de croire qu'à cause
de la ressemblance de nom cette rue ait été autrefois
affectée à la débauche. » Il est certain pourtant que
Pierre de Bordelles avait été qualifié ainsi dans les actes,
parce qu'il possédait une maison dans cette rue, qui
fut nommée *Bordelles*, *Bourdelle* et *Bordel*, en raison
de son usage primitif et de ses nombreuses *bordes*, que
l'enceinte de Philippe-Auguste avait enfermées dans la
ville. La rue Bourdelle, qui conduisait à la porte du
même nom, ne fit rien pour donner un démenti à ce
nom malhonnête, que confirmait encore le voisinage
d'un certain *Champ-Gaillard*, qui se changea en *Che-
min-Gaillard*, lorsqu'on y perça une rue, et qui est
maintenant la rue Clopin, nom moderne où se reflète
la tradition des mauvaises mœurs de toutes ces rues
solitaires attenant aux murs d'enceinte et aux portes
de Paris.

Il ne nous reste plus qu'à indiquer la place topographique de certaines cours de ribaudie, qu'on qualifiait
de *Cours des Miracles*, parce que les gueux qui s'y
rassemblaient et qui simulaient les plus hideuses infirmités pour émouvoir la commisération publique
sortaient de là boiteux, culs-de-jattes, aveugles, man-
chots, lépreux et couverts d'ulcères, et rentraient le
soir ingambes, joyeux et dispos, pour faire la débauche
toute la nuit. Ces Cours des Miracles renfermaient une

population de voleurs, de mendiants, de vagabonds, de ladres et de créatures abjectes, qui n'avaient conservé de leur sexe que le nom qu'elles déshonoraient. La plus ancienne de ces cavernes d'infamie était celle de la Grande-Truanderie, qui envoya des colonies dans tous les quartiers de Paris où la police prévôtale leur permit d'ouvrir des cours semblables. Les deux succursales de la Truanderie furent les *petites maisons du Temple*, ou *loges des Aumônes*, dans la rue des Francs-Bourgeois au Marais, et la *Cour des Miracles*, par excellence, près du couvent des Filles-Dieu, entre les rues Saint-Denis et Montorgueil. On comptait, en outre, plus de vingt cours ou repaires de la même famille, où l'on menait la même vie de désordre et de turpitude. Il suffira de citer la Cour de la Jussienne, dans la rue Montmartre, à côté de la chapelle des prostituées, dédiée à sainte Marie l'Égyptienne; la Cour Gentien, dans la rue des Coquilles; la Cour Brisset, dans la rue de la Mortellerie; la Cour de Bavière, dans la rue Bordet; la Cour Sainte-Catherine et la Cour du roi François, dans la rue du Ponceau; la Cour Tricot, dans la rue Montmartre; la Cour Bacon, dans la rue de l'Arbre-Sec, etc.

Sauval dit, en parlant des hôtes dangereux de la rue des Francs-Bourgeois : « A toute heure, leur rue et leur maison étaient un coupe-gorge et un asile de débauche et de prostitutions. » Sauval fait encore un tableau plus effrayant de la principale Cour des Miracles, qu'il avait pu voir dans toute sa splendeur, lorsqu'elle servait de refuge à ce qu'il y avait de plus criminel, de plus impur, de plus ignoble dans le peuple de Paris. C'était là que la prostitution, à l'om-

bre de l'impunité, atteignait le dernier degré du
vice.

Cette Cour des Miracles avait eu autrefois une étendue
considérable; mais elle se trouva insensiblement res-
serrée entre la rue Montorgueil, le couvent des Filles-
Dieu et la rue Neuve-Saint-Sauveur; elle ne se composait
plus que d'une place irrégulière et d'un cul-de-sac
boueux et puant : « Pour y venir, dit Sauval, il se faut
souvent égarer dans de petites rues, vilaines, puantes,
détournées; pour y entrer, il faut descendre une assez
longue pente de terre, tortue, raboteuse, inégale. J'y
ai vu une maison de boue, à demi enterrée, toute chan-
celante de vieillesse et de pourriture, qui n'a pas quatre
toises en carré, et où logent néanmoins plus de cinquante ménages chargés d'une infinité de petits enfants
légitimes, naturels et dérobés. » Sauval, qui a recueilli
des détails si curieux sur les habitants des Cours des
Miracles, ne nous apprend rien malheureusement des
femmes, que le *royaume argotique* enrôlait sous le
gouvernement du *grand Coesre*. On regrettera davantage de n'avoir pas un portrait physique et moral de
ces sujettes du roi des gueux et des argotiers, en sachant une étrange particularité de leur infâme métier.
« Des filles et des femmes, raconte Sauval, les moins
laides se prostituaient pour deux liards, les autres pour
un double, la plupart pour rien. La plupart donnaient
souvent de l'argent à ceux qui avaient fait des enfants
à leurs compagnes, afin d'en avoir comme elles, et de
gagner par là de quoi exciter la compassion et arracher
les aumônes. » Le tarif des prostituées de la grande
Cour des Miracles était sans doute le plus humble qu'une

femme pût demander pour prix de ses honteuses com-
plaisances; mais il faut faire observer que deux liards
du temps de Sauval valaient environ dix sous de notre
monnaie, et que le double denier tournois représentait
les deux tiers d'un liard, c'est-à-dire trois sous au cours
actuel. Nous doutons que le taux de la prostitution soit
jamais descendu plus bas.

Cette espèce de prostitution était tout à fait hors de
l'action de la police du Châtelet. Les malheureuses qui
l'exerçaient, protégées par les franchises des Cours des
Miracles, appartenaient à la race cosmopolite des gueux
et des voleurs qui peuplaient ces asiles du crime. Elles
étaient couvertes de haillons et squalides de malpropreté; la plupart, qui avaient du sang de *cagot* ou de
bohémien dans les veines, se distinguaient par leur
laideur repoussante, leur teint basané, leurs cheveux
crépus et leur odeur infecte; celles qui, ayant la peau
blanche et la chevelure blonde, passaient pour jolies, servaient, comme telles, d'amorce aux étrangers
que leur mauvaise étoile égarait à la nuit tombante
aux environs d'une Cour des Miracles. La belle, dressée
à cette espèce de chasse, aiguillonnait la convoitise de
la proie qu'elle guettait au coin d'une rue : tantôt elle
se montrait en larmes et inventait une fable propre à
exciter la compassion de celui qui l'interrogeait; tantôt
elle allait à la rencontre de l'imprudent qui s'offrait à
elle, et sous mille prétextes elle l'entraînait à sa suite;
tantôt elle lui adressait des injures et des provocations,
pour le forcer à entrer en débat avec elle et pour avoir
une occasion de crier au secours : alors ses complices,
père, frères, amis, accourant à sa voix, se jetaient sur

l'homme qu'elle accusait d'une insulte imaginaire et qu'on dépouillait sous ses yeux, en le maltraitant, en l'assassinant même, s'il cherchait à se défendre. Le même sort attendait l'infortuné, quand il s'était laissé séduire par cette sirène de carrefour et qu'il avait eu le triste courage de la suivre dans son bouge : c'était encore un père, un mari, un frère, qui venait lui demander compte d'une séduction qu'on ne lui donnait pas toujours le temps d'accomplir, et de gré ou de force il devait payer une rançon, dans laquelle on comprenait tout ce qu'il portait sur lui, sans excepter ses vêtements. Heureux si on lui permettait de s'en aller en chemise, sain et sauf! Il n'est pas besoin de dire que, quant aux ruses et à la théorie de cette pipée amoureuse, le père les enseignait à sa fille, le mari à sa femme, le frère à sa sœur. Les enfants, dès leur bas âge, étaient livrés à la merci de la plus exécrable corruption; ils faisaient de leur corps une pâture, vendue, abandonnée, sacrifiée à la lubricité de leurs parents ou de leurs maîtres; ils n'avaient aucune notion du bien et du mal, surtout dans les choses qui intéressent la pudeur : filles ou garçons, leur premier pas dans la vie les menait à la débauche la plus éhontée, et ils ne sortaient plus de cette fange quand ils y avaient mis le pied. C'était là, de tout temps, la pépinière des prostituées, qui en sortaient pour chercher fortune et qui y rentraient, après avoir vieilli sous le harnais. Elles continuaient encore leur métier à vil prix; quand elles ne trouvaient plus même deux liards ou un double pour salaire, elles se résignaient à changer d'industrie, et, selon leur degré de capacité, elles tiraient des horos-

copes, lisaient l'avenir dans les lignes de la main, pré-
paraient des breuvages d'amour, des philtres, des amu-
lettes, ou vendaient de la graisse et des cheveux de
pendus, pour les maléfices et les opérations magiques.

Il ne faut pas croire que les propriétaires des maisons
d'une rue affectée au service de la débauche publique
fussent très-empressés à se soustraire à cette servitude
déshonorante qui leur procurait de grands bénéfices.
Nous voyons, au contraire, d'après les actes d'un procès souvent renouvelé à l'occasion de la rue Baillehoé,
que la destination même d'une rue de ce genre consti-
tuait un privilége fort avantageux en faveur de ses
propriétaires ou de ses locataires, qui se montraient
toujours jaloux de le défendre et de le conserver. Ce
procès, dont nous retrouvons les traces çà et là, dans
les Registres du Parlement de Paris, dura plus d'un siècle et recommença sous toutes les formes entre les parties intéressées, qui étaient, d'une part, certains bourgeois, possesseurs des maisons de cette rue honteuse,
et, d'autre part, le curé et les chanoines de Saint-Merry.
Le prévôt de Paris et le roi, alternativement, interve-
naient dans le débat et l'embrouillaient davantage par
des édits et des ordonnances contradictoires. Le Parlement, saisi de l'affaire à son tour, ménageait les uns
et les autres, prononçait des arrêts, ordonnait des enquêtes et ne se sentait pas le courage d'anéantir des
droits scandaleux, fondés par la législation de saint
Louis et confirmés par un long usage.

Un arrêt du 24 janvier 1388, rapporté dans les preuves de l'*Histoire de Paris* par Félibien et Lobineau

(t. IV, p. 538), nous fait connaître l'état de la question et les prétentions réciproques des parties en litige. Le chevecier, le curé et les chanoines ayant obtenu des lettres royaux qui supprimaient définitivement la prostitution dans la rue Baillehoé, le prévôt de Paris, nouvellement élu, Jean de Folleville, enjoignit aux femmes publiques qui habitaient cette rue de vider les lieux sur-le-champ; mais, comme ces femmes se voyaient soutenues par les propriétaires des maisons qu'elles occupaient, elles ne se pressèrent pas d'obéir à l'ordonnance du prévôt : celui-ci envoya des archers qui les firent sortir de vive force, et des maçons qui murèrent l'entrée de leur logis. Les propriétaires, lésés dans leurs intérêts et indignés de cet abus d'autorité, portèrent plainte devant le Parlement et mirent en cause le chevecier, le curé et les chanoines de Saint-Merry, qu'ils accusaient d'avoir trompé la religion du roi et du prévôt. Ces honnêtes propriétaires avaient remis leurs pleins pouvoirs à trois d'entre eux, Jacques de Braux, dit Jacobin, Philippe Gibier, et Guillaume de Nevers. Voici les arguments que chaque partie faisait valoir en faveur de sa cause, qui fut sans doute plaidée à fond, en audience solennelle, par les meilleurs avocats de Paris.

Le chevecier, le curé et les chanoines disaient que, le roi Louis IX ayant ordonné que les ribaudes ne demeurassent point *en lieux et rues honnêtes*, le prévôt de Paris, alors en charge, décida que la rue Baillehoé offrait toutes les conditions d'honnêteté prescrites par l'ordonnance du saint roi, et chassa de cette rue les ribaudes, en condamnant à l'amende, c'est-à-dire *au quadruple du louage*, les *seigneurs* des maisons louées à ces femmes dissolues : « La rue, ajoutent les défendeurs, est près de belles et grandes rues notables, où il demeure plusieurs bourgeois et plusieurs bourgeoises, et les chanoines et chapelains de ladite église. En outre, plusieurs inconvénients s'en sont ensuis et pourraient plusieurs plus grands inconvénients ensuir; car, se aucun houillier ou ribaud tuait un homme, il serait près de l'église où il pourrait se retraire; et est la rue belle et honnête pour aller à Saint-Merry et pour aller d'icelle rue en la Verrerie; et en telles rues si honnestes ne doivent demeurer femmes folieuses. Item, que la rue est près du moustier, et près du moustier telles femmes ne doivent point demourer, et c'est le chemin par lequel les chanoines et chapelains doivent aller à l'église. »

Les demandeurs répondaient « qu'il est plus expédient que telles femmes soient emprès les rues publiques, que en forsbourgs, et y sont faits moins de maux et inconvénients que en rues foraines; que la rue est étroite et n'est bonne que à ce métier et n'y a que petites bouticles, et s'aucun y faisait aucun délit, il ne s'en pourrait fouir que par grande rue et honnête, et serait plutôt prins, que se tel délit était fait loing de grande rue : et de tout temps telles femmes ont demouré en ladite rue; et anciennement y soulait avoir une porte, et, pour un inconvénient qui advint dans ladite rue, la porte fut abattue, et depuis toujours y ont demouré. » Ils rappelaient, à cet égard, que, sous le règne de Charles V, Hugues Aubriot, prévôt de Paris, ayant visité les *bordiaux*, en supprima plusieurs et

laissa subsister celui de Baillehoé, par cette raison que
les *gens honteux oseraient mieux y aller* que dans
d'autres. Ils prétendaient que l'église de Saint-Merry
avait intérêt même à ce que la destination de la rue
ne fût pas changée, « pour les rentes qui en valent
mieux, et ce dit raison escripte, que : *in virorum ho-
nestorum domibus sæpe lupanaria exercentur*, etc.
Dieu merci, oncques mal ne fut fait en Baillehoé! »
Ils arguaient des ordonnances de saint Louis qui avait
voulu qu'*il y eût bourdel* en Baillehoé, comme en Glatigny et en la Cour Robert-de-Paris : « par ainsi voit
que près de la Verrerie eût telles femmes, et maintenant n'en a plus aucunes en la Cour Robert-de-Paris ;
par conséquent, il est expédient qu'elles demeurent en
Baillehoé. » Ils objectaient, de plus, que cette petite
rue n'était pas le passage naturel pour aller à l'église,
et que la grande rue Saint-Merry y conduisait plus directement ; on pouvait aussi se dispenser d'y faire pás-
ser le corps de Nostre-Seigneur, quand on le portoit
aux malades, quoiqu'on ne fît pas scrupule de le porter souvent par la rue Tiron, qui n'était pas plus honnête : « et est expédient, concluaient-ils, que le bordiau
soit près de l'église, car, combien que de telles femmes
pèchent, elles ne sont point du tout damnées, et est
expédient qu'elles voisent aucune fois à l'église : ce
qu'elles font plutôt quand elles sont près, que si elles
étaient loing. Et n'est pas inconvénient que bordiaux
soient près de l'église, car nous véons que Glatigny est
proche de Saint-Denis de la Chartre, l'une des plus dé-
votes églises de cette ville, et aussi près de Saint-Landry. »

Les défendeurs, dans leur réplique, évitèrent de toucher à une question aussi épineuse que celle de la convenance du voisinage des églises et des *bordiaux;* ils se bornèrent à dire que la lettre de l'ordonnance de saint Louis s'opposait à ce que les femmes de mauvaise vie demeurassent auprès des églises, et ils citèrent un texte de loi romaine à l'appui de cette décision : *Deterius est quod penès sacrosunctas ædes morentur.* « Et de droit naturel, ajoutaient-ils avec tristesse, il n'est si petit en cette ville, qui ne puet requérir et faire vuider icelles femmes d'auprès sa maison; par plus forte raison, le chevecier qui est curé : qui fault aller à matines et aux autres heures, et aller à toutes heures, pour baptiser enfants, et anulléer malades, et porter *corpus Domini,* c'est le plus droit chemin d'aller de l'église Saint-Merry ès rue de la Brille (sans doute la rue du Poirier) et Simon-le-Franc, et de venir les bourgeoises à l'église, par Baillehoé. »

Nous ne savons pas positivement à quelle époque se termina le procès, et nous devons regarder comme un de ses derniers épisodes l'ordonnance de Henri VI, roi d'Angleterre et de France, qui se déclara, en 1424, pour le curé et le chapitre de Saint-Merry. Il est probable néanmoins que, malgré toutes les ordonnances royales ou prévôtales, la prostitution n'abandonna jamais une rue dont elle avait *joui et usé par tel et si long temps, que ne est mémoire du contraire.* Mais le curé de Saint-Merry se vengea, dit-on, d'un des *seigneurs* de cette rue, qu'il avait eu pour adversaire dans l'affaire des *bouticles au péché,* et il le fit condamner, par l'officialité, à faire amende honorable, un dimanche après la messe, devant la porte de l'église, comme coupable d'avoir mangé de la viande un vendredi. Ce n'est pas tout ; le Chapitre, ayant enfin triomphé des oppositions judiciaires, changea le nom de la rue Baillehoé, qui fut alors confondue avec sa voisine la rue Brisemiche, et qui perdit de la sorte son vieux caractère d'ignominie.

On sait, en effet, que le peuple ne prononçait pas *Baillehoé*, sans ajouter à ce nom une pantomime et une grimace malhonnêtes, qui n'avaient plus de sens à l'égard de la rue *Taillepain* ou *Brisemiche*. Toutes ces étymologies de *Baillehoé* étaient également significatives, soit qu'on l'écrivît *Baillehoue*, ou *Baillehore*, ou *Baillehort*, soit qu'on préférât adopter l'ancienne orthographe de *Baillehoc* ou *Baillehoche* ; car le verbe *baille* variait d'acception, suivant le mot qu'on y accolait, et ce mot emportait toujours avec lui une équivoque : *houe*, c'est un instrument de labour ; *hore*, c'est une fille publique ; *hort*, c'est un choc violent ; *hoc*, c'est cela ; *hoche*, c'est une entaille, etc. En un mot, il y avait constamment une image indécente attachée aux différents noms de cette rue, qui, en perdant ces noms-là, ne devint pas toutefois plus honnête, puisque dans le dernier siècle les filles de la rue Brisemiche avaient encore une célébrité proverbiale.

Le document judiciaire, que nous avons analysé en parlant du procès de la fabrique de Saint-Merry contre les *seigneurs* de Baillehoé, nous permet de fixer certains points d'archéologie pornographique. Nous pouvons presque, avec certitude, constater que les rues réservées à la débauche avaient été autrefois fermées la nuit avec des portes ; que ces rues, hantées par les *ribauds* et gens dissolus, étaient souvent le théâtre de rixes, de meurtres et d'inconvénients graves; que néanmoins les maisons s'y louaient plus cher qu'ailleurs et y produisaient de bons revenus à leurs propriétaires ou tenanciers ; que les *femmes folieuses* avaient l'entrée libre dans les églises, où elles allaient, moins pour prier, que pour chercher aventure ; enfin, que la présence d'un *bordiau* était avantageuse à la paroisse, en raison des aumônes que ses pensionnaires payaient au curé et à la fabrique. Remarquons, en outre, que dès lors un usage de droit coutumier, qui s'est maintenu jusqu'à nos jours, autorisait chaque bourgeois à porter plainte contre toute femme de mauvaise vie, qu'il voulait faire expulser de sa maison ou de son voisinage, par les sergents du Châtelet chargés de la police des mœurs.

Nous avons dit plus haut que le livre de la Taille de Paris, pour l'an 1292, ne présentait aucun fait spécial relatif à l'histoire de la prostitution; mais, après avoir examiné de nouveau ce livre, bien précieux pour les annales parisiennes, nous croyons pouvoir modifier un peu notre jugement, qui, tout vrai qu'il paraisse au premier coup d'œil, mérite de n'être accepté qu'avec certaines réserves; car, si on ne trouve nulle part dans les *quêtes* de la Taille une désignation précise des femmes *communes* qui exerçaient le métier de ribauderie, on est forcé de les reconnaître çà et là sous des sobriquets qui les caractérisent. Il est certain toutefois que ces femmes ne payaient aucun impôt, en qualité de *ribaudes* dans les tailles extraordinaires levées au profit du roi ; mais elles payaient un impôt proportionnel, à titre de locataires des maisons qu'elles habitaient en ville, hors de leurs *bouticles au péchié.*

Nous ne savons rien, par malheur, sur les conditions de l'assiette des taxes de l'État ; et, par exemple, il nous est impossible de comprendre pourquoi Paris, qui renfermait, sous Philippe le Bel, une population de quatre cent mille âmes environ, ne fournit que quinze mille deux cents contribuables, suivant les calculs du savant Henri Géraud, payant ensemble douze mille deux cent dix-huit livres et quatorze sous. Ces contribuables ne sont pas certainement les plus riches habitants, que les priviléges de bourgeoisie exemptaient de toute espèce d'impôt ; ce ne sont pas aussi les plus pauvres, comme nous le voyons par les différences de fortune que semblent accuser les variations de la Taille. Il ne faut pas se fier aux étranges suppositions de Dulaure, qui veut que le nombre des *tailles* indique seulement le nombre des *feux ;* si cela était, le rôle de la Taille ne mentionnerait pas, avec une taxation spéciale, les enfants, les valets, les chambrières, et les ouvriers compagnons des personnes imposées. Nous hasarderons une conjecture, qui ne repose pas sur des preuves écrites, en disant que la Taille n'atteignait que les individus logés au rez-de-chaussée, ayant porte, *ouvroir, fenêtre,* ou issue de plain-pied sur le pavé du roi. Cette conjecture, que rien, d'ailleurs, ne vient contredire, a l'avantage d'expliquer naturellement la singulière disproportion qui existe entre le nombre des habitants et celui des contribuables, parmi lesquels les femmes ne comptent pas pour la dixième partie.

La Taille de 1292 nous permettra de constater un fait que confirment plusieurs ordonnances postérieures de la prévôté de Paris : c'est que les rues affectées à la débauche publique ne recevaient les femmes de mauvaise vie qu'à certaines heures du jour, dans des *bordeaux* ou *clapiers* où elles exerçaient librement leur abjecte profession. Nous verrons qu'elles ne logeaient pas la nuit dans ces mêmes rues, comme si le législateur avait voulu qu'elles respirassent l'air de la vie honnête en quittant tous les soirs l'atmosphère de leur infamie. Nous ne les rencontrerons donc que dans les rues voisines, et nous n'aurons pas de peine à les reconnaître à leurs surnoms populaires et à l'uniformité de leur taxe.

Avant d'aller à leur recherche dans les paroisses où elles cachaient leur existence souvent chrétienne et presque honorable en apparence, puisqu'elles étaient quelquefois mariées et tenaient ménage, nous devons extraire du livre de la Taille une particularité très-bizarre, que l'éditeur a laissé passer inaperçue. Dans la quête des *menues gens* qui résidaient au quartier Saint-Germain-l'Auxerrois, et qui furent tous taxés indifféremment à un sol ou douze deniers par tête, on est étonné de trouver le *Roy des Ribaus de la royne Marie* (Voy. p. 5 du *Livre de la Taille*, publié avec des commentaires par H. Geraud). Quel est ce Roi des ribauds, qui avait sa demeure dans la rue d'*Osteriche*, aujourd'hui rue de l'Oratoire, vis-à-vis du Louvre ? A coup sûr, il ne s'agit pas ici d'un officier de la maison du roi de France ; et la misérable quotité de sa contribution témoigne assez de sa condition intime. Ce n'est pas assurément le Roi des Ribauds de la cour de France, qui eût payé au fisc la même redevance que *Adam le çavetier*, *Jehan menjuepain* (mendiant), et *Helissent, ferpiere de linge.*

Il y avait, le fait est clair, un Roi des Ribauds élu dans chaque *cour de ribaudie*, et cette espèce de portier, chargé de maintenir l'ordre dans le clapier, n'était qu'une piètre caricature du Roi des Ribauds de l'hôtel du roi. Celui de la rue d'*Osteriche* appartenait à la plus pauvre ribaudie de la ville, et le titre pompeux, dont il se décorait, ne l'empêchait pas de n'être qu'un *truand* de piteuse espèce. Quant à cette *royne Marie*, dont il se déclarait l'officier et le ministre, ce ne peut être qu'une ribaude ou quelque vieille entremetteuse qui avait été intronisée reine par ses sujettes ou par ses compagnes. Il n'y a pas d'autre conclusion à tirer de cette qualification de *reine*, appliquée à une femme du nom de Marie, qui avait un Roi des Ribauds taxé à 12 deniers ; et il est inutile de démontrer que ce chétif Roi des Ribauds ne pouvait, en aucun cas, appartenir à la reine Marie de Brabant, veuve de Philippe le Hardi, laquelle vivait encore à cette époque.

Nous sommes donc fondé à croire, d'après cette simple indication, que, du moins dans certaines ribaudies, les femmes publiques se donnaient une reine, comme d'autres corporations de femmes, notamment les lavandières, les lingères, les harengères, etc. Cette reine devait avoir naturellement un Roi des Ribauds, chargé de la police particulière du mauvais lieu où régnait son impudique maîtresse. Peut-être, aussi, attribuait-on le nom de *reine* à la gouvernante d'une cour de ribaudie. On a vu cependant, dans la maison des rois de France, au seizième siècle, une gouvernante de cette espèce, à qui les ordonnances de François Ier et de Henri II n'accordent pas les honneurs d'une indécente royauté. En général, le clapier étant honoré du titre comique d'*abbaye*, dans le langage pittoresque du peuple, la directrice d'une semblable abbaye se disait *abbesse* ou *prieure*. On pourrait cependant supposer que la reine Marie en question était l'élue d'une de ces joyeuses associations de *fous*, de *conards*, de *jongleurs*, etc., qui simulaient un gouvernement avec une burlesque imitation des divers offices de la royauté.

Venons-en à notre enquête sur les femmes sans profession que la Taille de 1292 nous montre logées dans les rues suspectes et aux environs des rues consacrées à la prostitution. Nous remarquons d'abord, parmi les *menues gens* de la paroisse Saint-Germain-l'Auxerrois, imposés chacun à douze deniers, Florie du *Boscage*, qui demeurait en dehors de la porte Saint-Honoré et, par conséquent, sur le fossé de la ville ; Ysabiau l'*Espinéle*, dans la rue *Froidmantel* du Louvre, qui vient à peine de disparaître avec ses vieux repaires de débauche ; Jehanne la *Normande*, dans la rue de *Biauvoir*, qui existait encore il y a quarante ans sous le nom de rue de Beauvais ; Edeline l'*Enragiée*, dans la rue *Riche-Bourc*, qui est à présent la rue du Coq-Saint-Honoré ; Aaliz la *Bernée*, au coin de l'abreuvoir qui était à l'entrée de la rue des Poulies ; Aaliz la *Morelle*, dans la rue *Jehan Evroul*, qui n'a pas laissé de traces ; la *Baillie* et *Perronnelle-aux-chiens*, dans la rue des Poulies ; Letoys, fille d'*Aaliz-sans-argent*, dans la rue d'*Averon*, qui est la rue Bailleul. Il est assez bizarre que les rues sombres et fétides où résidaient ces femmes, dont le sobriquet indique assez la vilaine profession, n'ont jamais cessé d'être habitées par le rebut de la population. Parmi les menues gens du quartier Saint-Eustache, nous trouvons Perronèle de *Serènes* (ou sirène), Anès l'*Alellète* (l'alouette), Jehanne la *Meigrète*, Marguerite la *Galoise*, Geneviève la *Bien-Fêlée*, Jehanne la *Grant*, etc. Les mêmes sobriquets se sont conservés traditionnellement jusqu'à nos jours parmi le monde de la prostitution populaire.

Dans les mêmes quartiers et les mêmes rues, la Taille de 1292 signale encore, par des sobriquets analogues, un nombre de femmes qui pouvaient vivre également de leur corps, mais qui en tiraient meilleur profit, puisqu'elles sont imposées à deux, à trois et même à cinq sous. Telles étaient, en dehors de la Porte-Saint-Honoré, Ysabiau la *Camuse* et Maheut la *Lombarde;* dans la rue *Froidmantel*, Marguerite la *Brete* et Ysabiau la *Clopine;* dans la rue *Biauvoir*, Anès la *Pagesse;* dans la rue Richebourg, Juliote la *Beguine*, Jehanne la *Bourgoingne*, Maheut la *Normande*, Gile la *Boiteuse*, etc. Il faut faire observer que les rues pauvres et mal famées, qui acceptaient de pareilles habitantes, n'étaient occupées, d'ailleurs, que par des artisans de la plus vile espèce : pêcheurs, passeurs, savetiers, fripiers, etc. Dans les rues plus passagères et mieux habitées, on ne remarque pas souvent une seule femme, dont la condition semble équivoque. Nous rencontrons des femmes suspectes aux alentours des rues bordelières, mais non en ces mêmes rues où elles ne logeaient pas la nuit. Ainsi, dans la rue de Glatigny, on ne voit pas sans doute figurer des personnes bien honorables : ce sont Margue la *Crespinière*, Jean le *Pastéeur*, Héloys la *Chandelière*, Jaque le *Savetier*, etc. Mais, en voyant au nombre des locataires de cette rue infâme un certain Jeharraz, qui paye vingt-deux sols de contribution, Guibert le Romain, qui en paye vingt-cinq, la femme de Nicolas le *cervoisier* et ses deux filles, qui payent ensemble trente-huit sols, et Giles Marescot, trente-six; nous sommes tenté de prendre ces individus pour des fermiers de mauvais lieux, et nous allons chercher leurs pensionnaires dans les rues voisines, qui nous présentent Mabile l'*Escote* (ou l'Écossaise), Perronèle *Grosente*, Lucette, Lorencète, Agnès *aux blanches mains*, Jehannetle la *Popine*, et d'autres que nous reconnaissons, à leurs noms, pour des *femmes d'amour*.

Dans un centre de prostitution, non moins actif que le Val d'Amour, en *Baillehoé* et en *Cour Robert-de-Paris*, nous ne comptons que quatre femmes sans profession, entre trente-huit contribuables, dont le plus imposé, il est vrai, ne paye que cinq sols: ce sont Ameline *Belcassez*, Ameline la *Petite*, Anès la *Bourgoingne*, et Maheut la *Normande*, qui sont taxées chacune à deux sols; la chambrière de Maheut est taxée de même que sa maîtresse, dont elle partageait apparemment les travaux et les bénéfices. Mais, dans les rues adjacentes, il y a des femmes que leur surnom nous fait reconnaître, et qui appartenaient sans doute à la ribaudie de Baillehoé, quoiqu'elles eussent leur domicile en *honnête mesgnie*. Citons seulement Chrétienne et Marie, sa sœur, dans la rue Neuve-Saint-Merry ; Juliane et Anès, *sa nourrice*, dans la même rue ; Ameline la *Grasse*, dans le cloître ; Marie la *Noire*, Marie la *Picarde*, Anès la *Grosse*, Jehanne la *Sage*, dans la rue Simon-le-Franc, etc. Ce n'était pas là, certainement, tout le personnel de la prostitution dans ces quartiers populeux ; et nous sommes fort en peine d'apprécier le motif qui faisait comprendre telle ribaude plutôt que telle autre sur les listes de la Taille.

Il faut admettre aussi que toutes les ribaudes n'étaient pas vouées exclusivement à leur méprisable profession, et que la plupart d'entre elles se trouvaient réparties dans diverses catégories de métiers. Il paraît ressortir de l'esprit des ordonnances de saint Louis, qui régissaient toujours la ribaudie, que toute femme était libre de son corps et pouvait en faire trafic à son gré, pourvu qu'elle ne s'abandonnât au péché que dans *les anciens bordeaux et rues à ce ordonnées d'ancienneté*. Selon les termes de plusieurs arrêts du Parlement, Delamare, qui avait sous les yeux tous les monuments de la législation du Châtelet, n'a pas jugé autrement l'état des femmes publiques, qui n'acceptaient cette condition infamante que dans l'exercice de leur scandaleuse industrie, et qui, hors de là, retrouvaient presque la qualité de femme honnête. Il résulterait de cette distinction singulière dans l'une et l'autre phase de leur genre de vie que l'autorité municipale n'avait rien à voir dans les désordres secrets des femmes qui se conformaient scrupuleusement aux ordonnances, et qui ne devenaient ribaudes qu'en mettant le pied dans les endroits légalement consacrés à cette prostitution transitoire et locale. Toute femme qui venait de se déshonorer dans un mauvais lieu, se purifiait pour ainsi dire, dès qu'elle en était sortie.

On s'explique de la sorte un jugement des magistrats de Bordeaux, qui condamnèrent au gibet un homme coupable d'avoir violé une fille publique. Ce jugement mémorable est rapporté par Angelo-Stefano Garoni, dans son Traité de jurisprudence intitulé : *Commentaria in titulum de meretricibus et lenonibus Constit. Mediol.* « Les lieux infâmes de prostitution, dit Delamare dans son *Traité de la Police*, étaient communs à plusieurs de ces femmes publiques, et leurs demeures en étaient séparées. C'était un lieu d'assemblée, où elles avaient la liberté de se rendre pour leur mauvais commerce, et qui leur était marqué, pour les faire davantage connaître et en éloigner celles qui étaient encore susceptibles de quelque pudeur. Il leur était défendu (selon le *Livre vert ancien* du Châtelet, fol. 159) de commettre le vice partout ailleurs, non pas même dans les lieux de leurs demeures particulières, sous les peines portées par les règlements. Elles crurent éluder ces sages précautions, en se rendant si tard dans ces lieux publics, qu'elles n'y seraient point connues et que les voisins ne les y verraient point entrer. »

On réglementa, dès lors, les heures d'entrée et de sortie, dans les bordeaux et clapiers, qui ne s'ouvraient qu'au point du jour et se fermaient au coucher du soleil. On ne voit pas néanmoins que les femmes, qui y venaient pour pécher, fussent soumises à une inscription quelconque; mais on peut prétendre, à coup sûr, qu'elles étaient tenues d'acquitter un droit fixe, qui figurait dans la recette de la ville ou qui faisait partie des revenus du Roi des ribauds de l'hôtel du roi. Le prévôt de Paris rendit une ordonnance, le 17 mars 1374, portant que : toutes femmes qui s'assemblent ès rues Glatigny, l'Abreuvoir Mâcon, Baillehoé, la Cour Robert-de-Paris, et autres bordeaux, soient tenues de s'en retirer et de sortir de ces rues, incontinent après dix heures du soir sonnées, à peine de vingt sous parisis d'amende pour chaque contravention. » Le taux de l'amende, qui équivaudrait à plus de vingt francs de notre monnaie, prouve, ce nous semble, que le salaire d'une journée de *péché* n'était pas inférieur à cette amende, qui revenait probablement pour moitié aux sergents du Châtelet ; elle fut laissée depuis à l'arbitraire du juge, et, par conséquent, doublée ou quadruplée, ce qui permettrait de supposer que des femmes de haut rang ne craignaient pas quelquefois d'affronter les hasards impudiques de ces lieux infâmes et se souciaient peu de l'amende, pourvu qu'elles achetassent par là l'impunité et le secret de leur vie dissolue. Le 30 juin 1395, le prévôt de Paris fit défense à toutes filles et femmes de joie, « de se trouver dans leurs bordeaux ou clapiers, après le couvre-feu sonné, à peine de prison et amende arbitraire. » Delamare, qui rapporte cette ordonnance d'après le *Livre rouge ancien* du Châtelet, ajoute une particularité qu'il a vérifiée sur les registres de la Prévôté : « Les ordonnances étaient renouvelées tous les ans deux fois, et cette retraite leur était marquée à six heures en hiver, et à sept heures en été, qui est l'heure que l'on sonne le couvre-feu. »

Telle était la force de l'usage, tel était l'empire de l'habitude au bon vieux temps, qu'il fallut plusieurs siècles pour enlever à la prostitution une des rues que Louis IX lui avait spécialement affectées. Lorsque l'ordonnance du prévôt de Paris, du 18 septembre 1367, eut renouvelé et confirmé la destination de ces rues malhonnêtes, l'évêque de Mâcon adressa des représentations au roi Charles V, pour obtenir que la rue Chapon fût soustraite à cette outrageante servitude. Les évêques-comtes de Châlons possédaient depuis plusieurs siècles un grand hôtel, situé dans la rue Transnonain, appelée alors *Troussenonain*, entre les rues Chapon et *Court-au-vilain*, maintenant rue de Montmorency. Les femmes de mauvaise vie s'étaient emparées de toutes ces rues, mais elles s'assemblaient tous les jours dans leur *asile* de la rue Chapon, et là, leurs chants, leurs rires, leurs altercations, leurs indécences, troublaient sans cesse la vue, les oreilles et la conscience des pieux habitants de l'hôtel de Châlons. L'évêque, qui était membre du conseil privé du roi, employa tout son crédit pour éloigner de sa demeure, et, en même temps, du cimetière de Saint-Nicolas-des-Champs, l'odieux voisinage qui semblait insulter à la fois les vivants et les morts. Charles V rendit une ordonnance, datée du 3 février 1368 (nouveau style, 1369), dans laquelle il remettait en vigueur le premier édit de saint Louis contre la prostitution en général. Pour en venir, non pas à l'exécution complète de cet édit, mais pour l'appliquer seulement à la rue Chapon, les conclusions qu'il tirait de l'ordonnance prohibitive de 1254 n'étaient ni justes ni motivées; car, après avoir rappelé l'ancienne ordonnance qui expulsait de la ville (*de villa*) les femmes publiques (*publicæ meretrices*) et qui confisquait tous leurs biens, jusqu'à la cotte et au péliçon (*usque ad tunicam vel pelliceam*), il ordonnait aux propriétaires et aux locataires de la rue Chapon qui auraient loué leurs maisons à des ribaudes de mettre dehors sur-le-champ lesdites ribaudes, et de ne faire aucun bail avec elles à l'avenir, sous peine de perdre le loyer d'une année, afin, disait l'édit, que ces viles créatures ne logeassent plus dans cette rue et n'y tinssent plus leurs assemblées (*quod ibidem sua lupanaria ulterius de cetero non teneant*); cela, pour l'honneur de l'évêque et dans l'intérêt des personnes honnêtes qui habitaient aux environs de la rue ou dans la rue même, où l'on n'osait plus passer. L'ordonnance semble attribuer au nom de la rue Chapon une origine (*capo*) que démentent des titres plus anciens (*saltem metu pene dictus vicus*). Sauval affirme que les femmes publiques résistèrent aux ordres du roi, en se fondant sur leurs priviléges confirmés par saint Louis, et prouvèrent que la rue Chapon leur avait été concédée comme un lieu d'asile par Philippe-Auguste, avant que cette rue fût enfermée dans l'enceinte de Paris. Les évêques de Châlons eurent beau se plaindre et s'autoriser de l'ordonnance de Charles V pour se débarrasser de leurs scandaleuses voisines : ils n'y réussirent pas, tant la législation de saint Louis avait conservé d'autorité, tant la coutume avait de pouvoir dans l'administration municipale.

« Les ribaudes tinrent bon, dit Sauval, et elles ne sortirent de la rue Chapon qu'en 1565, lorsque les asiles de femmes publiques furent ruinés de fond en comble à Paris. »

Les ordonnances des rois n'étaient pas mieux exécutées, il est vrai, lorsqu'elles avaient pour objet de s'opposer aux envahissements de la prostitution dans les rues de Paris, auxquelles ce fléau n'avait pas été infligé par droit d'ancienneté. Une fois que les ribaudes envahissaient une rue ou un quartier, elles s'y enracinaient et y pullulaient, sans qu'il fût possible de les en chasser, malgré toutes les menaces d'amende et de prison. Elles avaient, on le voit, une répugnance invincible à se rendre dans les lieux qui leur étaient attribués et qui leur imprimaient sans doute une marque particulière d'infamie; car elles préféraient s'exposer aux rigueurs de la loi et pratiquer leur métier en cachette, dans les rues honnêtes où l'œil de la police n'était pas toujours ouvert sur elles.

Charles VI réclama l'exécution des ordonnances de saint Louis contre ceux qui loueraient des maisons ou des logements à des femmes de mauvaise vie dans certaines rues qu'elles avaient envahies et qui n'étaient pourtant pas comprises au nombre de leurs lieux d'asile ordinaires. Le roi adressa des lettres patentes, le 3 août 1381, au prévôt de Paris, qu'il chargeait d'en faire exécuter la teneur; il s'appuyait sans raison sur les anciennes ordonnances de saint Louis, qui expulsaient de la ville et des champs (*tam de campis quam de villis*) les femmes de vie dissolue, et qui prohibaient absolument la prostitution; mais, en vertu de ces ordonnances, il n'exigeait que l'expulsion des prostituées qui avaient élu domicile dans les rues

Beaubourg, Geoffroy-l'Angevin, des Jongleurs, Simon-le-Franc, ainsi qu'aux alentours de Saint-Denis-de-la-Châtre et de la fontaine Maubué. Cet édit était d'ailleurs conforme à celui de Charles V : les propriétaires et locataires de ces rues et de ces carrefours, qu'on voulait délivrer de leurs hôtes parasites, étaient sommés de ne passer aucun contrat de loyer avec des femmes suspectes, sous peine d'avoir à payer une année de loyer au bailli du lieu ou au juge du Châtelet.

On est fondé à croire que le prévôt de Paris fit d'abord diligence pour que les commandements du roi fussent observés : il y eut des propriétaires mis à l'amende, des femmes expulsées et emprisonnées ; mais, en dépit des sergents, la ribaudie se maintint dans le nouveau domaine qu'elle avait conquis. Toutes ces rues, excepté le cloître de Saint-Denis-de-la Châtre, avaient fait partie du hameau de Beaubourg, que Philippe-Auguste réunit à la ville, en l'entourant de murailles ; ce Beaubourg était donc naturellement occupé par des ribaudes qui s'y perpétuaient par tradition. La fontaine Maubué, environnée de chétives bicoques, faisait le centre de cette ribaudie qui s'annonçait assez par le nom même de sa fontaine (*Maubué*, malpropre, mal lessivé). L'établissement des ribaudes autour de Saint-Denis-de-la-Châtre, dans la Cité, remontait à une antiquité encore plus reculée, car la confrérie de la Madeleine avait eu d'abord son siége dans cette paroisse : il était donc tout simple que les *joyeuses commères* qui composaient cette confrérie se groupassent aux abords de leur église patronale et regardassent ce quartier comme un ancien fief de leur corporation.

Le prévôt de Paris, en publiant les lettres patentes du roi, du 3 août 1381, destinées à protéger l'*honnêteté* de certaines rues, crut devoir en même temps rappeler que d'autres rues avaient été particulièrement affectées à la prostitution ; mais, de peur de se mettre en contradiction avec quelque ordonnance du roi, telle que celle qui avait voulu réhabiliter la rue Chapon, il évita de désigner ces rues ; il fit seulement défense aux femmes déshonnêtes « de ne eux tenir, héberger ne demeurer ès bonnes rues de Paris, mais qu'ils vuident eux et leurs biens hors desdites bonnes rues et voisent, (aillent) demeurer ès moiens bordeaux et ès rues et lieux ad ce ordonnés, sur peine de bannissement. » Cet avis, que Ducange a tiré du *Livre vert nouveau* du Châtelet, gardait le silence sur les localités que la prévôté attribuait nominativement au métier de la ribaudie ; aussi, les ribaudes tirèrent avantage de ce silence, pour se répandre par tous les quartiers de Paris et pour y fonder une multitude de mauvais lieux.

Le prévôt eut besoin d'expliquer sa déclaration amphibologique de 1381, par un mandement plus explicite, que Ducange, dans son Glossaire (au mot cinæceum), rapporte, sous la date de 1395, comme emprunté au *Livre noir* du Châtelet : « *Item*, l'on commande et enjoint à toutes femmes publiques bordelières et de vie dissolue, à présent demeurans ès rues notables de Paris..., qu'elles vuident incontinent après ce présent cry, et se retraient, et qu'elles facent leur demeure ès bordeaux et autres lieux et places publiques, à eux ordonnés d'ancienneté pour tenir leurs bouticles au péchié devantdit, c'est assavoir ès rues de l'Abreuvoir de

Mascon, de Glatigny, de Tiron, de Court Robert-de-Paris, Baillehoé, la rue Chapon et la rue Palée, sur peine d'être mises en prison et d'amende volontaire. »

Ce *cri*, ou proclamation, qui fut fait à son de trompe par les crieurs jurés dans les carrefours de Paris, présente cette singularité, qu'on n'y a point égard à l'ordonnance du roi relative à la rue Chapon; peut-être un arrêt du Parlement était-il venu suspendre l'effet de cette ordonnance. Parmi les lieux réputés infâmes, on ne trouve plus la rue de Champfleuri, mais on voit qu'elle a été remplacée par la rue *Palée*, qu'on nomma depuis ruelle *Saint-Julien* et plus tard rue *de la Poterne* ou *Fausse Poterne*, parce qu'elle était à peu de distance de la poterne Saint-Nicolas-Hydron, ou Huidelon. Cette rue, qui tient à la rue Beaubourg et qui s'appelle aujourd'hui rue du Maure, renfermait une cour de ribaudie, dite *la Cour du More*, dénomination que nous rapprocherons du sobriquet de certaines filles, qui devaient être moresses ou sarrasinoises, puisque la Taille de 1292 les qualifie de *morelles*. C'était là un des principaux repaires de la débauche, quoique nous ne cherchions pas à retrouver cette rue *Palée* dans la rue du Petit-Hurleur, où Géraud, Jaillot, Lebeuf, ont essayé de la placer. La grande rue Palée (il y en eut deux de ce nom) était, selon nous, le lieu d'asile des filles de la rue Beaubourg et des rues voisines.

Il y avait encore dans Paris une quantité de mauvais lieux non autorisés; mais il semble que la prévôté ait négligé de s'en occuper jusqu'en l'année 1565, où

Charles IX les enveloppa dans une mesure générale
de proscription. Avant cette mesure, nous pouvons citer
deux essais de réforme partielle à l'égard de deux rues,
dont l'une appartenait traditionnellement à la prostitution, et dont l'autre en avait été infectée à une époque bien postérieure. Une ordonnance de Charles VI,
du 14 septembre 1420, pendant l'occupation de Paris
par les Anglais, avait renouvelé les anciennes défenses
faites aux femmes dissolues, de loger ailleurs que dans
les rues de l'Abreuvoir-Macon, de Glatigny, de Tiron,
la Cour Robert-de-Paris, Baillehoé, et la rue Palée, à
peine de prison. (Delamare a lu *rue Pavée*, dans le Registre *noir* du Châtelet, où il copia ce document.) Mais
quatre ans après, Charles VI étant mort, Henri VI,
roi d'Angleterre, qui s'intitulait *roi de France*, prêta
l'oreille aux suppliques des marguilliers et paroissiens
de l'église Saint-Merry, qui demandaient la suppression des honteuses franchises de Baillehoé; « auquel
lieu de Baillehoé, disent les lettres patentes de Henri VI
datées du mois d'avril 1424, et délivrées à Paris dans
le Conseil du roi; siéent, sont et se tiennent conti-
nuellement femmes de vie dissolue et communes, que
on dit bordelières, lesquelles y tiennent clapier et
bordel public : qui est chose très-mal séant et non
convenable à l'honneur qui doit être déféré à l'Église
et à chacun bon catholique; de mauvais exemple, vil
et abominable, mêmement à gens notables, honorables
et de bonne vie. » En conséquence, pour satisfaire au
vœu des exposants et de leurs femmes, que scandalisait
le spectacle de ces impudicités, le roi anglais défendit « qu'il y eût dorénavant aucune prostituée en la

rue Baillehoé, ni aux abords de l'église Saint-Merry,
attendu qu'il y avait dans la ville moult d'autres lieux
et places ordonnées à ce, et mêmement assez près
d'icelle, comme au lieu que l'on dit la Cour Robert,
et ailleurs, plus loin de l'église, pour retraire lesdites
femmes, qui sont comme non habités. »

Il était enjoint au prévôt de Paris de faire exécuter
cet édit *irrévocable*, et d'expulser sur-le-champ les
femmes perdues qui logeaient dans la rue Baillehoé. Il
est probable que cette ordonnance n'eut pas plus de
valeur effective que les précédentes, car la rue Baillehoé resta au vice. Nous remarquons pourtant, dans
les lettres de Henri VI, que les lieux de tolérance
étaient considérés *comme non habités;* tandis que la
proclamation du prévôt de Paris, faite à cor et à cri
en 1395, ordonne aux prostituées de *faire leur demeure* dans ces mêmes lieux qui leur avaient été attribués *d'ancienneté.*

Nous conclurons de ces deux pièces, presque contemporaines, que la législation relative aux femmes de
mauvaise vie avait changé sur ce point : qu'elles étaient
dès lors forcées de loger sur le théâtre même de leurs
désordres, et qu'elles n'avaient plus la liberté de cacher leur domicile dans tous les quartiers, pourvu
qu'elles y vécussent honnêtement. Il résulte aussi de
l'ordonnance de Henri VI que, nonobstant des injonctions réitérées, les femmes dissolues refusaient de
s'agglomérer dans les bordeaux et clapiers, qui étaient
ainsi presque déserts et abandonnés. Un arrêt du Parlement, du 14 juillet 1480, cité par Sauval, nous
prouve avec quelle obstination cette espèce de femmes

s'éloignait des rues honteuses réservées à leur commerce dégradant, pour se jeter, comme des harpies, sur des rues honnêtes qu'elles souillaient de leur présence. Cet arrêt ordonne donc de les faire déloger de la rue des Cannettes et des autres rues voisines, et enjoint à ces ribaudes « d'aller demeurer ès anciens bordeaux. » (*Antiquités de Paris*, par Sauval, t. III, p. 652.) On ne peut pas douter, d'après les termes de l'arrêt, que la prévôté de Paris n'eût reconnu la nécessité de confondre le logement des femmes publiques avec l'asile de leurs impudicités, et que les lieux de tolérance ne fussent devenus de la sorte la demeure permanente de celles qui, dans l'origine, n'y venaient qu'à certaines heures du jour et n'y restaient jamais la nuit.

Il faut maintenant chercher à découvrir, dans la topographie du vieux Paris, les rues dont la prostitution errante avait fait la conquête, et que cependant les ordonnances des rois, les arrêts du Parlement et les *mandements* de la Prévôté ne nous signalent pas nominativement. Ces rues, où s'exerçait en secret la coupable industrie des petites *vilotières*, étaient en assez grand nombre, et le nom souvent obscène, qu'elles devaient à la malice du *populaire*, les désignait à la réprobation des honnêtes gens, qui s'en écartaient avec effroi. Outre les Cours des Miracles, qui englobaient dans la même fange les voleurs et les prostituées de la dernière classe, on compterait aisément une vingtaine de rues aussi mal famées que les rues bordelières, dont saint Louis avait livré entièrement le séjour à la débauche publique.

Nous avons déjà remarqué plus haut que ces rues suspectes étaient ordinairement voisines d'un centre de prostitution. Ainsi la rue Transnonain dépendait, pour ainsi dire, de la rue Chapon; la rue Bourg-l'Abbé, de la rue du *Hueleu;* la rue Cocatrix, de la rue Glatigny. Dès les premiers temps, les ribaudes avaient choisi leur résidence auprès du lieu de leurs *assemblées,* afin de pouvoir s'y rendre à toute heure, sans être exposées aux insultes et aux huées de la populace. La rue Bourg-l'Abbé, qui fut ouverte hors de l'enceinte de Philippe-Auguste, sur le territoire du prieuré de Saint-Martin-des-Champs, participait à la mauvaise réputation de la rue ou plutôt du cul-de-sac de *Hueleu,* qui formait l'entrée de la rue actuelle du Grand-Hurleur. Sauval (t. Ier, p. 120) rapporte une locution proverbiale qui nous fait connaître quels étaient les habitants de cette rue : « Ce sont les gens de la rue Bourg-l'Abbé, disait-on ; ils ne demandent qu'amour et simplesse. »

Quant à la rue de *Hueleu,* qui fut, depuis son origine jusqu'à nos jours, exclusivement consacrée à la prostitution, elle ne devait pas son nom, comme l'a dit l'abbé Lebeuf, à un chevalier, Hugo Lupus (en vieux français, *Hue-leu*), lequel vivait au douzième siècle et fit plusieurs donations à l'église de Saint-Magloire; mais bien plutôt aux huées qui accompagnaient alors les gens simples ou crédules que le hasard amenait dans ce lieu infâme. Cette étymologie, conforme à l'esprit du baptême des rues de Paris, est prouvée par le nom des *Innocents,* que la rue a porté aussi vers la même époque; on l'appelait encore rue *du Pet.* On lui donna depuis le nom de *Grand-Hueleu,* pour la distinguer de la rue du *Petit-Hueleu*, sa voisine, qui avait été d'abord la *petite rue Palée*, et qui mérita d'être comparée plus tard à celle de Hueleu, eu égard à la honteuse destination qu'elle avait prise : « Dès qu'on voyait entrer un homme dans l'une ou l'autre de ces rues, disent les auteurs du *Dictionnaire historique de la ville de Paris*, on devinait aisément ce qu'il y allait faire, et l'on disait aux enfants : *Hue-le*, c'est-à-dire : Crie après lui, moque-toi de lui ! » Quoi qu'il en soit, de tous les *bourdeaux* de Paris, celui de Hueleu fut celui qui conserva la plus horrible renommée ; ce fut lui surtout qui détermina les sévères mesures de répression que Charles IX étendit à tous les mauvais lieux de sa capitale. On pourrait soutenir, avec de bonnes autorités, que les enfants avaient l'habitude de crier *au loup* et, par corruption, *houloulou*, quand un homme accostait une femme débauchée dans la rue, quand une de ces malheureuses osait se montrer en plein jour avec le costume ou l'*enseigne* de son état.

Les rues qui conduisaient à la rue Chapon n'étaient pas mieux habitées que cette rue-là. La rue Transnonain a longtemps servi de prétexte aux grossiers jeux de mots du peuple, qui l'appelaient tantôt *Trousse-Nonain* ou *Tasse-Nonain* et tantôt *Trotte-Putain* et *Tas-de-Putain*. La rue Ferpillon, dans le nom de laquelle on a cru retrouver le nom d'un de ses premiers habitants, fut d'abord nommée *Serpillon*, vieux mot qui correspond à *torchon*. La rue de Montmorency, où les seigneurs de Montmorency eurent autrefois un hôtel avec des dépendances considérables, n'était connue que sous le nom de *Cour au vilain*, à cause d'une espèce de Cour des Miracles qu'elle renfermait. La plupart des ruelles situées hors des murs ou le long de cette enceinte de remparts construits par Philippe-Auguste étaient dévolues à la prostitution libre, qui y bravait en paix les ordonnances de la Prévôté et la police des sergents du Châtelet. Ainsi la rue des Deux-Portes, la rue Beaurepaire, la rue Renard, la rue du Lion-Saint-Sauveur, la rue Tireboudin, appartenaient de droit aux ribaudes du plus bas étage.

La rue des Deux-Portes, qui prit son nom de ses deux portes qu'on fermait pendant la nuit, avait été inévitablement un lieu de débauche, ce qu'atteste assez le sobriquet de *Grate...*, qu'elle a conservé jusqu'au quinzième siècle. C'est sous ce nom obscène qu'elle est désignée dans une liste des rues de Paris, publiée par l'abbé Lebeuf, d'après un ancien manuscrit de l'abbaye de Sainte-Geneviève (*Histoire de la ville et du diocese de Paris*, t. II, p. 603). Dans le Compte du domaine de Paris, pour l'année 1421 (Sauval, t, III, p. 273), le receveur de la ville déclare avoir reçu de Jean Jumault « les rentes d'une maison, cour et étables, ainsi que tout se comporte, séant à Paris dans la rue Grate..., près de Tire..., où pend l'enseigne de l'Écu de Bourgogne, étant en la censive du roi. » La rue Tire..., dont il est question dans ce Compte, a gardé son infâme dénomination jusqu'au milieu du seizième siècle, où la reine Marie Stuart, femme de François II, passant par là, s'avisa de demander le nom de cette rue à un de ses officiers et donna lieu à l'altération du nom primitif. Quoi qu'il en soit de cette anecdote, que le spirituel auteur des *Essais historiques sur Paris*, Sainte-Foix, prétend avoir empruntée à la tradition locale, on eut l'étrange idée, en 1809, d'inscrire le nom de Marie Stuart sur l'écriteau de la rue Tireboudin !

Les noms de rues, inventés et corrompus par le peuple, qui se plaisait aux équivoques les moins décentes, suffiraient presque pour nous faire découvrir les traces de la prostitution publique et secrète dans le vieux Paris. Sans sortir des nouveaux quartiers qui composaient la Ville et qui rayonnaient au nord de la Cité sur la rive droite de la Seine, en deçà et au delà de l'enceinte de Philippe-Auguste, nous trouvons, dans les vieux inventaires, les rues de la *Truanderie*, du *Puits-d'Amour*, de *Poile...*, de *Merderel*, de *Putigneuse*, de *Pute-y-musse*, etc. Ces noms-là disent eux-mêmes ce qu'étaient les rues qui les portaient.

Celle de la Truanderie, la seule qui ait gardé son nom à travers plus de six siècles, offrait un asile non-seulement aux prostituées errantes, mais encore aux gueux, aux voleurs, aux vagabonds, en un mot, aux truands. La rue du Puits-d'Amour, qui est maintenant la rue de la Petite-Truanderie, avait un puits célèbre, que les amants désespérés et les femmes amoureuses connaissaient bien : ce puits, dont le souvenir se lie à plusieurs chroniques d'amour, était au centre de la petite place de l'Ariane, dont le nom primitif semble avoir été place *de la Royne*, peut-être à cause d'une reine de ribaudie ou d'amour, qu'on sacrait avec l'eau de ce puits. La rue de *Poile...*, qui est encore reconnaissable sous son nom moderne de rue du Pélican, qu'une maladroite pruderie avait métamorphosée en rue *Purgée* au commencement de la Révo-

lution; cette affreuse rue n'a jamais changé d'emploi, et
l'on y rencontre toujours les mêmes mœurs. La rue
Merderel ou *Merderet* ou *Merderiau* s'est un peu net-
toyée, depuis qu'on en a fait une rue *Verderet*, puis *Ver-
delet*, mais elle a maintenu en partie ses vieux us d'im-
pureté, et la prostitution s'y promène, comme autrefois,
dans la boue et les immondices. La rue *Putigneuse*, au
faubourg Saint-Antoine, est à présent rue Geoffroy-
Lasnier. La rue *Pute-y-Musse* (c'est-à-dire fille s'y cache) a pris un air honnête en devenant rue du Petit-
Musc. Guillot indique, dans son itinéraire, une autre
rue de *Pute-y-Musse* ou *Pute-Musse*, que l'abbé Lebeuf
a cru reconnaître dans la rue *Cloche-Perce* ou *de la
Cloche-Percée*.

Il n'est pas besoin de dire que ces rues ou ruelles,
hantées par les femmes de mauvaise vie et leurs impudiques satellites étaient remarquables, entre toutes,
par leur saleté et leur puanteur. C'est dans cet état
d'ignominie qu'elles nous apparaissent encore au milieu du dix-septième siècle, lorsque les commissaires-
voyers firent une enquête de salubrité dans la capitale
et constatèrent, dans la plupart des rues *honteuses*,
la présence de cloaques infects qui empestaient l'air
et de hideuses charognes qui affligeaient la vue autant
que l'odorat.

1852.

13

PROMENADES

DANS

LE VIEUX PARIS[1]

EN 1834

INTRODUCTION

J'étais allé voir un de mes amis, M. de V..., qui habite avec ses deux enfants une ancienne maison qu'il possède dans la rue de la Harpe presque vis-à-vis des Thermes. Cette maison, dont la construction primitive remonte peut-être au commencement du treizième siècle, dissimule assez bien sa vétusté par les réparations et le badigeon modernes, grâce auxquels la

[1] Quoique les *Promenades dans le vieux Paris* aient été écrites un peu légèrement, sans aucun étalage d'érudition et peut-être même sans grand souci de la science historique, nous n'hésitons pas à les

voirie de la ville de Paris n'a pas encore ordonné qu'elle soit abattue pour agrandir la voie publique.

J'avoue mon faible pour les vieilles pierres qui m'entretiennent toujours de vieux souvenirs : aussi ne vais-je jamais visiter M. de V..., sans que son logis soit pour moitié dans ma visite. Je m'arrête et me recueille avant d'entrer, comme si mes vénérables ancêtres devaient m'apparaître sur le seuil; je lève les yeux vers ces fenêtres dégarnies de leurs petits vitraux plombés, et recevant aujourd'hui la lumière à travers de grandes vitres de Bohême; vers ce pignon cintré, qui a perdu deux pieds de saillie dans l'intérêt de la sûreté des passants; vers ces vestiges de sculptures qui encadraient de feuillages et d'animaux l'ogive de la porte. A la vue de ces témoins muets d'un autre âge, je fais rebrousser chemin à notre siècle, je change les costumes et le langage de mes contemporains, je rétablis les mœurs des temps d'autrefois, et je me crois revenu au règne de Charles V. C'est le reflet de mes études et de mon imagination : à force de vivre avec les morts, je me prends à oublier que je me trouve au milieu des vivants.

— Eh ! bonjour, cher Bibliophile ! me dit M. de V...,

réimprimer, à cause du succès qu'elles obtinrent auprès des gens du monde, quand le *Musée des familles* leur donna une immense publicité, en y ajoutant des gravures plus instructives et plus exactes que le texte. Nous n'avons rien changé à ce petit tableau d'histoire monumentale, car il eût fallu le refaire tout entier pour le rendre tel qu'il pourrait être si nous voulions faire acte sérieux d'historien et d'archéologue. On se rappellera que les *Essais historiques sur Paris*, de Saint-Foix, ont survécu à bien des livres savants et estimables.

qui, m'ayant aperçu en contemplation sous ses croisées, vint lui-même m'arracher à cette rêverie rétrospective. Que faites-vous donc là en conférence muette avec ma maison?

— N'avez-vous pas remarqué ces deux têtes de vache qui figurent parmi les ornements de la porte? répondis-je, préoccupé de ma découverte.

— Des têtes de vache, dites-vous? Je me persuadais que c'étaient des proues de vaisseau! Il faut, au reste, deviner.

— Elles ont été brisées, mais on reconnaît bien que ce ne pouvaient être que des têtes de vache.

— Passe pour des têtes de vache, si c'est votre avis; mais qu'est-ce que cet emblème signifie? Ma maison appartenait-elle à un boucher, à une laitière, à un corroyeur, à un prêtre d'Isis? Vos têtes de vache m'empêcheront de dormir, jusqu'à ce que j'aie compris leur sens allégorique.

— Ce sont les armes d'un premier président au Parlement de Paris, nommé Lavache, qui sans doute fit bâtir ou rebâtir cette maison dans le courant du quatorzième siècle, où il vivait.

— Vous êtes sorcier, mon excellent Bibliophile! Je me souviens, en effet, d'un nom semblable que je trouve dans les plus vieux titres de ma propriété; et j'ai ouï dire à mon père que cette maison fut longtemps dans les mains d'une famille du Parlement.

— A merveille! Je suis sur le point d'arriver à une solution historique qui me tient en suspens : il s'agit de constater la véritable position d'un cimetière particulier des Juifs, au douzième siècle ; et nous n'en sommes pas loin, puisque le président Lavache demeurait, dit un registre de la Chambre des Comptes, dans un hôtel sis rue de la Harpe, proche le cimetière des Juifs.

— Oh ! vous venez bien à propos pour confirmer, par des preuves irrécusables, la justesse de vos suppositions. Mes deux fils, Charles et Bénédict, à qui vous avez donné le goût de l'archéologie et des fouilles, ont trouvé votre cimetière dans mon jardin.

— Est-il possible ? m'écriai-je avec autant de joie que d'orgueil : je pourrai donc ériger en fait ce que Sauval et Jaillot avaient seulement soupçonné à de vagues indications ! Que je vous embrasse, mon ami, pour vous remercier de la nouvelle clarté que nous allons jeter sur un point très-important de l'histoire de Paris !

Je sentis mes paupières se mouiller de larmes, et je pressai dans mes bras M. de V..., stupéfait de mes transports d'antiquaire. Sans écouter les détails qu'il me donnait sur la trouvaille de ses enfants, je courus dans le jardin, où ceux-ci, encouragés par l'aveugle complaisance de leur père, avaient creusé des tranchées profondes, remué les terres, et déraciné la plupart des arbres. C'était pousser à l'extrême l'amour des découvertes, cette ardente et fougueuse curiosité qui s'augmente en raison des aliments qu'elle rencontre dans ses investigations, et qui se renouvelle à chaque objet nouveau qu'elle évoque. Un joli jardin, planté d'arbres fruitiers, et ombragé de vieux ormes, avait été mis en jachère, dans l'espoir d'exhumer

quelques médailles oxydées, quelques débris de pote-
ries, quelques ossements poudreux !

J'ai toujours éprouvé un sentiment de tristesse en
voyant le sol ouvert, sillonné et bouleversé ; des idées
de mort viennent m'obséder, et cette terre qu'on dé-
place me semble destinée à recouvrir une fosse ! La
terre n'est-elle pas l'immense linceul qui doit envelopper toute chose, un jour ou l'autre ? Le soleil dardait
d'aplomb sur mon crâne chenu, et je soupirai, en cherchant les ombrages qui m'avaient abrité un mois
auparavant, et en n'apercevant que des troncs dépouillés de leurs feuilles : le sort de ces arbres, coupés dans
leur séve, me rappela le sort des hommes qui tombent
au moment où leur intelligence s'étend et se couronne
de fruits.

— C'est dommage ! dis-je à M. de V..., qui jouissait
des travaux de ses enfants, et ne pensait plus à s   arbres : l'ombre et la verdure sont si rares à Paris, que
vos ormes vous demandaient grâce ! Pourquoi ce massacre général ?

— Vous le voyez, reprit M. de V... avec une fierté
paternelle, nous faisons des fouilles qui deviennent de
plus en plus intéressantes.

— Je suis le directeur des travaux, dit Charles ap-
puyé sur sa bêche et contemplant d'un air satisfait la
nudité du jardin : nous n'avons plus de pommes ni de
poires, il est vrai, mais nous avons à la place un musée d'antiquités.

— En vérité ! repartis-je, regrettant un peu moins
les ormes et l'ordonnance du jardin. Qu'avez-vous
donc trouvé, mes enfants ?

— Charles, sais-tu bien qu'il y avait à cet endroit un cimetière des Juifs? interrompit M. de V..., tout plein de ce renseignement.

— Un cimetière des Juifs! s'écria Bénédict avec sa naïveté ordinaire : je ne m'étonne plus que tout pousse si bien ici !

— M. Jacob a lu cela quelque part, dit Charles en me montrant plusieurs pierres sépulcrales ; mais voici de quoi justifier le témoignage des livres. Ces inscriptions sont peut-être en langue hébraïque?

— Sans doute, répliquai-je en les examinant : dans le dernier siècle, toutes les maisons de la rue de la Harpe offraient des pierres de cette espèce, servant de dalles dans les écuries et les lavoirs. M. Claude Hardi, conseiller au Châtelet; M. Doujat, conseiller de la Grand'Chambre, et d'autres personnes curieuses de ces monuments, en avaient rassemblé un grand nombre qui furent détruits et dispersés depuis. Mais je ne savais pas au juste de quel terrain ces tombes étaient extraites, et voilà mon cimetière retrouvé. J'en suis bien aise.

— Vous êtes donc certain que notre jardin a été un cimetière? demanda malignement Charles, qui avait l'air de préméditer quelqu'un de ces piéges qu'il tendait volontiers à ma bonne foi d'archéologue crédule, comme le sont tous les hommes entichés d'une passion exclusive.

— Et un cimetière de Juifs encore! reprit Bénédict, qui ne doutait jamais de rien : ces os-là, et ceux qu'on a déjà enlevés, prouvent que M. Jacob ne se trompe pas.

— M. Jacob est trop savant pour se tromper, ajouta Charles en me lançant un coup d'œil oblique. Il est clair que ce sont là des os de Juifs : des os de chrétiens auraient une forme et une couleur différentes...

— Le fait est trop avéré pour qu'on en doute, interrompis-je en rougissant (car la raillerie de Charles avait chatouillé au vif ma susceptibilité savante); je puis même, dès à présent, produire, à ce sujet, et des dates et des circonstances que me fournissent les historiens de Paris. Ce cimetière a subsisté jusqu'au règne de Philippe le Bel, qui donna une maison et un jardin voisins à Gilbert de Saane, chanoine de Bayeux ; quand les Juifs furent chassés de France, on foula aux pieds le lieu de leur sépulture, et l'horreur qu'inspirait aux chrétiens le nom seul de ces malheureux proscrits était telle, que nul acquéreur n'osa bâtir ni planter sur l'emplacement de leur cimetière, couverts d'herbes et d'immondices pendant près d'un siècle. Enfin, ce terrain vide ayant été vendu et morcelé, on y perça des rues et on y éleva des maisons.

— On jurerait que vous avez vécu de ce temps-là, tant vous en parlez avec connaissance de cause! dit M. de V...

— Eh bien! moi, qui ne suis qu'un ignorant, reprit Charles avec une assurance qui excita mon amour-propre, je parie mettre en défaut la science universelle de M. Jacob.

— Comment cela? répliquai-je vivement.

— D'une manière ou d'une autre; mais je veux d'avance fixer le prix que je désire tirer du gain de ce pari, qui n'est pour moi qu'un moyen de réaliser une promesse de M. Jacob.

— Oh! oh! mon enfant, vous me piquez au jeu! J'accepte le pari, même avec la certitude de le perdre; car je suis bien loin de savoir beaucoup : il faudrait la vie de six générations pour parvenir seulement à une demi-science.

— Voilà de la modestie qui est de bon augure pour mon pari. Vous m'avez promis plusieurs fois de me faire connaître tout ce qu'il y a encore de vieux monuments à Paris, et même ceux qui n'existent plus que dans les livres : je réclame l'exécution de cette promesse, si vous vous avouez vaincu dans le défi que je vous porte?

— Je souhaite d'avance, mon cher Charles, que vous me coiffiez d'un bonnet d'âne, pour avoir le plaisir de remplir une condition qui me flatte et qui me consolera de perdre mon pari.

— Tant mieux, dit Bénédict en sautant autour de moi, je profiterai du pari, et je voudrais déjà qu'il fût gagné par mon frère!

J'oubliai bientôt ce singulier pari, dont j'espérais toutefois sortir à mon honneur, et je ne pensai plus à me tenir sur mes gardes. Au bout de dix ou douze jours, je retournai chez M. de V.., pour voir où en étaient les fouilles de son jardin. Charles vint à ma rencontre avec empressement, et m'amena en silence dans un coin où il avait entassé une grande quantité d'ossements d'animaux, lesquels paraissaient avoir séjourné longtemps dans la terre.

— Eh bien! me dit-il d'un ton fort sérieux, sont-ce

là des os de Juifs? Je ne le présume point, quoique je n'aie pas étudié l'anatomie.

— A coup sûr, ce ne sont pas des ossements humains, répondis-je en les examinant. Eh! vraiment, j'y suis! Il y avait autrefois, dans les environs du palais des Thermes, un amphithéâtre où se donnaient des combats de bêtes féroces : les Romains avaient apporté les jeux du Cirque dans les Gaules, et ces jeux s'y perpétuèrent jusqu'à la seconde race de nos rois, puisque Pépin le Bref se mesura contre un lion. Bien plus, je trouve dans les historiens une mention exacte de cet amphithéâtre, situé aux environs du Petit-Pont. Les lions, les tigres, les rhinocéros, les taureaux et les autres animaux qui figuraient dans l'arène, ont formé sans doute un énorme amas d'ossements que vous avez découverts.

Charles ne m'opposa aucune objection et se mordit les lèvres. Quinze jours après, j'allai encore une fois donner un coup d'œil aux excavations des fils de M. de V... : ceux-ci avaient creusé de véritables chemins couverts, comme s'ils eussent voulu mettre le siége devant la maison de leur père. Charles m'accueillit avec joie.

. — Ah! monsieur Jacob! quel bonheur! s'écria-t-il en me sautant au cou : vous ne vous attendez pas à cela! des amphores, des urnes, des pots! Voyez ce que j'ai déjà trouvé à dix pieds sous terre! Ne sont-ce pas d'admirables morceaux?

En disant cela, il me montrait des briques qui semblaient provenir de quelque construction romaine, et des fragments de terre cuite qui annonçaient moins clairement leur origine. Cependant je les examinai avec soin, et, influencé par la préoccupation du lieu où ces objets auraient été trouvés, je me persuadai qu'ils n'avaient pas moins de quatorze siècles d'antiquité, et qu'ils accusaient l'existence d'une ancienne fabrique de poterie dans cet endroit, à l'époque où les armées de Jules-César et de Julien campèrent sur les rives de la Seine.

— Voici des briques romaines, du ciment romain, dis-je d'un ton quelque peu pédagogue: c'est incontestable. Quant à ces tessons, leur forme et leur matière me font supposer qu'ils sont du même temps. On a observé que, près des camps romains, il y avait d'ordinaire une espèce de fosse où l'on jetait les vases brisés par l'usage ou dans la fabrication: de là ces fragments de poterie acccumulés aux environs des campements où les légions romaines sont restées durant quelques mois. Je pense donc que le palais des Thermes, où logeait le proconsul de Rome, était gardé par une cohorte qui campait ici même, et qui, suivant une coutume attestée par les anciens auteurs, s'occupait de fabriquer les pots nécessaires...

— Vous avez perdu deux fois votre pari, monsieur Jacob, interrompit Charles en éclatant de rire. Vous ne prétexterez plus les entraves de vos occupations perpétuelles, et nous commencerons aujourd'hui les promenades instructives que vous vous êtes engagé à nous faire faire dans le vieux Paris. Apprenez donc que vous avez été dupe de deux mystifications qui eussent trompé de même l'Académie en corps. Les os de rhinocéros, de lions, de tigres, avec lesquels vous avez repeuplé

un amphithéâtre, viennent directement de l'écorche-
rie de Montfaucon : j'ai eu seulement la peine de les
passer au feu et de les couvrir de terre. Les briques et
le ciment romains sortent, en effet, du palais des Thermes ; mais, quant à ces tessons, dont vous admiriez
tout à l'heure la solidité et l'éclat, ils ont été ramassés
dans les gravois à Vaugirard, près de la manufacture
de poterie où vous en aurez des pots entiers, de la
même espèce, façonnés et cuits d'hier.

Je baissai la tête comme un savant pris dans ses
propres filets, et je demandai plusieurs jours de répit
pour me mettre en mesure de payer dignement ma
dette. Ce fut à cette occasion que je rédigeai les notes
suivantes, qui furent lues et commentées dans nos promenades historiques.

1837.

LE PALAIS DES THERMES

La seule antiquité romaine que Paris ait conservée
se trouve dans la rue de la Harpe, entre des maisons
modernes qui l'ont cachée jusqu'en 1820 ; mais, depuis
cette époque, des travaux, malheureusement interrompus, ont mis à découvert la façade de ces belles
ruines que quinze siècles ont battues en brèche, et

qui portent-témoignage de la conquête des Gaules par
Jules-César.

C'est une grande voûte de quarante pieds de hauteur,
construite de larges briques et de ce ciment indestructible que nous avons perdu : cette maçonnerie ressemble à de la roche vive qu'il faudrait entamer au pic
ou à la mine. La voûte se dresse fièrement au-dessus
d'une salle immense, dont l'architecture est simple et
noble à la fois, et qui n'a d'autres ornements qu'une
proue de navire et des espèces de figures sculptées à
la naissance des arceaux : ces figures peuvent être des
naïades qui servaient d'emblêmes, ainsi que ce navire,
à la destination de l'édifice où étaient les *thermes* ou
bains des Césars. On remarque, sous le plancher, une
étuve pour faire chauffer l'eau que des conduits de
pierre, encore existants, allaient chercher aux sources
d'Arcueil. Cette chambre thermale reçoit le jour par
trois grandes arcades ouvertes du côté de la rue de la
Harpe ; quelques degrés d'escalier aboutissent à des
souterrains qui se promènent sans doute sous l'ancien
emplacement du palais, et qui n'ont pas été déblayés.

On admire l'étonnante hardiesse de la voûte et la
solidité de ces murs que les hommes et le temps ont
usés sans venir à bout de les détruire. Les Romains
bâtissaient pour l'éternité, et, partout où ils passèrent
avec leurs armes victorieuses, ils plantèrent pour éten-
dards des monuments enracinés dans le sol comme
des lauriers dans l'histoire. Leurs soldats étaient des
ouvriers infatigables, qui dotaient les peuples vaincus
de temples, d'aqueducs, d'amphithéâtres et de chemins, ainsi que de mœurs, de dieux et de lois. Lutèce,

la cité des Parisiens, eut un palais impérial, pareil à
ceux de Rome et de Constantinople.

Constance Chlore, qui séjourna quatorze ans dans
les Gaules, tandis que son collègue Dioclétien régnait à
Rome, fit édifier son palais hors de la ville de Lutèce,
renfermée encore dans l'île de la Cité; ce palais, auquel
appartenaient les Thermes dont les restes sont sous nos
yeux, s'étendait depuis la rivière jusqu'au sommet de
la montagne Sainte-Geneviève, et se composait d'un
grand nombre de bâtiments, fortifiés et entourés de
jardins. Les Thermes formaient seuls un palais splendide, accompagné de salles de jeux, de galeries, de
théâtres et d'appartements ornés de colonnes, de statues et de peintures. Le bain faisait alors une des nécessités de la vie, que le luxe avait soin d'embellir;
et, au sortir des bassins de marbre, les patriciens d'I-
talie trouvaient le sommeil sur leurs lits de pourpre,
ou assistaient à des spectacles variés, tels que la danse,
la musique, les combats d'animaux. Enfin, les Thermes
étaient pour les Césars de Rome ce que furent pour
Louis XIV et Louis XV les délicieuses retraites de Versailles et de Marly.

Julien, ce sage empereur que des historiens par-
tiaux ont si injustement flétri du nom d'Apostat, ha-
bita Lutèce après son grand-père Constance Chlore, et
passa l'hiver dans cette ville qu'il chérissait. « L'hiver
est fort doux pour l'ordinaire dans ce lieu, » écrivait-il.
Mais l'hiver suivant fut plus rude, et la Seine chariait
des glaçons. Julien souffrit beaucoup du froid; comme
le palais où il demeurait n'avait pas été disposé
pour l'en préserver, une nuit que les murailles de sa

chambre suaient l'humidité, il ordonna d'allumer du charbon, dont la vapeur faillit l'étouffer. Ce fut aux Thermes qu'il résidait avec sa femme Hélène, partagé entre les charmes de l'étude et les soucis du gouvernement. Ce fut aux Thermes que l'armée vint le saluer *Auguste*, et ce fut dans les souterrains du palais qu'il se cacha pour se soustraire à cet honneur, qu'il dut accepter, lorsque ses soldats brisèrent les portes et se précipitèrent dans la salle du conseil, où il les attendait revêtu des insignes de sa nouvelle dignité.

Les empereurs Valens et Valentinien occupaient le palais des Thermes en 365, et les rois mérovingiens s'y installèrent après eux, dès que les Romains furent chassés et les Gaulois soumis par les Francs. La reine Clotilde, veuve de Clovis, avait abandonné le palais de la Cité, pour se retirer dans ce séjour paisible avec ses trois petits-fils, héritiers de Clodomir ; Childebert et Clotaire attirèrent leurs neveux à Lutèce, sous prétexte de les faire élever sur le pavois aux acclamations des Parisiens ; mais, quand ils furent maîtres de ces jeunes princes, ils envoyèrent à Clotilde une épée nue et des ciseaux, en lui disant de choisir pour eux la mort ou la prison dans un couvent ; Clotilde indignée s'écria qu'elle préférait que ces enfants périssent plutôt que de les voir déshonorés : aussitôt Clotaire en poignarda deux, de ses propres mains, en présence de Childebert ; le troisième s'enfuit et devint moine, en renonçant à sa longue chevelure qui caractérisait la royauté sous la première race.

Ce même roi Childebert, avec sa femme Ultrogothe, établit sa cour dans ce palais où le remords lui rappe-

lait l'assassinat de ses neveux. Childebert, qui avait
fondé l'église de Saint-Germain-des-Prés sur les débris
d'un temple d'Isis, expiait ses crimes, en visitant souvent cette église où il voulait être enterré, et en gref-
fant lui-même ses arbres fruitiers dans les jardins des
Thermes; il errait à l'ombre des berceaux couverts
de treilles et s'enivrait du parfum des fleurs mêlé
à l'encens de la messe. Il veillait en bon père à l'édu-
cation de ses filles, lui qui avait machiné le meurtre de
ses deux neveux, et qui avait été inondé de leur sang!

Charlemagne et ses successeurs résidaient souvent
aux Thermes, qui servirent dès lors de maison de plaisance aux rois, jusqu'à Robert, fils de Hugues-Capet,
lequel, pour s'éloigner davantage des bruits de sa capitale, chaque jour agrandie, alla s'établir dans le palais de
Vauvert qu'il avait embelli exprès pour sa chère Berthe.
Les Thermes, *dont les cimes s'élèvent jusqu'aux cieux*,
suivant l'expression ampoulée d'un poëte du douzième
siècle, *et dont les fondements touchent à l'empire des
morts*, ne furent tout à fait délaissés par les rois qu'en
1200, lorsque des quartiers populeux enveloppèrent de
toutes parts le palais et ses jardins: alors Philippe-
Auguste en fit don à son chambellan, et peu à peu ce
vaste domaine seigneurial fut morcelé, vendu, et envahi par les rues et les maisons.

L'hôtel de Cluny, qui nous montre ce qu'était l'art
au quinzième siècle, cet art prestigieux, si habile à travailler la pierre comme de la dentelle, repose tout entier sur des assises de construction romaine, et les caves des environs ont des voûtes aussi anciennes que
celles des Thermes. Ce majestueux fragment de palais

romain était naguère enclavé dans les habitations bourgeoises, et cela fit son salut; on ne songea pas à le remplacer, dans une arrière-cour, par un simple hangar, et
même on chargea de terre sa voûte épaisse qui supporta
longtemps un jardin suspendu, semblable à ceux de
Sémiramis à Babylone. Cette merveille du quartier
Saint-Benoît s'était perpétuée jusqu'à nos jours : on
voyait des têtes d'arbres verdoyantes dominer les toits
et les cheminées ; on récoltait des légumes à soixante
pieds du ruisseau, et le propriétaire, qui fut un ancien
membre du Parlement, prenait le frais sous ses ormes,
à l'instar du roi Childebert, tandis qu'au-dessous de lui
un tonnelier serrait ses futailles et martelait en chantant, sans se soucier des empereurs romains et des
rois franks.

En 1810, jardin et tonneaux ayant été congédiés par
ordonnance du roi, les maisons de la rue de la Harpe
qui obstruaient le monument furent démolies ; des
réparations intérieures, des fouilles, et des projets de
conservation prouvèrent la sollicitude du gouvernement
pour cette vénérable antiquité; mais, faute d'argent ou
de persévérance, on oublia bientôt ces ruines, et Julien,
et Childebert, et les filles de Charlemagne qui avaient
été reléguées dans ce palais après la mort de leur père,
et qui y faisaient fleurir les lettres autant que les arbres
de leur enclos. Les hideuses planches qui en ferment
ce terrain célèbre blesseront longtemps nos regards et
nos souvenirs historiques ; car, en France, l'usage est
d'entourer de planches tout monument public, et le
Louvre fut, durant cent ans, encombré de baraques.

Aujourd'hui, l'attention s'est reportée sur les Ther-

mes; on parle de les réunir au vieil hôtel de Cluny, et
d'y placer un musée d'objets d'arts et de monuments
historiques, depuis l'époque gauloise jusqu'au seizième
siècle: ce serait une résurrection du Musée des Petits-
Augustins, qu'on n'a pas remplacé et dont la perte se
fait sentir plus que jamais. Le local est bien choisi pour
y déposer une collection de marbres antiques, de tombeaux, d'inscriptions, de statues et de curiosités nationales qui se rattachent à notre histoire, et qui disparaissent tous les jours sous le marteau des démolisseurs,
plus impitoyables que les barbares du moyen âge.

NOTRE-DAME

Lorsque le christianisme se fut assis, avec Constantin
le Grand, sur le trône impérial, le premier édifice,
consacré par les chrétiens à la foi nouvelle, dans l'île
de Lutèce, que nous appelons aujourd'hui la Cité, fut,
dit-on, la petite église Saint-Denis-du-Pas (ou de la *Passion*), ainsi nommée, parce qu'elle s'élevait à la pointe
occidentale de l'île, au lieu même où l'on présume que
saint Denis souffrit *passion et martyre*.

Lors du supplice de saint Denis, l'apôtre des Gaules,
cet emplacement était occupé par un temple dédié aux
divinités païennes, et environné d'un bois sacré : ce
fut sur les ruines mêmes des autels de Jupiter, *très-bon
et très-grand*, que la religion de Jésus-Christ fonda ses
autels : les bateliers du Parisis, qui venaient naguère
sacrifier des génisses aux dieux de Rome conquérante,

mirent leur commerce et leurs barques sous la protection spéciale du fils de Marie, en brisant les idoles gauloises de Cervunnos et d'Hésus.

Après la chute de l'empire romain et l'établissement de la domination franque, un des fils de Clovis, le roi Childebert, érigea, près de Saint-Denis-du-Pas, et sous l'invocation de la sainte Vierge, une autre église plus spacieuse, aussi belle que le permettait l'état de l'art monumental. Un poëte latin qui écrivait à cette époque, Venantius Fortunatus, évêque de Poitiers, décrit cette église avec une admiration emphatique, et rapporte, comme une particularité digne d'intérét, que ce fut la première basilique qui *reçut les rayons du soleil à travers des fenêtres de verre.*

Cette basilique, construite au commencement du sixième siècle, subsistait depuis plus de cinq cents ans, lorsque se manifesta, à partir de l'an 1000 (année mémorable qui devait, selon la croyance universelle, amener la fin du monde), cette exaltation religieuse qui porta les princes et les peuples à couvrir la chrétienté *d'une robe blanche d'églises neuves,* suivant l'expression d'un vieux chroniqueur, et qui présagea la venue de la sublime architecture du moyen âge. On jeta les fondements d'un nouvel édifice bien plus vaste que le précédent; mais l'entreprise fut bientôt abandonnée, comme trop gigantesque, et, après cent cinquante ans, le monument était à peine sorti de terre, lorsque le célèbre Maurice de Sully devint évêque de Paris, vers l'année 1160. Ce prélat, dont Notre-Dame a immortalisé le nom, reprit les travaux interrompus, fit abattre la vieille église de Childebert, et poursuivit, durant toute sa vie, avec une ardeur infatigable, l'immense construction dont il légua l'achèvement à ses successeurs.

Malgré le zèle de Maurice et des évêques qui siégèrent après lui, malgré les aumônes abondantes qui subvenaient à tous les frais, il fallut le zèle infatigable de plusieurs générations pour créer cette merveille de l'art chrétien.

La grande façade de Notre-Dame avait été terminée, sinon sous l'épiscopat de Maurice de Sully, qui mourut en 1196, du moins sous le règne de Philippe-Auguste, mort en 1223, puisque la statue de ce roi était la dernière des vingt-huit statues royales rangées le long de la galerie extérieure qui domine le triple portail du Parvis. Le cortége des trois dynasties mérovingienne, carlovingienne et capétienne, dont Childebert faisait l'avant-garde, et dont la marche était fermée par Philippe-Auguste, fut moins heureux que l'armée de rois, de papes, d'archevêques et de séraphins, qui veillent encore aujourd'hui tout autour de Notre-Dame de Reims : Notre-Dame de Paris vit tous ses rois de pierre renversés du haut de leur trône chronologique par le marteau de la Révolution.

Le portail méridional (côté de l'Archevêché) ne fut exécuté qu'à la fin du règne de saint Louis par l'architecte Jean de Chelles : la délicatesse et l'élégance de cette partie de l'édifice caractérisent le goût du treizième siècle, cette ère brillante et féerique de l'architecture française.

On a prétendu que la façade septentrionale était plus moderne encore, et ne datait que du quatorzième siècle;

mais les costumes et les armures des personnages des
bas-reliefs prouvent qu'une moitié au moins de cette
façade est bien antérieure à cette date. Quoi qu'il en soit,
Notre-Dame ne fut complétement *parachevée* que dans
le cours du quatorzième siècle. Nos ancêtres étaient
loin d'égaler en activité les architectes modernes ; mais
aussi la plupart de leurs œuvres ont déjà subi l'é-
preuve des siècles, et ces édifices, si lents à s'élever et si
frêles en apparence, dureront autant que les monuments des Grecs et des Romains, tandis que nos bâtisses
massives et pourtant éphémères ne laisseront la plupart
aucune trace dans l'histoire de l'intelligence humaine.

Nous avons vu de bien majestueuses scènes de la
nature, la mer et les montagnes ; nous avons vu de
bien glorieux ouvrages des hommes, mais rien entre
les choses les plus magnifiques et les plus extraordinaires n'a jamais produit sur nous, enfants de Paris,
une impression plus profonde que l'aspect si connu et
toujours nouveau de Notre-Dame.

C'est par un beau soir d'été, quand les premières
étoiles brillent dans un ciel serein, qu'il faut déboucher
de quelque étroite et noire ruelle de la Cité sur la place
du Parvis, pour voir soudain, face à face, le prodigieux
monument, avec ses deux énormes tours, ses galeries
à jour, ses soixante arcs-boutants et ses clochetons
élancés, se découper tout entier en noir sur le fond
clair du firmament ! Une sorte de terreur vous écrase
de prime abord devant cette masse effrayante ; puis,
vous vous sentez fier d'être homme, en pensant que
des créatures semblables à vous ont accompli cette
œuvre de géants.

En effet, parmi les cathédrales du moyen âge, il en
est de plus hautes, de plus vastes, de plus riches, de
plus *finies*, que Notre-Dame de Paris; mais aucune, au
dire des voyageurs, ne possède à un plus haut point ce
caractère de grandeur et de majesté, qui devait être
encore plus remarquable autrefois, lorsqu'un perron
de treize marches précédait le grand portail. L'exhaussement progressif du sol de la Cité a fait disparaître
ces degrés, et l'entrée de la nef est maintenant de plain-
pied avec le pavé de de la place.

Les statues et les sculptures qui décorent non-seulement les cinq portails, mais encore le pourtour extérieur de l'édifice, sans être aussi multipliées que dans
la cathédrale de Reims et dans quelques autres églises,
sont extrêmement intéressantes. Que d'originalité dans
les bas-reliefs représentant le Jugement dernier! l'i-
magination la plus fantastique ne saurait exagérer
l'étrangeté de ces figures de démons qui tourmentent
les damnés, et Raphaël lui-même n'a point créé de
types plus purs ni plus divins que les figures d'anges
qui se détachent entre les arêtes de l'ogive du grand
portail : c'est le triomphe de l'inspiration chrétienne.

Les scènes du Nouveau-Testament, la mort et l'as-
somption de la Vierge, qui ornent les deux portails
latéraux de la façade; la vie et le martyre de saint
Étienne, représentés sur le portail méridional (en mémoire d'une ancienne chapelle dédiée à ce bienheureux,
et détruite pour élargir la cathédrale); enfin, le portail
du nord et les sept bas-reliefs voisins, pour la plupart
relatifs à la vie de la mère du Christ, sont également
dignes de toute l'attention de l'historien, de l'antiquaire

et de l'artiste. C'est dans ces livres de pierre qu'on peut étudier, plus à fond que dans tous les livres écrits, le génie et le caractère des temps passés. Combien ne devons-nous pas regretter les portes en fer ciselé, qui fermaient jadis le lieu saint, admirables chefs-d'œuvre de la serrurerie du treizième siècle, que la tradition attribuait à l'esprit malin, tant l'ouvrier inconnu avait surpassé l'industrie des forgerons contemporains !

Le dedans de Notre-Dame, malgré ses cent vingt faisceaux de colonnettes, malgré ses trois belles *roses* de quarante pieds de diamètre chacune, ne répond pas entièrement au grandiose du dehors. La hauteur sous voûte n'est que de cent quarante pieds; les piliers, bas et lourds, qui accusent le premier âge de la construction antérieure à Maurice de Sully, et auxquels se superposent les travées ogivales, n'ont pas permis à ce vaste vaisseau d'atteindre les proportions sveltes et hardies des nefs gothiques, élevées d'un seul jet pendant la belle période de l'art.

L'effet produit par la vue intérieure de l'édifice, si on le compare à certains autres monuments, tels que la cathédrale d'Amiens, par exemple, est médiocre, d'autant plus que Notre-Dame a perdu ses vitraux *historiés*, qu'on eut la barbarie d'échanger, au dix-huitième siècle, contre d'insignifiantes verrières, sous prétexte de donner du jour aux fidèles, comme si l'obscurité mystérieuse des églises du moyen âge n'était pas plus convenable aux cérémonies solennelles du culte catholique ! Notre-Dame a été, en outre, dépouillée par le vandalisme de la Révolution, qui renversa le Saint-Christophe, colosse de vingt-huit pieds de haut, placé comme un gardien dans la nef, à droite de la principale porte, et la statue équestre de Philippe le Bel, érigée vis-à-vis en mémoire de la bataille de Mons-en-Puelle.

Au reste, le signal des dévastations avait été donné par Louis XIV; car le règne de ce prince vit disparaître l'ancien maître-autel et l'ancien chœur rempli de tombeaux, de statues et de bas-reliefs, auxquels a succédé une construction grecque du genre le plus mesquin et le plus disparate avec le style général de l'édifice. Il ne reste plus, de toutes ces sculptures, que les bas-reliefs extérieurs engagés dans la maçonnerie; il ne reste plus qu'un vieux tombeau, sur lequel est représenté le mort dévoré par les vers, image terrible des vanités humaines.

Notre poëte populaire, Béranger, a dit, en plaisantant, que *Jean de Paris* (personnification du Parisien) prenait les tours de Notre-Dame pour le *centre de l'univers :* elles sont situées du moins au centre de Paris; et, comme le fit un autre poëte illustre, Victor Hugo, pour décrire le Paris d'autrefois, c'est sur la plate-forme de ces vieilles tours qu'il faut monter, pour embrasser d'un coup d'œil le Paris d'aujourd'hui.

L'immuable Notre-Dame verra plus d'une fois encore se renouveler à ses pieds la physionomie séculaire de la grande ville!

LE PALAIS DE JUSTICE

Il y eut sans doute, dès les temps les plus reculés, une tour de bois et une enceinte palissée, à l'extrémité occidentale de l'île lutécienne, qui n'était pas aussi étendue que nous la voyons, avant que la Cité eût été agrandie par la réunion de deux petites îles sur lesquelles reposent la place Dauphine et le terre-plein du pont Neuf. La tribu gauloise des *Parises*, avant la chute de l'indépendance gallique, possédait à cet endroit une *place de refuge*, sorte de parc fermé de haies impénétrables et de remparts en terre, qui se changea en forteresse de pierre après la conquête de Jules-César ; cette forteresse fut plus d'une fois le séjour des consuls et des lieutenants que Rome envoyait pour affermir sa domination dans les Gaules, et plus tard des rois chevelus de la dynastie mérovingienne, qui s'élevèrent sur les débris de la puissance romaine. Plusieurs historiens de Paris pensent que ce château, nommé le *Palais de la Cité*, a été le théâtre du massacre des fils de Clodomir, égorgés par leurs oncles Childebert et Clotaire, tandis que le plus jeune des trois enfants s'enfuyait pour faire couper ses longs cheveux, insignes de la royauté, et aller mourir moine dans un monastère auquel il laissa son nom de Saint-Cloud.

Le *Palais de la Cité* fut ensuite habité par les comtes de Paris, sous les rois de la seconde race ; c'était là

que le vaillant comte Eudes dirigeait la défense de
Paris, pendant le mémorable siége que cette ville soutint contre les Normands au neuvième siècle. Lorsque
les comtes de Paris furent devenus rois de France, de
même que les maires du palais avaient succédé aux
rois de la première race, ils continuèrent d'occuper
l'ancienne résidence de leurs prédécesseurs, quand ils
se trouvaient dans la capitale, et le *bon* roi Robert fit
reconstruire cet antique édifice qui avait déjà subi
beaucoup de métamorphoses, et qui ne fut point abandonné par les Capétiens, même après que Philippe-
Auguste eut bâti la grosse tour du Louvre pour échapper à l'odeur insupportable qu'exhalait la fange des
rues de la Cité. Le *Palais de la Cité*, qui garda le nom
de *Grand Palais* ou *Palais* par excellence, rivalisa
longtemps comme habitation royale avec le Louvre et
les châteaux épais au milieu des forêts de l'Ile de
France; dès lors ce Palais devint le centre du gouvernement légal et féodal.

Le règne de saint Louis, si renommé dans les fastes
de l'art architectural, laissa son empreinte sur le Palais.
Sans parler ici de la Sainte-Chapelle, Louis IX fit bâtir
une grande salle voûtée, à laquelle il donna son nom,
et qu'on appelle aujourd'hui *Cuisine de Saint-Louis*,
quoique sa haute cheminée gothique ne prouve pas
une destination culinaire; on voit encore auprès une
salle, du même temps, dite la *Grand'Chambre*, parce
qu'elle servit aux séances du Parlement. Les tours
rondes, qui regardent la rivière et qui conservent
seules l'ancienne physionomie du Palais, datent aussi
de ce règne où saint Louis, qui rendait la justice sous

un chêne de Vincennes, avait à cœur de faire aux lois
un sanctuaire fortifié comme une citadelle.

Le petit-fils de Louis IX, Philippe le Bel, agrandit le
Palais et le rebâtit presque entièrement; ces vastes travaux furent terminés en 1313, sous la direction d'Enguerrand de Marigny, *garde du trésor*, plus célèbre
encore par sa fin tragique que par sa fortune passagère.
Enguerrand construisit le Palais où il fut condamné à
mort pour malversation, et le gibet de Montfaucon où
il fut pendu au milieu des voleurs de grand chemin.

Cette époque est fameuse dans l'histoire des institutions de la monarchie, par la création du Parlement
de Paris. Jusqu'alors la Cour suprême de justice n'avait
été qu'une espèce de conseil *ambulatoire*, qui accom-
pagnait le roi dans ses changements de résidence, et
qui prononçait ses arrêts sous les yeux du prince
jaloux de le présider en personne; car le bon Louis IX
se croyait obligé de juger lui-même son peuple, *comme
les anciens juges d'Israël.*

Les progrès de la civilisation devaient modifier ces
idées de gouvernement patriarcal, et Philippe le Bel,
malgré son penchant au despotisme, accorda une sorte
d'indépendance à la magistrature, en n'enchaînant plus
à sa suite la Cour de justice ou *Parlement*, qu'il installa
au Palais; le Parlement, durant près de cinq siècles,
occupa ce domaine, qui fut appelé le *Palais de Justice,*
dès que *dame Justice* y eut établi son siége. Les rois,
qui s'étaient préparé de plus sûres et plus commodes
demeures hors de l'enceinte boueuse de la Cité, ne
faisaient au *Palais* que de rares séjours, et ils finirent
par le céder complétement à la magistrature; mais ils

en reprenaient possession dans les cérémonies des *lits de justice* ou séances solennelles du Parlement, dans les fêtes publiques, aux jours d'entrées et de mariages royaux ; et ce fut toujours du Palais à Notre-Dame et de Notre-Dame au Palais, que se déployèrent les pompes de la vieille monarchie. Quelques rois cependant habitèrent encore ce triste berceau de la royauté, et Louis XII, qui l'avait décoré avec tout l'amour qu'il portait à la justice, voulut y loger avec sa troisième femme, Marie d'Angleterre, qui ne fut reine de France que pendant l'espace de deux mois.

C'était merveille alors que le Palais, tel que l'avait *parachevé le saint roi Loys et le beau roi Philippe*, comme disent les chroniques. Des jardins plantés d'arbres à fruits, des vignes et des *préaux* s'étendaient sur toute la pointe de la Cité, où s'élèvent maintenant la noire *Conciergerie*, la rue de Harlay et les deux quais voisins : une multitude de tours, environnant de toutes parts le vaste édifice semblable à une ville ceinte de murailles, se miraient dans la Seine et obscurcissaient de leurs ombres les humides ruelles de la Cité.

C'étaient les *tours du Nord*, encore debout, avec leur voisine, la *tour carrée de l'Horloge*, que Charles V décora, en 1370, de la première grosse horloge qu'on ait vue à Paris, et qui devait sonner le signal de la Saint-Barthélemy deux siècles plus tard ! C'étaient les *tours de Beauvais, de la Question, des Joyaux* et *du Trésor*, dont les noms indiquaient à peu près l'emploi spécial, et qui ont été détruites à différentes époques ; c'étaient la *tour Carrée*, la *tour Civile*, la *Grosse tour*, où l'on renfermait les prisonniers d'État ; la

Tournelle (ou Tourelle), qui donna son nom à la chambre du Parlement où l'on jugeait les causes criminelles, etc.

L'intérieur du Palais était surtout remarquable par sa fameuse grand'salle, pavée de marbre blanc et noir, ornée de lambris sculptés, toute reluisante d'or et d'azur, autour de laquelle étaient rangées, par ordre chronologique, les statues peintes et dorées de tous les rois de France, depuis le fabuleux Pharamond jusqu'à Charles IX, divisés en deux classes : les fainéants et les courageux : ceux-ci ayant les bras levés ; ceux-là, les bras pendants, pour représenter leur règne obscur ou éclatant ; mais l'artiste n'avait pas osé attacher un blâme allégorique à aucun roi de la troisième dynastie pour laquelle l'histoire ne commençait pas encore, et l'éphémère François II lui-même avait la contenance fière et martiale de Charlemagne.

A l'un des bouts de cette salle, la plus vaste qui fût dans le monde, il y avait une élégante et riche chapelle, fondée par Louis XI ; à l'autre bout, régnait, dans presque toute la largeur de la salle, l'énorme *table de marbre* qui changeait souvent d'usage et devenait tour à tour salle de festin, tribunal et théâtre. Là, s'asseyaient, aux jours des banquets royaux, les rois et les reines, les princes et les princesses du sang, les pairs du royaume et les ambassadeurs étrangers ; là, siégeait la juridiction du connétable et des maréchaux de France ; là, se jouaient, aux jours gras, les *farces, soties et moralités* des clercs de la *Basoche*, origine de la comédie moderne.

Étrange association que ce *royaume de la Basoche,*

où les jeunes clercs parodiaient toutes les dignités de
l'ordre judiciaire et de la royauté même, puisqu'ils
nommaient un roi, un chancelier, un procureur général, des maîtres des requêtes, des trésoriers, sous la
protection expresse du Parlement, auquel ils rendaient
solennellement hommage tous les ans par la plantation
d'un *mai* dans la cour du Palais! La Basoche et le
Parlement ont été submergés ensemble dans le grand
naufrage de 89, ce jugement dernier de l'ancienne
société française : présidents et conseillers n'étalent
plus leurs robes rouges et leurs longues barbes en la
grand'chambre; les huissiers ne jonchent plus d'herbe
verte et de fleurs le parquet de la chicane, à chaque
renouveau; les suppôts de la Basoche ne promènent
plus par les carrefours leur cavalcade burlesque ni leur
bannière d'azur aux trois écritoires d'or; le dernier
mai, enrubanné et blasonné, que la joyeuse bande
planta au pied du grand escalier du Palais, à l'endroit
même où le bourreau brûlait de sa main les livres
condamnés au bûcher par arrêt de la Cour, est séché
depuis longues années et ne reverdira plus. Le vieux
Palais lui-même avait disparu, avant ses vieux us et ses
anciens habitants; mais ce n'est pas aux révolutions
populaires qu'il faut demander compte de sa ruine :
les flammes dont il devint la proie au commencement
du dix-septième siècle ne furent point allumées par
les passions politiques. Le 7 mars 1618, sous Louis XIII,
un incendie terrible dévora la grand'salle, avec sa table
de marbre, toutes ses royales statues, sa chapelle go
thique, une grande partie des bâtiments du Palais et
les archives criminelles; on supposa que le feu avait

été mis à dessein pour anéantir les pièces du procès de Ravaillac. Plus d'un siècle après, le 27 octobre 1737, la Chambre des Comptes, bâtie du temps de Louis XII, qui avait complété l'ensemble monumental du Palais par cet édifice, riche d'ornements et de sculptures, eut le même sort que la grand'salle. Ces deux incendies effacèrent presque tout à fait le caractère primitif du Palais de saint Louis, de Philippe le Bel et de Louis XII.

Le Palais de Justice offre un singulier et incohérent mélange de constructions de divers siècles : si vous l'abordez par le pont au Change, la tour de l'Horloge et les grosses tours rondes qui assombrissent le quai vous rappelleront Philippe le Bel et peut-être le roi Robert; quittez le pont et avancez dans la rue de la Barillerie, une haute grille de fer, surchargée de dorures, œuvre de la Restauration, laisse à découvert la cour d'honneur, dont le fond est occupé par un large escalier que surmonte un lourd pavillon du dix-huitième siècle : voilà les *grands degrés*, sur lesquels se mêlèrent tant de fois, aux jours de l'orageuse minorité de Louis XIV, les flots confus des *Mazarins* et des *Frondeurs*; à gauche, la Sainte-Chapelle entrecroise ses ogives du moyen âge; à droite, s'allonge la *galerie des Merciers*, le Palais-Royal du dix-septième siècle, le bazar à la mode des *dangereux* et des *précieuses* sous le ministère du cardinal de Richelieu, sous la comédie du grand Corneille; et les arcades de cette galerie sombre, si différente de nos passages modernes, vous introduisent dans la blanche et froide grand'salle actuelle, reconstruite par Jacques de Brosse, pour remplacer l'antique salle d'or et d'azur, de même que la Cour de cassation, la Cour royale et le tribunal de première instance ont rempl 3 le Parlement et le Châtelet.

Une des gal ns intérieures du Palais a été dernièrement restaurée, peinte et dorée dans le goût de nos pères, et l'on étudie aujourd'hui les plans de travaux plus considérables, qui changeront, dit-on, encore une fois la face du *Palais de Justice.* Reverrons-nous jamais les prodiges de la Grand'Salle, à une époque aussi prosaïque, aussi décolorée que la nôtre, et ne serait-ce pas, d'ailleurs, un anachronisme que de donner pour temple au code Napoléon un édifice de style gothique, à colonnes fuselées, à ogives et à rosaces, éclatant de couleurs, d'emblèmes et d'*images?* Cette décoration splendide et majestueuse n'était-elle pas mieux en harmonie avec les habitudes graves, le costume imposant et le pouvoir presque royal de l'ancienne magistrature?

SAINTE-GENEVIÈVE

C'est un souvenir bien poétique et bien touchant que celui de Geneviève : la piété et la charité, l'amour de Dieu et des hommes, inspirèrent toutes les pensées de cette vierge, qui, dans sa longue et paisible vie, traversa une des plus orageuses périodes de l'histoire, en répandant autour d'elle, comme un céleste parfum, l'influence de ses douces vertus. Notre Paris moderne, quoique moins religieux que le Paris de Chilpéric, ne saurait, sans ingratitude, refuser sa vénération à cette sainte qu'on lui avait jadis donnée pour patronne, en mémoire de la légende qui attribue aux prières de Geneviève la délivrance miraculeuse de Lutèce menacée par les hordes d'Attila.

Cependant la première basilique érigée sur le mont *Lucotitius* (c'est ainsi qu'on appelait, du temps des Romains, la Montagne-Sainte-Geneviève) ne porta point d'abord le nom de la bergère de Nanterre : ce fut le conquérant des Gaules, le roi Clovis, qui bâtit cette église, vers 508, pour accomplir un vœu qu'il avait fait durant sa grande guerre contre les Visigoths. Clovis mourut trois ans après, et l'édifice fut achevé par sa veuve, la reine Clotilde, et dédié, par le saint évêque Remi, sous l'invocation de saint Pierre et saint Paul. Clovis, Clotilde et Geneviève furent ensevelis tous les trois dans la *crypte* ou chapelle souterraine : ce n'était pas trop de deux saintes pour appeler la grâce d'en haut sur ce roi cruel qui avait cru expier ses assassinats par autant de fondations pieuses.

Le monastère de Saint-Pierre et Saint-Paul, durant les invasions normandes, au neuvième siècle, eut le sort de Saint-Germain-des-Prés et de tous les *moûtiers* situés sur les deux rives de la Seine. Les hommes du Nord saccagèrent, brûlèrent et renversèrent de fond en comble la vieille basilique, et il fallut des siècles pour refaire ce qui avait été détruit en quelques heures. Ce monastère, fondé par Clovis, se releva cependant plus vaste et plus magnifique : le roi Robert reconstruisit les cloîtres, et l'église se réédifia, mais si lentement, qu'elle ne fut pas terminée avant 1153. Quant aux reliques de Geneviève elles avaient été préservées de la fureur des Normands, qui eussent vengé sur ce corps saint la défaite des Huns dans les plaines catalauniques.

La puissance et la richesse des chanoines qui desservaient ce monastère étaient grandes dès ce temps-là : leur domaine, situé en dehors de l'enceinte de Paris, et environné d'épaisses murailles crénelées, ressemblait à une forteresse; ils étaient, au temporel, seigneurs suzerains d'une partie du quartier de l'Université et du faubourg Saint-Marcel, avec droit de haute et basse justice, c'est-à-dire droit de faire juger et exécuter toutes les causes par leur bailli et leur prévôt; quant au spirituel, ils ne reconnaissaient au-dessus d'eux que le pape. Cette indépendance et cette prospérité les perdirent : leur licence et leur orgueil passèrent toute mesure.

Un jour, le pape Eugène III, lors du voyage qu'il fit à Paris, en 1147, étant venu officier dans leur église, le roi Louis VII envoya un beau tapis de soie, pour faire honneur au saint-père : les gens des chanoines voulurent s'emparer du tapis, les serviteurs du pape le défendirent; on se battit avec acharnement dans le chœur, et Louis VII, étant accouru, reçut lui-même des coups de poing dans la mêlée. Le roi et le pape, irrités, décidèrent la réforme de ces *clercs* turbulents, et l'on mit à leur place des chanoines *réguliers* de Saint-Victor, vivant en communauté sous la règle de saint Augustin.

Le couvent fut alors érigé en abbaye, et l'on dit que ce fut seulement vers ce temps-là que le nom de Sainte-

Geneviève remplaça celui de Saint-Pierre et Saint-Paul. Le pape accorda les plus hautes prérogatives à l'abbé, qui eut permission de porter la mitre, l'anneau et les insignes épiscopaux, et qui fut nommé juge et conservateur des priviléges apostoliques ou des droits de la Cour de Rome, sans qu'on pût appeler de ses sentences à nul autre qu'au pape.

L'abbé avait le pas sur l'évêque de Paris, aux processions où l'on promenait dans la ville la châsse de vermeil, étincelante de pierreries, qui renfermait les ossements de sainte Geneviève, afin d'obtenir l'intervention de la protectrice de la France aux époques de calamités publiques.

Cette châsse, dont la *descente* avait lieu surtout dans les sécheresses, les inondations et les épidémies, était si précieuse aux yeux de nos pères, que, dans ces jours solennels, lorsque l'évêque et le chapitre de la cathédrale la venaient *quérir*, afin de la mener processionnellement à Notre-Dame, le prévôt des marchands et les échevins donnaient des otages aux génovéfains pour la sûreté des bienheureuses reliques. On portait, côte à côte, la châsse de sainte Geneviève et celle de saint Marcel, un des plus anciens évêques de Paris, en ayant grand soin d'empêcher les deux châsses de se toucher, parce que, suivant la croyance populaire, les deux saints avaient une telle amitié l'un pour l'autre, qu'ils n'eussent plus voulu se séparer et rentrer ensuite chacun dans son église.

Une nouvelle réforme dans l'abbaye de Sainte-Geneviève fut encore nécessaire au dix-septième siècle, et s'opéra sous les auspices du cardinal de la Rochefoucauld : les bâtiments furent changés, ainsi que leurs habitants ; on répara les cloîtres dans le goût moderne, et l'on éleva sous les combles une double galerie haute, en forme de croix, qui contient une des plus riches bibliothèques de la capitale.

Les restes de l'illustre philosophe et mathématicien, René Descartes, mort en Suède, avaient été transportés de Stockholm à Paris, dans l'église de Sainte-Geneviève, en 1667.

Mais cette ancienne église ne devait point tarder à disparaître, comme les anciens cloîtres : en 1754, l'abbé et les chanoines, voyant qu'elle menaçait ruine, sollicitèrent les secours du roi Louis XV pour la faire reconstruire ; par une bizarrerie bien digne de l'immoralité du temps, on attribua à cette œuvre de piété une partie des odieux bénéfices de la loterie. L'architecte Soufflot fut chargé du plan du nouvel édifice, qu'on plaça sur un terrain voisin de la basilique de Clovis, et qui devait plus d'une fois changer de destination.

C'est à Soufflot qu'on doit le beau portique de la place du Panthéon et ce dôme majestueux, exhaussé sur une élégante colonnade, qui domine les quartiers de la rive gauche de la Seine, et produit un effet si grandiose dans le panorama général de Paris. Mais les murailles nues des flancs et du chevet du monument lui donnent de tous côtés la physionomie d'un gros bastion de pierres de taille, et ne répondent pas à la beauté du portique et du dôme.

L'Assemblée Nationale, pendant la Révolution, décréta la sécularisation de l'église neuve, et décida que, sous le titre de *Panthéon français*, elle servait de sépulture aux grands citoyens qui auraient bien mérité de la patrie. On y transféra les dépouilles de Voltaire, de Rousseau, de Mirabeau, et, plus tard, celles de l'infâme Marat ; mais ce monstre ne tarda point à être exhumé et traîné dans le ruisseau par la même populace qui l'avait pleuré à ses funérailles triomphales.

La Restauration rendit au culte catholique le temple de l'Immortalité, et commanda au célèbre et malheureux Gros les belles peintures à fresque qui couronnent le dôme.

La Révolution de Juillet a ressaisi de nouveau l'édifice de Soufflot, pour y inscrire en lettres d'or, sur des tables de marbre, les noms de ses héros ; elle a rétabli au fronton l'inscription fameuse : *Aux grands hommes la patrie reconnaissante !*

Le Panthéon, comme la Madeleine, s'est vu tour à tour disputé par la religion et par la reconnaissance nationale.

Il ne reste plus de l'antique église du douzième siècle qu'une tour noire, hérissée de gorgones et veuve de ses cloches : elle est enclavée dans l'intérieur du collège Henri IV, et on l'aperçoit de fort loin, entre le dôme du Panthéon et le clocher de Saint-Étienne-du-Mont.

Les écoliers du collège se battent aujourd'hui à l'endroit même où les chanoines de Sainte-Geneviève et les officiers du pape échangeaient autrefois de si beaux coups de poing.

SAINT-GERMAIN-L'AUXERROIS

Cette vénérable basilique, noircie par les siècles et mutilée par les révolutions, va peut-être bientôt disparaître, pour faire place à une rue large et droite qui montrera le Louvre à la barrière du Trône. Cependant c'est un beau et imposant contraste que l'architecture gothique du douzième siècle, en présence de l'architecture grecque-romaine du dix-septième; c'est un singulier rapprochement que les noms historiques de Childebert et de Louis XIV; Childebert, successeur de Clovis, fondateur d'une église, et Louis XIV, soixante-cinquième roi de France, fondateur d'un palais. La rue Louis-Philippe, dans sa monotone largeur, remplacera-t-elle, pour nos yeux et nos souvenirs, cette ruine religieuse qui se rattache aux annales de la monarchie, et qui remonte à l'origine du christianisme dans les Gaules; ce monument, qui date de la naissance de l'art, encore plein de cendres illustres, mais déjà vide du culte que douze cents années y avaient vu régner en paix?

Pourquoi ne pas donner à Saint-Germain-l'Auxerrois une ceinture de peupliers, comme un de ces bois sacrés qui entouraient les temples païens? L'historien, le poëte, le peintre, les âmes rêveuses qui se nourrissent du passé, iraient sous ces ombrages s'entretenir avec les pierres de l'édifice, qui leur parlerait des miracles de saint Germain d'Auxerre, et de saint Germain de Paris; de la dévotion des rois sicambres et des reines mérovingiennes; des sépulcres de tant de magistrats, de tant d'artistes, de tant de renommées éteintes. Ici, Ultrogothe, femme de Childebert, apportait son offrande et sa prière; là fut baptisé le *petit roi* Jean, fils de Louis le Hutin; ici Henri III maria son favori, le duc de Joyeuse, à Marguerite de Lorraine, sœur de la reine; là, en 1245, un curé osa, en chaire, excommunier le pape qui avait excommunié l'empereur Frédéric II. La République a laissé subsister cette paroisse des rois, tandis qu'elle instituait la fête de la Raison : la Royauté constitutionnelle fera-t-elle ce que la République n'a pas osé faire?

Childebert, qui régnait à Paris en 540, fit bâtir d'abord une chapelle sous l'invocation de saint Germain, évêque d'Auxerre. Chilpéric I⁰ʳ, qui pensait racheter ses crimes par de pieuses fondations, agrandit et orna cette chapelle, à laquelle il promit le corps de saint Germain, évêque de Paris, encore vivant, quoique déjà béatifié par ses miracles : ce bon évêque ne reposa jamais dans le tombeau qu'on lui avait préparé à grands frais. Alors l'église s'appelait *Saint-Germain-le-Rond*, à cause de son abside circulaire, et ce surnom lui fut conservé même après son changement de forme; car les églises devaient être figurées en croix pour remémorer la passion de Jésus-Christ.

Un bourg populeux s'était aggloméré autour de Saint-Germain, sous la protection de ses tours et de ses fossés, dont les limites sont marquées par le quai de l'École, la rue de l'Arbre-Sec et celle des Fossés-Saint-

Germain; un cloître, où les chanoines tenaient une école publique de théologie, longeait les murs de la basilique, et les sciences, foulées aux pieds par les barbares, refleurissaient à l'ombre de l'autel chrétien.

Voici venir les Normands, ces terribles hommes du Nord, qui portèrent leurs ravages au cœur de la France; ils assiégent Paris, qui leur résiste de toutes ses forces, et qui s'abrite derrière ses remparts. A l'approche de l'invasion, les prêtres de l'église et les habitants du bourg de Saint-Germain-l'Auxerrois se sont retirés dans la Cité avec leurs reliques et leurs trésors. Les Normands pillent, brûlent, saccagent ce bourg, abandonné sans défense, et s'y fortifient en élevant une circonvallation de maçonnerie et en creusant de nouveaux fossés. Mais, après deux assauts inutiles, ils renoncent à leur entreprise contre Paris, qui les a décimés, et regagnent, chargés de butin, la province normande, qu'ils avaient envahie au bord de la mer. Ils revinrent en armes devant Paris, et furent encore repoussés.

Le clergé de Saint-Germain-l'Auxerrois rapporta dans son domaine les châsses des saints qu'il avait sauvées : il ne retrouva que des ruines, avec des traces de sang, de vin et de flammes. Alors on purifia les lieux, on rééditla l'église à peu près telle que nous la voyons aujourd'hui; on releva les maisons; on protégea le bourg par une enceinte de murailles, et on y rassembla les *hommes et femmes de corps* appartenant au fief de Saint-Germain-l'Auxerrois; car jadis la population était attachée à la glèbe, et le seigneur disposait en maître de ses vassaux, comme des bœufs de ses étables, comme des arbres de ses bois. Nul ne pouvait quitter la terre où il était né, ni se marier, ni s'établir hors des limites de son servage, sous peine d'être poursuivi et puni de cette désertion. Si un vassal ou *homme lige* prenait une femme dans un autre territoire, cette femme ne suivait pas la condition de son mari et ne changeait pas de seigneur : la servitude était en France ce qu'elle est encore en Russie, où le propriétaire foncier possède tant d'arpents de terre, tant de têtes de bétail et tant de serfs : on vendait alors les paysans de même que l'on vend des nègres en Amérique.

Geneviève, fille d'Eudes, *homme de corps* de Saint-Germain-l'Auxerrois, aimait un jeune esclave de Notre-Dame, et en était aimée ; mais ni l'un ni l'autre n'avait la somme nécessaire pour racheter sa liberté, et ils étaient gardés de si près, que la fuite ne les eût réunis un moment que pour les séparer bientôt pour toujours. Le père de Geneviève alla se jeter aux genoux des chanoines de Saint-Germain et ceux-ci accordèrent à cette fille la permission de se marier en devenant esclave de Notre-Dame : c'était là une générosité inouïe pour le temps.

La reconstruction de Saint-Germain-l'Auxerrois fut rapidement achevée. Les vassaux y travaillèrent par *corvées;* les fidèles de cette paroisse, qu'on nommait la *grande* en raison de son étendue, y contribuèrent de leurs deniers. Le porche ou vestibule couvert, qui précède le portail, servait d'asile aux pénitents publics, qui, pendant des années, attendaient que la porte du sanctuaire leur fût rouverte par une absolution plénière. Ce fut le roi Robert, qu'on retrouve partout dès qu'il s'agit d'un couvent ou d'une église, ce fut ce monarque dévot, et pourtant excommunié, qui éleva cette façade presque triangulaire, qui orna de statues le principal portail, et qui inscrivit sur le frontispice : *Childebert I", roi chrétien, et Ultrogothe, sa femme, fondèrent cette église.* La vieille statue de saint Germain, qui gardait l'entrée de sa paroisse, fut enlevée pour livrer passage à l'affluence des paroissiens, et enterrée dans la nef, suivant l'ancien usage de mettre en terre bénite les images de saints qu'on déplaçait de leur niche. Dieu sait combien de saints de pierre et de marbre ont été de nos jours transformés en moellons, en bornes et en cheminées !

L'antiquité de l'architecture se reconnaît à la grosseur des piliers ronds qui soutiennent les voûtes basses et accroupies, pour employer l'ancienne et pittoresque expression. Il n'y a pas cent ans que l'aspect intérieur de l'église était tout différent et plus en harmonie avec le caractère grave et majestueux des croyances catholiques : les fenêtres, garnies de vitraux peints, et les rosaces, dont les mille couleurs étincelaient aux rayons du soleil, ne laissaient pénétrer qu'un jour mystérieux et des reflets semblables à l'auréole d'un chérubin ; la nef aérienne restait voilée d'une vapeur suspendue, qu'on eût dit exhalée des cierges et des encensoirs; les bas côtés conservaient en plein midi des ténèbres propices au tribunal de la pénitence. Puis, la sculpture et la peinture luttaient de merveilles : Jean Goujon avait représenté l'ensevelissement de Jésus-Christ, et ce bas-relief paraissait être un tableau vivant; Léonard de Vinci avait représenté la Cène des apôtres, et le pinceau de l'artiste italien s'était trempé dans l'Évangile pour composer ce chef-d'œuvre commandé par François Ier. Mais le mauvais goût du dix-huitième siècle détruisit une partie de ces curieux ornements, et le vandalisme de la Révolution dispersa le reste. Enfin, en février 1831, une émeute de carnaval vint se ruer sur la paroisse royale et s'en faire un jouet qu'elle brisa en passant. Depuis ce désastre sacrilége, le tabernacle est resté fermé, et le culte banni d'une église profanée que ne surmonte plus le symbole de la croix.

Que de noms célèbres dans l'histoire ont eu leur dernier écho sous les voûtes de Saint-Germain-l'Auxerrois! L'historien Fauchet, le poëte Malherbe, le géographe Sanson, le médecin Guy-Patin, le savant Dacier, le peintre Coypel, le sculpteur Coysevox, y dormaient côte à côte avec des chanceliers et des princes. Leur poussière a été balayée par la main des hommes, qui, à une époque de vertige social, cherchèrent des victimes jusque dans les tombeaux.

Le cloître, qui s'est morcelé en habitations particulières depuis que la voie publique y a pénétré en supprimant les portes de clôture, rappelle des événements singuliers que le marteau des démolisseurs ne peut atteindre. C'est là que, pendant la prison du roi Jean, Marcel, prévôt séditieux de Paris, souleva le peuple contre le régent, à l'occasion d'une nouvelle monnaie que ce dernier avait fait battre; c'est là que Charles VI présida l'assemblée où fut conclu un traité de paix avec les princes du sang; c'est là que Maurevert s'embusqua pour assassiner Coligny, chef des protestants, et, deux jours après ce crime, le tocsin de la Saint-Barthélemi sonnait au clocher de l'église; c'est là que mourut empoisonnée la belle Gabrielle d'Estrées, duchesse de Beaufort, sans que Henri IV lui fermât les yeux!

SAINT-SÉVERIN

La Révolution, qui faisait la guerre aux monuments religieux avec autant d'acharnement qu'aux institutions monarchiques, a passé son niveau destructeur sur la plupart des églises gothiques qui levaient la tête au-dessus des maisons de Paris : on cherchait à établir l'égalité parmi les édifices comme chez les hommes! Voilà pourquoi on ne trouve plus que des noms et des souvenirs, à la place de ces tours noires et massives, de ces clochers aériens et découpés, de ces flèches hardies, qui hérissaient les anciens quartiers de la ville, comme les mâts et les agrès d'un immense vaisseau amarré dans les eaux de la Seine.

Il y a donc surprise et respect à découvrir quelques rares débris échappés à la destruction, deux ou trois vieilles basiliques mutilées qui sont restées debout pendant que tout tombait autour d'elles, le trône et l'autel avec cent mille têtes de nobles et de prêtres. Certes ce grand naufrage de l'État a laissé des stigmates au front des monuments qui ont résisté au choc de la tourmente; mais, en voyant ce qu'ils ont souffert, nous sommes plus joyeux de les avoir conservés; ainsi l'église Saint-Séverin, dont le clocher ardoisé resplendit au soleil, entre les toits et les cheminées qu'il surmonte à peine dans un labyrinthe de rues infectes, mérite un pèlerinage par droit d'antiquité ; car on ne s'y rend plus de tous côtés, par dévotion, pour obtenir un heureux voyage et un heureux retour, comme c'était l'usage autrefois : les quatre saints différents, qui portent le nom de Séverin dans la Légende s'associaient sans doute dans le ciel pour veiller sur les pèlerins de la terre.

Vers l'an 506, Clovis, que la victoire de Tolbiac avait fait chrétien, était frappé d'une maladie que ses médecins ne pouvaient guérir ; il eut recours à des remèdes plus efficaces · il appela près de lui Séverin, abbé d'Agaune, renommé par ses miracles, et les prières du saint homme eurent le pouvoir de triompher du mal. Le roi, qui craignait de retomber malade, voulut garder près de lui des moyens de guérison : ses présents, ses instances, et peut-être ses ordres, fixèrent à Paris la résidence de l'abbé d'Agaune, qui se contenta d'une cellule isolée où les infirmes venaient chercher la santé, et les affligés, des consolations célestes.

Après sa mort, sa cellule, qui avait probablement remplacé un temple païen, devint une chapelle que Childebert se plut à enrichir de ses offrandes. Le tombeau de saint Séverin continua plusieurs siècles à guérir les maux du corps et de l'âme ; mais les Normands, qui ne visitaient les églises et les monastères que le fer et le feu à la main, renversèrent et profanèrent la chapelle du bon solitaire, qui restait encore ruinée et déserte en 1031, du temps de Henri Ier. La reconnaissance publique ne laissa pas l'herbe croître sur la tombe révérée, et les oiseaux de nuit habiter la demeure d'un saint : une nouvelle église attira bientôt un nouveau concours de fidèles.

C'est alors que cette paroisse acquit des richesses et des privilèges; le curé fut honoré du titre d'archiprêtre et eut haute juridiction sur tous les curés des faubourgs. En 1495, l'église, qui avait été refaite et réparée à diverses époques, fut agrandie et achevée; la confrérie de Notre-Dame, fondée dans cette église de temps immémorial, fournissait à ces embellissements avec une intarissable générosité. En 1684, la duchesse de Montpensier, en qualité de paroissienne, changea la disposition et les ornements du chœur; cette fière duchesse de la Fronde, qui fit entrer ses armes dans la décoration du sanctuaire, se souvenait qu'une autre duchesse de Montpensier, sœur des Guise, avait établi l'entrepôt de la Ligue dans la sacristie de cette même église, lorsqu'on y prêchait en chaire la révolte contre le roi *béarnais* Henri IV, et qu'un tableau allégorique, exposé dans le cimetière, rappelait aux ligueurs la haine des catholiques contre les huguenots.

Devant la principale porte étaient assis naguère deux lions de pierre, symbole de la force qui se connaît elle-même; ces lions servaient de siéges aux juges ecclésiastiques, lesquels consignaient dans leurs arrêts cette formule singulière : *donné entre deux lions.* Les battants de cette porte offraient, en guise de clous, une quantité de fers de chevaux, que les voyageurs avaient attachés là pour remercier saint Séverin au retour, ou pour l'invoquer au départ; la grosse clef, bronzée par le feu, avait aussi marqué d'une empreinte brûlante la croupe des chevaux, des mulets et des ânes, qu'on désirait mettre sous la protection du bienheureux, rival de saint Martin, le grand patron des voyages.

Saint-Séverin semblait destiné spécialement à la sépulture des savants, qui se passent volontiers d'air et de soleil pendant leur vie, et qui reposaient paisiblement sous ces voûtes humides et sombres. Étienne Pasquier, qui a recueilli de précieuses recherches sur l'histoire de France; Louis-Ellies Dupin, qui a réuni en Bibliothèque les vieux auteurs ecclésiastiques; les deux frères Sainte-Marthe, qui ont consacré leur laborieuse existence de bénédictins à d'immenses travaux historiques; Louis Moreri, qui a exécuté, à lui seul, la première biographie universelle; une foule d'autres hommes, illustres par leur savoir, étaient enterrés dans cette église comme une académie muette et glacée. Ces restes vénérables ont été expulsés avec le culte catholique, quand la Révolution transforma Saint-Séverin en magasin de papiers : les ombres des doctes morts durent se plaire du moins avec ce papier qu'ils avaient tant aimé.

Des maisons particulières occupent aujourd'hui l'emplacement du cimetière, qui tenait à l'église et s'entourait de charniers, sorte de greniers mortuaires où l'on entassait tous les ossements que la terre n'avait pas consumés; une inscription plaisante était fort déplacée à l'entrée de ce champ de repos, étroit, étouffé et puant, où les vivants venaient, le dimanche, jouer à la boule et prendre le frais. Au milieu de ce cimetière, on voyait un grand tombeau, surmonté d'une statue représentant un jeune homme qui lisait : *En 1515, un gouverneur et satrape de la cité de Embda, du tres-*

noble sang des comtes de Phryse orientale, avait quitté
sa cour pour venir étudier à l'université de Paris, et
pour y mourir à l'âge de vingt-trois ans. N'était-ce pas
une étrange et cruelle destinée? Venir chercher, si loin
de sa patrie, une mort prématurée, six pieds de terre
putride sans verdure et sans fleurs autour de son mausolée, les larmes fastueuses de sa *dolente mère* gravées
sur le marbre, les regards distraits des passants et les
rumeurs marchandes de la rue de la Parcheminerie!

SAINT-GERMAIN-DES-PRÉS

Cette église, dont le clocher massif ressemble à la
grosse tour d'une bastille, appartenait encore, il y a
cinquante ans, à une célèbre abbaye, contemporaine
de la primitive église de Notre-Dame de Paris, puisqu'elle fut fondée aussi par le roi Childebert, fils de
Clovis, qui, de même que la plupart des chefs de ces
temps barbares, entremêlait sa carrière d'actes de féro-
cité et de religion. De cette abbaye riche et puissante,
qui couvrait un si vaste espace de terrain, il ne reste
aujourd'hui qu'une église et un nom de rue.

Ce fut au retour de ses expéditions contre les Visigoths de Septimanie (Languedoc) et d'Espagne, que
Childebert, à l'instigation de saint Germain, abbé de
Saint-Symphorien d'Autun, puis évêque de Paris, fit
bâtir, avec les débris du temple d'Isis, ce monastère
dédié d'abord à la Sainte-Croix et à saint Vincent,
martyr espagnol, dont Childebert pensait avoir éprouvé

la protection à la guerre. Saint Germain appela, dans le nouveau monastère, des moines d'Autun, qui embrassèrent plus tard, ainsi que presque tous les religieux de cette époque, la règle de saint Benoît.

La basilique, érigée, autant qu'on peut le présumer, entre l'année 543 et l'année 558, n'était peut-être pas d'une architecture fort élégante; mais elle se distinguait par une singulière richesse de décoration. Les écrivains du sixième siècle ont décrit avec complaisance ses colonnes de marbre, ses lambris peints et dorés, son pavé à grands compartiments de pierres de diverses couleurs, et sa toiture recouverte de cuivre doré. Childebert avait consacré à cette fondation magnifique le butin de ses expéditions lointaines.

Presque tous les princes de la race mérovingienne furent ensevelis dans l'église de Saint-Vincent et Sainte-Croix, qui prit le nom de Saint-Germain, lorsque le corps de cet illustre évêque de Paris y eut été transféré solennellement en présence de Pépin le Bref et de ses deux fils Charles (Charlemagne) et Carloman, en 764 : on y voyait encore, avant la Révolution, les sépultures de Childebert et de sa femme Ultrogothe, de Chilpéric et de Frédégonde, de Clotaire II, etc. On a pensé, il est vrai, que plusieurs de ces monuments, qui représentaient l'image du mort couché, avec un lion ou un chien sous ses pieds, avaient été refaits à une époque postérieure; mais le tombeau de Frédégonde, qu'on a transporté dans les caveaux de Saint-Denis, nous donne une idée fidèle de l'art de ces temps grossiers; c'est une espèce de mosaïque en émaux noirs et jaunes, scellés dans une pierre de liais et figurant le costume royal de cette exécrable femme ; la tête et les mains, qui n'existent plus, devaient être en marbre blanc, avec des incrustations de métal et de pierreries.

L'église actuelle de Saint-Germain-des-Prés n'est pas la vieille basilique de Childebert, quoique les traces de l'ancien édifice n'aient point toutes disparu, comme à Notre-Dame, malgré les efforts des démolisseurs et des réparateurs. Quand les bandes dévastatrices des Normands, favorisées par la dissolution du grand empire carlovingien, portèrent le fer et le feu à travers la Gaule, Saint-Germain n'échappa point à leurs ravages : l'église et les cloîtres furent trois fois pillés et deux fois brûlés dans le cours du neuvième siècle ; il ne resta guère du premier édifice que la haute et forte tour carrée, et peut-être le portail, dont les sculptures grossières peuvent bien remonter au sixième siècle.

Tout le corps de l'église fut réédifié, et deux nouvelles tours s'élevèrent, par les soins de l'abbé Morard, dans les dernières années du dixième siècle et les premières du onzième, sous les règnes de Hugues Capet et de Robert. Le style de l'intérieur est assez barbare, mais fort curieux ; les chapiteaux des piliers, au lieu d'être formés de feuillages, offrent des groupes d'animaux et de monstres grotesques. Paris ne possède pas d'autre monument de cette architecture *romane*, lourde et sombre, antérieure à la brillante et légère architecture du treizième siècle. L'édifice a été agrandi et restauré à diverses époques, notamment de nos jours, lorsque les fondements s'enfoncèrent sous le poids des voûtes, et que les deux tours du chevet se penchèrent tout à coup en faisant tinter leurs cloches.

L'église de Saint-Germain est cependant demeurée debout, bien que découronnée de deux de ses trois clochers gigantesques ; si elle a perdu ses tombes mérovingiennes transportées à Saint-Denis, elle a gardé une autre tombe royale, celle de ce bizarre Jean-Casimir, qui fut tour à tour roi de Pologne, jésuite, cardinal et abbé de Saint-Germain.

Où sont les cloîtres magnifiques dont l'abbaye était jadis entourée? Qu'est devenu le vaste réfectoire aux verrières peintes, à la chaire incomparable? Qu'a-t-on fait de la merveilleuse chapelle de la Vierge avec son éblouissante rose de vitraux? Ces chefs-d'œuvre de Pierre de Montreuil, le *grand maître ès œuvres* du treizième siècle, l'architecte de la Sainte-Chapelle, se sont écroulés pour toujours avec les ordres monastiques, avec la puissance de cette abbaye qui étendait sa juridiction spirituelle et temporelle, indépendante du roi et de l'évêque diocésain, sur tout le faubourg qui a conservé le nom de Saint-Germain, puissance parfois oppressive et tracassière comme la plupart des puissances d'ici-bas. Mais qui pourrait refuser un regret à la science et à la vertu cachées dans ces saintes retraites, aux jours glorieux de la congrégation de Saint-Maur et de ces illustres bénédictins, Montfaucon, Ruinart, Clément, Sainte-Marthe et Mabillon?

La bibliothèque, une des plus précieuses et des plus anciennes qui fussent dans le monde entier, n'a pas même surnagé dans ce vaste naufrage : un incendie l'a consumée en 1794, avant que la fureur révolutionnaire l'eût dispersée ou anéantie. L'Abbaye devint une prison ensanglantée par les massacres de septembre 1792, dans lesquels on vit mademoiselle de Sombreuil boire un verre de sang humain pour sauver son père!

Autour de Saint-Germain-des-Prés planent encore les souvenirs du Pré-aux-Clercs, cette immense plaine, plantée de vieux ormes et coupée de ruisseaux, où tous les écoliers de Paris venaient se livrer à leurs jeux et à leurs combats, jusqu'à ce que l'abbaye de Saint-Germain, qui avait toléré ce voisinage turbulent pendant plusieurs siècles, l'éloignât d'elle, en construisant des maisons et en perçant des rues qui firent un nouveau quartier vis-à-vis du Louvre et des Tuileries, sans que l'Université pût empêcher cette usurpation favorisée par Henri IV et Louis XIII. Aujourd'hui les écoliers ne marchent plus en grosses troupes, ne brandissent plus de bâtons ferrés, et ne tiennent plus tête aux archers de la ville.

LE LOUVRE

Est-il en France un nom qui évoque plus d'éclatantes images, plus de souvenirs divers, plus de fierté nationale, plus de graves et philosophiques pensées, que ce nom de *Louvre*, devenu chez nous le synonyme de palais des rois et des arts? Ce seul nom ne réveille-t-il pas à la fois les âges héroïques de la féodalité, les splendeurs de la Renaissance, les horreurs des guerres religieuses, les pompes du dix-septième siècle, les gloires et les crimes de la royauté; Philippe Auguste et Charles VI, François Ier et Charles IX, Louis XIV et Napoléon, ce grand capitaine, dont le chapeau militaire domine ces couronnes fleurdelisées?

Oui, toute l'histoire de France se résume dans ce mot *Louvre*; mais ce mot mystérieux, personne n'en sait avec certitude l'origine ni le sens! Est-il gaulois, romain, ou franc? Dans quels idiomes barbares faut-il chercher sa source grammaticale?

Les vieux chefs capétiens qui érigèrent une première forteresse sur la rive droite de la Seine lui imposèrent-ils le nom tudesque de *Lower*, qui signifiait *château* dans le dialecte de cette Saxe où étaient nés, dit-on, les ancêtres de Robert le Fort?

Ou bien fut-ce le nom latin de *lupara* (c'est-à-dire *tanière de loups*), qui désigna d'abord une ferme isolée, où se rendaient les comtes et les rois de Paris pour chasser le *loup* dans les grands marais qui longeaient le fleuve?

Les historiens adulateurs auraient-ils donné jadis à Paris une origine semblable à celle de Rome, et la *louve* de Romulus et Rémus serait-elle venue des bords du Tibre peupler ceux de la Seine?

Quoi qu'il en soit, l'époque de la fondation du château du Louvre n'est pas plus connue que l'étymologie de son nom; il se montre à peine dans quelques chartes de la première et de la seconde race; son importance historique ne date que de Philippe Auguste, qui bâtit au milieu de la cour d'honneur la fameuse *grosse tour* ou donjon du Louvre, et qui en fit, pour ainsi dire, la clef de voûte de la monarchie, en ordonnant que tous les grands fiefs du royaume *relèveraient* de cette tour, c'est-à-dire que les seigneurs vassaux de la couronne rendraient au roi en ce lieu-là l'hommage féodal.

Mais, par une bizarrerie qui se rencontre souvent dans les usages de ces anciens temps, le roi était lui-même vassal des religieux de Saint-Denis-de-la-Chartre, parce que sa tour du Louvre avait été construite sur leurs terres, et le roi devait aux bons moines un *cens* ou tribut annuel de trente *sous parisis*, qu'il fut obligé de transporter sur la prévôté de Paris, afin que sa *maîtresse tour*, d'où relevaient tous les duchés et comtés de son royaume, ne relevât plus d'un petit monastère de la Cité.

A voir aujourd'hui notre beau Louvre étaler sa majesté gracieuse et paisible, avec ses blanches colonnades, ses pavillons brodés de sculptures, son large escalier de marbre et ses galeries pleines de trésors qui sont à tous, et dont tous peuvent jouir; à voir cet éblouissant sanctuaire du génie, on ne se souvient guère de l'antique résidence des rois de Lutèce, ni du manoir féodal de Philippe-Auguste.

Qu'on se figure une enceinte fortifiée, s'étendant en longueur depuis la rivière jusqu'aux masses de maisons qui séparent maintenant la rue Saint-Honoré de la place du Vieux Louvre, et en largeur depuis la rue Froidmanteau jusqu'à la rue du Coq : de noires murailles, entourées de fossés profonds, et percées çà et là d'étroites meurtrières; de nombreuses tours, rondes, carrées, octogones, dressant vers le ciel leurs flèches ardoisées aux girouettes peintes, leurs plates-formes crénelées, et leurs calottes de plomb hérissées de fleurons en fer : des *portaux* massifs protégent leurs étroites issues, à grand renfort de herses et de ponts-levis; puis, au delà de ces fossés pleins d'eau, de ces ponts mobiles, de ces guichets ténébreux, voici une vaste cour intérieure, sombre et humide, au milieu de laquelle surgit la *grosse tour*.

Dans cette tour, dont les murs avaient deux toises d'épaisseur, sous la garde des hommes d'armes, sous la protection d'un second fossé et d'un second pont-levis, dormaient les rois de France, ayant le *trésor de leur épargne* près de leur chevet, et leurs prisonniers d'État sous leurs pieds; car la *maîtresse tour* était à la fois palais, trésor et prison. Trois comtes de Flandre, un roi de Navarre, un duc de Bretagne, un duc d'Alençon et bien d'autres captifs illustres se succédèrent dans ses cachots profonds !

Il y eut aussi des rois de France qui gémirent dans le Louvre : c'était là que Charles VI en démence cachait sa déplorable vie dans la misère et l'abandon.

Toutes les pages de l'histoire du vieux Louvre ne sont pourtant pas aussi lugubres : le nom d'une de ses tours, celle de la *Librairie*, rappelle qu'un autre roi, Charles le Sage, aima la science et rassembla dans cette tour neuf cents manuscrits, comprenant des poëmes, des traités d'astrologie, des romans de chevalerie et des livres d'église, la plupart *historiés* de belles peintures; mais cette riche bibliothèque, antérieure à l'invention de l'imprimerie, fut presque entièrement vendue ou dispersée pendant les désordres du règne de Charles VI, et il ne resta qu'un petit nombre de volumes, qui devinrent la base de la Bibliothèque du Roi.

Les historiens nous ont conservé la description de cette bibliothèque, qui occupait deux étages dans la tour de la Librairie. Les livres, reliés en bois, couverts de velours ou de moire, étaient rangés à plat sur des rayons, et, comme leur format et leur lourdeur incommode ne permettaient pas de les tenir à la main, on les déposait, pour les lire, sur des lutrins tournants, à trois et quatre pupitres, qui recevaient plusieurs volumes à la fois. Les fenêtres, obscurcies par les vitraux colorés et les treillis de fil d'archal, laissaient à peine pénétrer un faible crépuscule dans cet asile de l'étude, où des chandeliers de cuivre étaient préparés pour suppléer à la lumière du jour. Gilles Malet fut le premier bibliothécaire du roi, en titre d'office; sa mémoire est honorée des bibliophiles, qui lui savent gré d'avoir dressé l'inventaire des manuscrits de Charles V.

Les autres tours du Louvre avaient chacune leur destination spéciale comme les tours du Palais, destination plus ou moins clairement énoncée par leurs noms : les *tours de l'Horloge, de l'Armoirie, de la Fauconnerie, de la Grande-Chapelle, de la Petite-Chapelle,* la *tour de la Tournelle* ou du Conseil, la *tour où se met le roi quand on joute,* se représentent à notre esprit avec leurs attributions; les *tours de l'Étang, des Portaux, du Fer-à-Cheval, de l'Écluse* et *de l'Orgueil,* nous indiquent leur situation et leur architecture; quelques-unes, telles que la *tour de Windal,* portaient un nom d'homme, soit celui de l'architecte qui les avait construites, soit celui d'un personnage qui les avait habitées. Dans chaque tour commandait un concierge ou capitaine, et ces charges honorifiques, qui ne demandaient pas résidence, étaient réparties entre les plus puissants seigneurs de l'hôtel du roi.

Les *basses cours* entourées de bâtiments avaient, de même que les tours principales, des noms qui expliquaient leur usage : la *maison du Four*, la *Paneterie*, la *Saucerie*, l'*Épicerie*, la *Pâtisserie*, l'*Échansonnerie*, la *Bouteillerie*, le *lieu où l'on fait l'hypocras*, etc. On comptait dix à douze chapelles dans le Louvre, et la plus considérable, dédiée à la sainte Vierge, était ornée de statues au dehors et au dedans. Autrefois la sculpture employée à la décoration intérieure des édifices se rehaussait d'or et de couleurs; on se dispensait seulement de dorer et de peindre les images de pierre qui devaient rester exposées en plein air.

Les appartements royaux, qui regardaient la principale cour, étaient fort spacieux, mais à peu près dépourvus de meubles : des coffres, des bancs, des tables, des dressoirs, grossièrement et lourdement travaillés, se montraient seuls dans ces vastes salles, peintes à la colle ou tapissées de cuir doré, avec des lambris de bois de châtaignier sculpté, de hautes cheminées à baldaquin, et un *pavement* en terre émaillée. Le bleu, le jaune, le vermillon et le blanc brillaient partout. Charles V avait fait exécuter des peintures d'oiseaux et d'animaux dans quelques chambres.

Les noms des salles ne nous apprennent pas bien ce qui se passait dans chacune d'elles : la *salle neuve du roi*, la *salle neuve de la reine*, la *salle de la trappe*, la *salle basse*, étaient les plus remarquables ; dans cette dernière, dont les parois offraient un paysage peint, et qui n'avait pas moins de huit toises de longueur, on donnait ces festins splendides où des pages à cheval apportaient les plats; la *salle de saint Louis*, qui servait aux réceptions d'ambassadeurs et aux cérémonies de l'hommage féodal, surpassait en grandeur la *salle basse*, puisqu'elle avait soixante-douze pieds de long et qu'elle occupait toute la hauteur de l'édifice.

Ce château, semblable à une place de guerre, contenait un arsenal rempli d'armes offensives et défensives. Les différents jardins, qu'on avait plantés entre les bâtiments et les cours, afin d'égayer d'un peu de verdure l'aspect de ces murs enfumés, ressemblaient beaucoup à ceux qui n'ont pas encore disparu dans les quartiers populeux de Paris : le plus grand de ces jardins, que le soleil ne visitait jamais, avait environ cent cinquante pieds carrés, et l'on n'y récoltait certainement pas du vin, ainsi que dans le jardin du Palais.

Enfin, pour que rien ne manquât à ce séjour royal, on y trouvait une lice disposée pour les joutes, et un endroit pour les jeux de ce temps-là : le mail, la paume, les *poulies*, etc. Près de la lice, au lieu même où commence la rue Froidmanteau, on nourrissait les lions du roi, et leurs terribles mugissements se mêlaient à la plainte roucoulante des pigeons dans leurs colombiers aux girouettes armoriées.

Les rois de France restèrent au Louvre pendant plusieurs siècles ; mais cette habitation était triste et insalubre, surtout dans les temps d'épidémie et de mortalité. Quand Charles V eut bâti l'hôtel Saint-Paul dans le faubourg Saint-Antoine, ses successeurs s'installèrent comme lui dans cet hôtel vaste et aéré : ils ne revinrent au Louvre que pour faire acte de rois.

C'était dans ce château qu'on logeait les ambassadeurs et les princes étrangers. Charles-Quint y fut *hébergé*, lors de son passage à Paris en 1540, et François Ier lui mit ainsi sous les yeux les cachots où était mort plus d'un prisonnier couronné, comme pour faire trembler l'Empereur au souvenir de la Captivité de Madrid. Charles-Quint assista, en quelque sorte, aux derniers moments du vieux Louvre.

Les jours de destruction étaient arrivés pour cette demeure de tant de rois; mais ici, par une exception assez rare, la destruction n'eut rien de regrettable, car le sinistre manoir ne s'écroula que pour renaître en palais radieux et magnifique.

Ce fut François Ier qui, enthousiaste des monuments bâtis et ornés dans le goût italien, porta les premiers coups à la forteresse de Philippe Auguste : en 1528, le gros donjon du Louvre et plusieurs tours du château furent abattus, pour faire place à des constructions nouvelles, emblème de la féodalité s'écroulant devant la civilisation, et bientôt on commença, d'après les plans du célèbre architecte Pierre Lescot, à élever le corps de logis qui touche au quai, et l'aile occidentale du Louvre, qui en est encore la plus belle partie.

Henri II et ses fils poursuivirent l'œuvre de François Ier. Henri II a laissé, sur les constructions faites sous son règne, un témoignage immortel de sa galanterie : les deux lettres H et D entrelacées, les gracieuses figures de nymphes chasseresses, levant leur front surmonté du croissant mythologique, entre de gracieux lévriers ou de fiers lions, ont enchaîné pour jamais au Louvre la mémoire de Diane de Poitiers.

Mais une autre mémoire, qui plane aussi sur le Louvre, y brille d'un éclat plus pur et plus glorieux, c'est celle de notre grand statuaire, Jean Goujon, qui a couvert des prodiges de son ciseau toute la façade extérieure du bâtiment d'Henri II.

On prétend que Jean Goujon, monté sur son échafaudage, travaillait encore à ces superbes sculptures, le matin de la Saint-Barthélemy, lorsqu'un coup de feu, renversa ce grand artiste expirant dans la cour du Louvre, tandis que, près de là, Charles IX, du haut d'un balcon, arquebusait de sa main royale les protestants fugitifs qui essayaient de traverser à la nage la rivière teinte de sang et obstruée de cadavres.

La tradition relative à la barbare conduite du roi est plus certaine que celle qui concerne le meurtre du sculpteur : Brantôme rapporte le fait comme une gentillesse du fils de Catherine de Médicis. Le balcon, où un roi de France se fit l'assassin de ses sujets, serait, dit-on, celui qui s'avance sur le quai, près de la grille du jardin de l'Infante ; on n'y voit plus toutefois l'écriteau que la Révolution y avait mis : *C'est de cette fenêtre que l'infâme Charles IX tirait sur le peuple.*

Ce n'est pas le seul assassinat dont le Louvre ait été le théâtre, et dont un roi de France ait dirigé l'exécution : en 1617, le jeune Louis XIII, impatient de régner par lui-même, ou du moins par ses ministres, pria les favoris qui l'entouraient de le délivrer de la régence de sa mère et de la tyrannie du maréchal d'Ancre, Concino Concini. Ce Florentin, qu'on haïssait comme on hait tous les parvenus, fut tué de trois coups de pistolet sur le *pont dormant* du Louvre, et, pour justifier ce crime par un autre crime déguisé sous des formes juridiques, la veuve du maréchal passa de l'appartement de la reine mère à la Bastille, et, condamnée à mort comme *magicienne*, elle alla expier sa fortune mouïe sur un bûcher, en place de Grève !

Depuis l'extinction de la race des Valois, chaque règne apporta sa pierre, pour ainsi dire, à l'édification de cet immense palais, dont l'ancienne monarchie a légué l'achèvement à la France nouvelle. Henri IV et Louis XIII firent continuer cette majestueuse galerie qui suit pendant un demi-quart de lieue le cours de la Seine, et joint le Louvre aux Tuileries.

L'aile occidentale du Louvre fut terminée, sous le second de ces deux rois, par le gros pavillon de l'Horloge, dont les belles cariatides appartiennent encore à Jean Goujon, car le sculpteur Sarrazin ne fut que le copiste de ce maître.

Claude Perrault, le médecin-architecte, vint ensuite, qui, dans les plus belles années du règne de Louis XIV, créa la fameuse Colonnade, en face de Saint-Germain-l'Auxerrois, tandis qu'on poursuivait à grands frais les magnifiques constructions de la cour carrée du Louvre.

Les L couronnées de Louis XIV et de Louis XV, le coq républicain et l'aigle napoléonienne, se côtoyant pacifiquement sur les frontons et les soubassements de l'édifice, attestent que tous les régimes politiques se sont religieusement transmis la tâche de finir le Louvre, bien que ce palais ait été sans retour abandonné par les rois, depuis que Louis XIV y installa les Académies et en céda généreusement la possession aux sciences et aux arts.

Napoléon commença, et notre époque aura sans doute l'honneur d'achever la grande galerie septentrionale, qui, parallèle à la galerie des Tableaux, complétera la jonction du Louvre et des Tuileries.

Les gigantesques proportions du palais, formé par cette réunion des deux palais, auront alors de quoi étonner l'imagination, et nos enfants jouiront d'un spectacle unique dans le monde, en se promenant dans l'immense Carrousel, qui n'offrira plus sans doute l'aspect d'une esplanade aride et nue, mais bien un jardin planté de beaux arbres, semé de fontaines jaillissantes, de statues, d'obélisques, de monuments de tout genre.

Bien des années s'écouleront peut-être avant la réalisation de ces merveilles; mais n'est-ce pas déjà une merveille que la grande cour du Louvre, le plus parfait, le plus beau monument de Paris après Notre-Dame? Ne sont-ce pas des merveilles aussi que ces richesses des beaux-arts, si dignes de l'édifice qui les renferme; ces salles, étincelantes de marbres et de dorures, où s'entassent les précieux débris de l'Égypte, de Rome, de la Grèce et du moyen âge?

Quel étranger n'est saisi d'admiration et d'enthousiasme, lorsque, après avoir franchi les degrés du grand escalier du Musée, il plonge ses regards dans cette galerie qui se prolonge à perte de vue entre deux rangées de chefs-d'œuvre empruntés à toutes les écoles et à tous les âges de la peinture moderne?

Le Louvre n'est-il pas, dès aujourd'hui, la gloire de Paris et de la France? Croirait-on que Dagobert avait ses meutes, ses chevaux et ses équipages de chasse sur l'emplacement de notre Musée? La *Louve* du Parisis

peut porter un défi à celle de Rome : le Capitole doit
envier notre Louvre.

LE TEMPLE

Ce nom seul, auquel se rattachent de sombres souvenirs qui seront éternellement debout à la place de la
vieille forteresse des Templiers, éveille dans l'âme une
tristesse involontaire, comme l'écho d'une prison,
comme le glas des funérailles. Deux des plus grandes
infortunes dont l'histoire ait jamais fait mention, planent, ainsi que des fantômes sanglants, à l'endroit où
s'élevait cette tour fameuse, d'où sortirent, à cinq
siècles d'intervalle, pour marcher à l'échafaud, les
chefs de l'ordre du Temple et le roi Louis XVI.

En 1118, dix-neuf ans après que les croisés, sous la
conduite de Pierre l'Ermite et de Godefroi de Bouillon,
eurent conquis sur les Sarrasins la Palestine et le tombeau de Jésus-Christ, neuf gentilshommes chrétiens
s'associèrent, à Jérusalem, pour protéger les pèlerins et
combattre les infidèles ; ils devaient, selon leurs statuts, garder le célibat, vivre en commun, et observer
les autres préceptes de la vie monastique.

Ces moines-soldats furent appelés *Frères de la milice du Temple*, parce que leur logis était voisin du lieu
où se voyait autrefois le célèbre temple de Salomon,
que l'empereur Titus avait renversé pendant le sac de
Jérusalem, et que l'apostat Julien avait tenté en vain
de réédifier pour insulter aux prophéties des Juifs. On

accusa les Templiers d'avoir renouvelé la tentative de
Julien l'Apostat, en rebâtissant ce temple avec des
institutions, et non avec des pierres.

Les membres du nouvel ordre religieux se distinguaient des autres moines par un costume plus militaire qu'ecclésiastique, dont l'épée et la cotte de mailles
étaient les ornements obligés. Suivant un pieux chroniqueur, leur dalmatique, longue robe de laine blanche
avec une croix de drap rouge sur l'épaule, *les admo-
nestait de ne pas craindre de répandre leur sang pour
Jésus-Christ.*

Ils se multiplièrent rapidement, grâce à la protection des papes, des rois et des prélats ; la jeune noblesse
s'enrôlait en foule dans cette sainte milice qui gagnait
le martyre et le paradis ; bientôt les belliqueux monastères du Temple, enrichis par la générosité des peuples,
furent plus nombreux que les couvents de bénédictins
par toute la chrétienté.

La *maison du Temple*, de Paris, avait été fondée vers
le milieu du douzième siècle, sous le règne de Louis le
Jeune, hors de l'enceinte de la ville, et l'espèce de faubourg qui se forma autour de ce monastère fortifié
devint assez considérable pour prendre le titre de *Ville
neuve du Temple.* Dans ces temps-là, les pauvres gens,
qui sentaient leur faiblesse aux vexations que tout
puissant, noble ou prêtre, ne se faisait pas faute de
leur faire subir, cherchaient pour appui quelque suzerain qui les défendait moyennant une redevance, et
qui les comptait comme des esclaves ou des troupeaux
désignés sous le nom humiliant d'*hommes de corps*
ou *serfs ;* mais, du moins, ces malheureux étaient placés

sous une main protectrice qui disposait seule de leurs biens et de leurs vies.

Philippe le Hardi, en 1279, accorda aux *religieux templiers* le droit de *haute et basse justice* sur la *ville neuve du Temple*, et il exempta leurs *sujets* de la *taille* ou impôt royal, et du guet ou service de la garde nocturne de Paris.

En reconnaissance des grands priviléges que leur avaient concédés les rois de France, les Templiers gardaient fidèlement, à l'abri de leurs remparts hérissés de tours, l'argent du fisc et le trésor des chartes de la couronne, lequel fut, plus tard, transféré à la Sainte-Chapelle. Le Temple était alors en état de soutenir un siége, si les Normands du neuvième siècle fussent revenus faire le dégât sous les murs de Paris ; à cette époque, les *pastoureaux* et d'autres bandes d'aventuriers surpassaient les cruautés et les ravages des anciens barbares du Nord ; mais ils n'osèrent venir assiéger la capitale.

Les Templiers avaient, dans l'enclos de leurs murs, une belle église construite sur le modèle du temple de Jérusalem, et les bâtiments de leur monastère, où se tenaient les chapitres généraux de l'Ordre, étaient si vastes et si somptueux, que le roi d'Angleterre, Henri III, à son passage à Paris, en 1254, aima mieux loger au Temple qu'au Palais de la Cité, que saint Louis lui avait offert pour résidence.

Les rois de France avaient aussi un appartement réservé dans l'intérieur du Temple, et ils venaient y loger de temps à autre, sous la foi des Templiers. L'aspect imposant de ce quartier général de l'Ordre, semblable

à une citadelle, fut complété, en 1300, par l'achèvement de la maîtresse tour, dont les fondements avaient
été jetés, un siècle auparavant, par frère Hubert, et
qui, flanquée de quatre tourelles, dominait au loin le
faubourg et la ville. Ce fut dans ce donjon inexpugnable
qu'on déposa les archives de l'Ordre.

Mais, au milieu de tant de prospérités, cet ordre
guerrier touchait à sa ruine. L'orgueil et la licence
s'étaient accrus avec le pouvoir et la richesse parmi
les Templiers, qui possédaient des terres immenses et
jusqu'à neuf mille maisons, la plupart fortifiées. Les
rois chrétiens craignirent pour leurs trônes.

Philippe le Bel avait conçu contre les Templiers une
haine mortelle, dont les véritables motifs ne sont pas
connus. Le pape Clément V, qui devait la tiare à ce
prince, se fit l'instrument servile de sa haine; l'orage
éclata inopinément sur l'ordre du Temple, et l'écrasa
en un seul jour.

Tous les Templiers de France furent arrêtés le 13 octobre 1307, et leurs domaines séquestrés entre les
mains du roi; le chef de l'Ordre, le grand maître
Jacques de Molay, avait été attiré de l'île de Chypre
sous de faux prétextes. On le saisit au Temple de Paris,
avec cent cinquante-quatre de ses chevaliers.

Le procès de l'Ordre et de ses membres fut instru't
par les commissaires du pape et du roi; ces *inquisi-
teurs* rivalisèrent de zèle et d'iniquité : on chargea les
accusés des crimes les plus atroces et les plus invrai-
semblables; on prétendit qu'ils étaient vendus aux
mahométans, qu'ils adoraient les idoles, qu'ils se livraient à des vices infâmes; à force de tortures, on

leur arracha des aveux, que le grand maître et les principaux chevaliers désavouèrent ensuite, en appelant de
l'injustice de leurs persécuteurs à la justice de Dieu.

Une multitude de Templiers furent brûlés vifs au faubourg Saint-Antoine, à Saint-Denis, et dans beaucoup
d'autres lieux ; puis, le vénérable Jacques de Molay,
qui ne voulut pas survivre à ses frères, ni confesser
les impiétés absurdes qu'on leur imputait, monta sur le
bûcher à son tour, dans une petite île de la Seine, laquelle aujourd'hui, réunie à l'île de la Cité, forme le
môle du pont Neuf, et supporte la statue d'Henri IV.
Cette statue, érigée au meilleur des rois, ressemble à
un monument expiatoire destiné à effacer un acte sanglant de la royauté.

Le peuple, qui prend volontiers le parti des opprimés, regarda Jacques de Molay comme un martyr. Le
pape Clément mourut quarante jours après le supplice du grand maître ; et le roi Philippe, au bout
d'une année : le bruit se répandit que, du milieu des
flammes, Jacques de Molay expirant avait *ajourné* ses
deux bourreaux, dans ce double délai, par-devant le
tribunal de Dieu.

Philippe le Bel s'était emparé des immenses richesses de l'ordre du Temple, non sans en donner une
part au pape, son allié et son complice ; les terres et
les maisons, la plupart du moins, furent attribuées à
l'ordre religieux et militaire de Saint-Jean-de-Jérusalem, rival heureux de l'ordre du Temple : les robes
noires et les croix blanches des chevaliers de Saint-
Jean, appelés plus tard chevaliers de Rhodes et de
Malte, remplacèrent les robes blanches et les croix

rouges des Templiers; mais la forteresse et tout le quartier du Temple ont conservé ce nom jusqu'à nos jours.

Les chevaliers de Saint-Jean héritèrent aussi des droits et franchises de leurs devanciers, et l'on voyait encore, avant la Révolution, au coin des rues du Temple et des Vieilles-Haudriettes, les restes de l'échelle patibulaire, signe de la *haute justice* des seigneurs du Temple, qui avaient le droit de faire rendre par leur bailli et exécuter par leur bourreau des sentences capitales en dehors de la juridiction du Parlement de Paris.

Plusieurs tours du Temple et les bâtiments habités par les membres de l'ordre de Malte furent démolis successivement aux dix-septième et dix-huitième siècles, et remplacés par des constructions modernes. Il y avait, en outre, dans l'enclos, quelques grands jardins et différentes maisons, que l'ordre de Malte, déchu de sa grandeur et de sa fortune, louait à des marchands et à des ouvriers, intéressés à s'établir sur un territoire qui avait conservé ses anciens privilèges d'affranchissement de taille et de guet.

Depuis la décadence de la puissance musulmane, l'ordre de Malte, destiné à combattre les ennemis du Christ, avait perdu toute utilité. Après les événements de 89, les propriétés de cet Ordre devinrent des domaines nationaux, comme les autres biens ecclésiastiques, et la Convention, à la suite de la journée du 10 août, où Louis XVI fut précipité du trône, envoya ce malheureux roi et sa famille dans la grosse tour du Temple.

Le vertueux et faible prince, victime des fautes de ses ancêtres et des circonstances formidables qui poussèrent la France sous le régime de la *Terreur*, ne quitta sa prison que pour aller porter sa tête sur la place de la Révolution.

Ce fut aussi dans les ténèbres de cette tour fatale, que languit et s'éteignit, après la fin tragique de ses père et mère, le jeune dauphin, fils de Louis XVI, pauvre enfant que les mauvais traitements de ses geôliers avaient frappé à mort.

La tour du Temple fut abattue sous l'Empire, comme pour effacer la mémoire de cette royale captivité, et les dernières traces de l'antique enceinte disparurent avec ce donjon, aux fenêtres duquel on croyait toujours voir la tête de la comtesse de Lamballe promenée au bout d'une pique, et les augustes prisonniers reculant d'horreur à ce spectacle.

Une communauté de bénédictines fut installée par la Restauration dans le palais du grand prieur de Malte, en faveur de l'ancienne abbesse de Remiremont, la dernière princesse de Condé, afin que la religion eût un sanctuaire dans un lieu consacré par les souffrances et la résignation chrétienne des augustes prisonniers du Temple.

Dès 1802, on avait ouvert dans l'enclos du Temple une espèce de foire perpétuelle, peuplée de fripiers et de revendeuses, hangar rempli de vieilles hardes et de vieux oripeaux, hideuses catacombes où s'entassent les dépouilles fanées de nos modes éphémères, et où le pauvre vient acheter la défroque du riche pour en faire sa parure des *bons jours*.

Voilà ce qui tient aujourd'hui la place de la commanderie des Templiers et de la prison de Louis XVI !

LA SAINTE-CHAPELLE

On comptait autrefois quatre ou cinq chapelles dans l'enclos du Palais, où, selon une façon de parler proverbiale, il se disait autant de messes qu'en cour de Rome; mais, comme l'esprit de caste, qui divisait alors toutes les parties de la société, ne s'effaçait pas même devant l'égalité évangélique, chaque classe privilégiée voulait avoir au moins un banc-d'œuvre réservé pour faire ses dévotions; et la royauté, afin d'éviter le contact des clercs et des légistes qui affluaient vers elle à la faveur des cérémonies religieuses, s'isola dans une chapelle spéciale, qu'on nomma *sainte* à cause de cette royale destination; car, à cette époque, tout ce qui appartenait à la couronne prenait un caractère sacré et inviolable.

Vers l'an 1030, le bon roi Robert, qui n'avait de commun avec Charlemagne que son goût pour le plain-chant et la composition des hymnes latines, fonda, dans une des cours du Palais qu'il habitait, une chapelle sous l'invocation de saint Nicolas.

Cette chapelle fut rebâtie, cent ans après, par Louis le Gros, et disparut plus tard complétement pour faire place au noble et gracieux édifice de la Sainte-Chapelle, cachée, aujourd'hui encore, derrière les bâtiments du Palais qu'elle domine de son grand comble d'ardoises, autour duquel des animaux ailés et fantastiques semblent prêts à prendre leur vol et à se détacher des clochetons sculptés.

Le pieux roi Louis IX, ayant acheté de Baudouin, empereur de Constantinople, un morceau de la vraie Croix, la couronne d'épines de Jésus-Christ, et quelques autres monuments plus ou moins authentiques de la Passion, ne jugea pas sa chapelle digne de servir de tabernacle à ces saintes reliques, qu'il transporta sur ses épaules, depuis le faubourg Saint-Antoine jusqu'au Palais, marchant pieds nus, vêtu de laine, et la tête découverte, parmi les acclamations du peuple, le chant des psaumes et le carillon des cloches : il ordonna donc, dit un chroniqueur, *que l'on commençât de bâtir une chapelle d'une merveilleuse beauté, qui méritât de renfermer de si grands trésors.*

Le nom de l'architecte qui fut choisi répondait d'un chef-d'œuvre. Pierre de Montreuil, qui venait d'achever l'admirable chapelle de Notre-Dame dans l'abbaye de Saint-Germain-des-Prés, se surpassa lui-même par la hardiesse et la légèreté de cette nouvelle église : ainsi, les hautes voûtes en ogive, quoique reposant sur de légères colonnes latérales, et n'étant soutenues par aucun pilier à l'intérieur, ont résisté non-seulement à l'action destructive de six siècles, mais encore au violent incendie de 1630, qui dévora le toit et la flèche sans ruiner l'édifice de fond en comble.

Cette construction originale et singulière se compose de deux chapelles superposées, égales en étendue, sinon en hauteur : l'une était appliquée à l'usage particulier du roi, l'autre à celui de ses *domestiques* ou gens de sa maison. La chapelle haute, la plus belle des deux, est ornée de splendides vitraux où les peintres-verriers du treizième siècle se sont efforcés d'atteindre la perfection de l'architecte : c'était là qu'on gardait le dépôt des reliques renfermées dans une grande châsse de bronze doré, placée sur le maître autel. La Couronne d'épines était à part dans une triple boîte de bois, d'argent et d'or. Les reliquaires, couverts de pierreries, coûtèrent à saint Louis plus de cent mille livres tournois, deux fois autant que le chef-d'œuvre architectural de Pierre de Montreuil.

La Sainte-Chapelle étant terminée, grâce au zèle pieux de son fondateur, au mois d'avril 1248, la chapelle haute fut dédiée à la sainte Croix et à la sainte Couronne; la chapelle basse, à la sainte Vierge. Les dépenses générales de l'édifice ne s'élevaient qu'à 40,000 livres tournois, valant 800,000 livres de notre monnaie, ce qui représenterait maintenant une bien plus forte somme, eu égard à l'augmentation du prix de toutes les denrées.

Le trésor de la Sainte-Chapelle n'était pas seulement riche en reliques extraordinaires, de la conservation desquelles on faisait dépendre le salut de la monarchie : il y avait plusieurs antiquités inestimables, entre autres un camée en agate onyx, du plus beau travail, et remarquable surtout par sa grande dimension; ce camée est à présent mieux placé à la Bibliothèque du Roi, où il a déjà pourtant été volé deux fois.

Saint Louis confia aussi aux *trésoriers* de la Sainte-Chapelle des reliques d'un autre genre. Ce roi, qui fut à la fois un chrétien dévot, un souverain équitable et un ami éclairé de la science, réunit dans une salle de la Sainte-Chapelle mille à onze cents manuscrits, tant originaux que copies exécutées à grands frais, relatifs la plupart à la théologie, et permit aux savants de consulter ces livres, qui étaient fort rares et fort chers en ce temps-là. C'est la première bibliothèque publique dont il soit fait mention dans l'histoire des rois de France; malheureusement elle fut dispersée à la mort du saint roi, qui l'avait lui-même partagée par testament entre plusieurs couvents.

Deux grandes chambres attenant à la Sainte-Chapelle contenaient, en outre, le *Trésor des Chartes*, immense collection de tous les titres de la Couronne, classés par registres et par *layettes*, espèces de boîtes numérotées.

Anciennement les rois traînaient toujours après eux, dans leurs voyages, les papiers du domaine royal; ces *diplômes* étaient sujets à se perdre et à se détériorer par suite de continuels déplacements. Enfin Philippe Auguste, durant ses guerres contre le roi d'Angleterre, Richard Cœur de Lion, tomba un jour dans une embuscade près de Blois et se vit enlever sa chancellerie avec son grand scel, que les Anglais transportèrent à la Tour de Londres. Depuis cet accident, le Trésor des Chartes ne fut plus ambulatoire et demeura sous la sauvegarde de la Sainte-Chapelle, jusqu'à ce que le surintendant Fouquet eût fait bâtir un hôtel pour y mettre plus convenablement ces précieuses archives, dont les historiens Dupuy et Godefroy avaient dressé l'inventaire.

Les chanoines et *chapelains* de la Sainte-Chapelle, comme les moines de Saint-Germain-des-Prés et de Sainte-Geneviève, se trouvaient affranchis de la juridiction de l'évêque de Paris et ne relevaient que du pape.

Ces chanoines, dont les revenus considérables entretenaient la paresse, furent à diverses époques réprimandés par le saint-siége et réformés par les rois de France : tantôt ils négligeaient le service divin, tantôt ils portaient des collerettes, des chausses retroussées sur les genoux, et des souliers à longues pointes; tantôt ils se livraient à tous les excès d'un luxe insolent et d'une criminelle dépravation.

Les principaux dignitaires de ce Chapitre étaient le trésorier, qui se coiffait de la mitre épiscopale et s'intitulait *archichapelain*, et même *pape de la Sainte-Chapelle*, et le chantre, qui paraissait dans les fêtes solennelles avec une sorte de crosse appelée *bâton du chantre* et ornée d'une tête de Titus qu'on avait métamorphosé en saint Louis.

On ne peut nommer ces deux personnages sans se rappeler leur rivalité et leurs querelles, immortalisées par le poëme du *Lutrin*, dont la Sainte-Chapelle est le théâtre. Comme on le voit dans ce poëme, qui se termine par le combat burlesque des partisans du trésorier contre ceux du chantre, sur les degrés du perron de la Sainte-Chapelle, la boutique du libraire Barbin, qui publia les ouvrages de la plupart des grands écrivains du dix-septième siècle, était située au bas de ce perron qui conduit aux Galeries du Palais.

L'ancien perron n'existe plus, ce perron couvert,

dont les arceaux légers se courbaient comme les tentures d'un baldaquin de velours, et dont l'architecture fleurie s'harmoniait si bien avec celle de l'escalier voisin de la Chambre des comptes. Ce dernier a péri dans un incendie; l'autre fut victime de cette manie de détruire qui découronna la Sainte-Chapelle de sa flèche aérienne, dans la crise révolutionnaire, où les monuments semblaient devoir, de même que les hommes, passer sous un inflexible niveau.

L'auteur du *Lutrin* fut inhumé dans cette église qu'il avait célébrée en vers comiques. On croirait que les chanoines de la Sainte-Chapelle accordèrent cet honneur à la mémoire de Boileau, dans la crainte qu'un nouveau poëme satirique ne s'échappât de son tombeau. Peut-être ne fut-ce de leur part qu'un éclatant oubli des injures.

La Sainte-Chapelle, qui inspirait la verve des poëtes et protégeait de son ombre leurs œuvres au berceau, avait de plus la prérogative de chasser les démons et de guérir les possédés. La nuit du vendredi saint, les pauvres que l'esprit malin tourmentait et que l'on envoyait de tous côtés en pèlerinage étaient admis sans lumière dans l'église, qu'ils faisaient retentir de leurs hurlements. Tout à coup, aux premiers rayons du jour, le grand chantre apparaissait armé du morceau de la vraie Croix, et la vue de cette relique apaisait aussitôt les cris, les contorsions et les fureurs de ces malheureux; on entendait une vitre tomber en éclats : c'était la fuite des démons.

Ce miracle annuel, qui n'était sans doute qu'une allégorie prise à la lettre par la superstition populaire,

se continua jusqu'en 1770, et pourtant le morceau de
la vraie Croix avait été soustrait dans la nuit du 19 mai
1575, sans que les plus actives recherches des gens du
roi parvinssent à faire découvrir le voleur. Ce fut dans
Paris un deuil public, et Henri III, qu'on accusait d'a-
voir vendu la-relique aux Vénitiens, eut pitié des
alarmes de ses sujets que cette perte rendait inconso-
lables : l'année suivante, il fit publier à son de trompe
qu'il avait recouvré un autre morceau de la vraie Croix,
et que les fidèles pourraient aller l'adorer, suivant l'u-
sage, pendant la semaine sainte. Quelques rêveurs s'é-
taient imaginé que la vraie Croix avait en aversion le
séjour de la Sainte-Chapelle, depuis le sacrilége qui
s'y était commis du temps de Louis XII, quand un
écolier arracha l'hostie des mains du prêtre à l'autel,
et la foula aux pieds en invoquant les dieux du paganisme.

La Sainte-Chapelle a perdu ses reliques, si chères à
nos aïeux ; elle a perdu sa haute flèche fleurdelisée, rétablie après l'incendie de 1630, puis abattue il y a
cinquante ans ; son portail a été cruellement mutilé ;
mais elle n'en est pas moins un des plus magnifiques
monuments du moyen âge que possède la France, et
le seul de ce style qui subsiste encore dans Paris. Les
souvenirs historiques du règne de saint Louis semblent avoir servi d'égide, en 93, à cette église, où l'on
rassembla les archives judiciaires sous les auspices de
ce roi, qui a rédigé le premier code de lois françaises.

Ne rouvrira-t-on pas bientôt à la religion et aux arts
ce vénérable édifice, aujourd'hui encombré par les poudreux registres du Parlement de Paris ? Ne sauvera-t-on

pas les derniers vitraux peints qui n'aient pas été brisés à coups de pierre par la populace de 93? N'épar-
gnera-t-on pas ce que la Bande Noire a épargné?

LA MAISON DE FLAMEL

On ne remarque, plus, dans le quartier Saint-Martin, la maison qui fait le coin de la rue Marivaux et de
celle des Écrivains : elle est bien différente, en effet,
de cé qu'elle était il y a quatre siècles; et même, depuis
cinquante ans, maçons et badigeonneurs ont effacé
le chiffre des années sur la face noirâtre de cette
célèbre demeure de Nicolas Flamel, l'écrivain. Un marchand de vins a entassé ses tonneaux dans la cave où
se cache peut-être la Pierre Philosophale; il a dressé
son comptoir dans la salle basse où l'habile calligraphe
avait sa boutique, et, insouciant de son mystérieux
devancier, il couche à l'endroit même où Flamel et sa
femme Pernelle dormaient au milieu de leurs trésors,
du temps de Charles VI, qui, tout roi qu'il fût, n'avait
pas un écu dans ses coffres. Ces métamorphoses des
lieux et cet oubli de la tradition font rêver le philosophe, qui aime à regarder les hommes et les choses
dans le passé, qui interroge les échos de la tombe, et
qui pèse en sa main la poussière des générations.

Devant l'habitation de Flamel, laquelle pourtant est
restée debout, quoique mutilée et défigurée, s'élevait
une vieille et solennelle église, Saint-Jacques-la-Bou-

cherie, que le marteau révolutionnaire a jetée bas, et dont la tour seule domine encore le marché, construit sur l'emplacement du saint lieu, comme un mât sortant des eaux après le naufrage d'un navire. Cette église, que Flamel avait prise en dévotion particulière, qu'il avait ornée, agrandie et enrichie de ses deniers, où il s'était fait par testament un asile mortuaire, environné de messes et de reconnaissance paroissiale; cette église a disparu avec la sépulture de son bienfaiteur, qui comprenait si bien l'inanité de la vie terrestre, et qui fit écrire au-dessus de la représentation sculptée de son cadavre à demi consommé : *De terre suis venu et en terre retourne.*

Nicolas Flamel était simple écrivain vers 1360. En ce temps-là, les écrivains tenaient lieu d'imprimeurs; et, pour peu qu'ils eussent le talent d'écrire nettement et correctement des livres, surtout des missels, rehaussés d'enluminures et de dorures, ils devenaient sans peine plus riches que les auteurs. On aura une idée de la valeur des manuscrits, en sachant qu'un roi de France mit en dépôt une somme considérable pour emprunter à l'abbaye de Saint-Denis un ouvrage qu'il voulait faire copier. Nicolas Flamel surpassait tous les écrivains qui occupaient les échoppes adossées à Saint-Jacques-la-Boucherie, et il acquit une fortune égale à sa réputation; il épousa la bonne Pernelle, avec une dot qu'ils accrurent par leurs économies, et bientôt sa maison, à l'enseigne de la *Fleur de lys*, devint une école fréquentée par des gens de cour, qui achetaient fort cher ses leçons d'écriture. Le premier usage que fit de ses gains le laborieux Flamel fut consacré à des fondations de piété et d'art : il dota les églises, pour avoir le droit d'y placer son image à genoux, l'écritoire à la ceinture. Ainsi, loin de rougir de la source de ses biens, il s'en glorifiait comme d'un écusson nobiliaire. La plume et l'écritoire furent dès lors ses armes parlantes.

On raconte que, dans les commencements de son mariage, il acheta pour deux florins un vieux manuscrit de papyrus, qui contenait un ouvrage d'*Abraham le Juif, prince, prêtre, lévite, astrologue et philosophe*. Cet ouvrage, gravé avec une pointe de fer, et rempli de *belles figures* peintes, enseignait la transformation des métaux et le secret de faire de l'or ; mais Flamel, après bien des essais infructueux, résolut d'accomplir un pèlerinage à Saint-Jacques de Compostelle, en Espagne, pour demander au saint et à Dieu l'interprétation de ces figures nommées *hermétiques*. Il partit donc, habillé en pèlerin, s'acquitta de son vœu, et rencontra dans la ville de Léon un médecin juif, appelé maître Canchis, fort versé dans les sciences *sublimes*. Ce médecin, transporté de joie à la nouvelle de l'existence du livre d'Abraham, promit d'expliquer ce précieux livre, et donna quelques échantillons de son savoir-faire au pèlerin, qui ne se sépara plus de maître Canchis ; mais celui-ci tomba malade pendant le voyage, et mourut à Orléans, où Flamel obtint qu'il fût enterré, malgré son judaïsme, dans l'église de Sainte-Croix. Flamel, de retour à Paris, recommença ses expériences alchimiques, *ne faisant qu'étudier, travailler, priant Dieu, le chapelet à la main, lisant attentivement, essayant diverses opérations*. Au bout de trois ans de tentatives inutiles, il convertit une demi-livre de mercure en argent pur, et *le 17 de janvier, environ midi, présente Pernelle seule, l'an 1382, il transforma le mercure en or, meilleur que.l'or commun.* De ce moment, Nicolas Flamel fut au comble de ses espérances et de ses richesses.

L'envie, il est vrai, assigna une autre origine à cette subite fortune, qui augmentait de jour en jour : on prétendit que Flamel s'était fait le dépositaire des créances de tous les juifs qui furent chassés de France, et qu'il s'empara, pour son compte, des sommes immenses que ces usuriers lui avaient confiées. Nicolas Flamel, propriétaire de plus de trente maisons et domaines à Paris, sembla, par ses générosités aux églises et aux pauvres, vouloir purifier la source de sa fortune, que le peuple attribuait à un pacte diabolique, et que les gens éclairés ne rapportaient à aucune cause surnaturelle, mais seulement à une sage industrie et à un labeur infatigable. Flamel survécut à sa femme Pernelle, et mourut en 1417, sans laisser à personne le don de la *science hermétique.*

Avant la Révolution, Nicolas Flamel se voyait encore en peinture, sur les vitraux; en sculpture sur les portes des églises; toujours vêtu de son costume d'écrivain, toujours armé de son écritoire, toujours agenouillé par humilité, toujours accompagné de versets de la Bible ou de vers de sa façon sur la vanité de ce bas monde, sur la mort et sur l'autre vie :

> Hélas! mourir convient,
> Sans remède, homme, femm !

lisait-on sur le tombeau de Pernelle, au cimetière des Saints-Innocents.

Nicolas Flamel est encore invoqué comme un saint, par les *hermétistes*, moins nombreux de jour en jour, qui cherchent follement la *Bénite Pierre* ou Pierre philosophale. Les livres sur cette matière abstraite, qu'on a publiés sous son nom et dont il n'est pas l'auteur, sont encore consultés, commentés par quelques savants crédules, qui se ruinent en épreuves *chimiques* dans l'espoir de s'enrichir de même que le fameux écrivain. Pendant le dernier siècle, un inconnu offrit de faire réparer, à ses frais, la maison de Nicolas Flamel, laquelle avait été léguée à la paroisse de Saint-Jacques-la-Boucherie. Le Chapitre de cette église accepta l'offre de cet étranger, qui s'annonçait comme un pieux donataire, et la maison fut livrée aux ouvriers. On enleva les inscriptions, on remua le sol de la cave, on regratta les murs; mais l'ordonnateur de ces travaux fut trompé dans son attente, et ne découvrit que du charbon pilé, des fioles de verre, et des instruments d'alchimiste; il s'enfuit, sans payer les ouvriers, et probablement sans avoir trouvé le secret de Nicolas Flamel.

Enfin on a cru, et peut-être quelques-uns croient-ils aujourd'hui, que Flamel et Pernelle ne sont pas morts et ne mourront point. Outre la Pierre Bénite, Flamel, dit-on, avait inventé *l'élixir parfait ou médecine de l'ordre supérieur*, espèce d'eau de Jouvence que connaissaient les patriarches Noé et Mathusalem, qui vécurent plusieurs siècles. Un voyageur du temps de Louis XIV, Paul Lucas, assure que les deux époux de la rue des Écrivains s'étaient fixés dans les Indes, et il rencontra, en Grèce, un derviche qui se disait l'intime ami de Nicolas Flamel. Si ce dernier revient jamais à Paris, il sera sans doute fort scandalisé de voir son laboratoire profané par un marchand de vins.

LE CIMETIÈRE DES SAINTS-INNOCENTS

Autrefois, par un usage que l'esprit philosophique n'avait pourtant pas créé, les cimetières et les marchés se touchaient, comme pour montrer que la vie est toujours voisine de la mort; souvent même le marché s'emparait, à jours fixes, du cimetière, et, pour un temps, les fosses disparaissaient sous les pieds des vendeurs que Jésus-Christ chassa du temple. Il en est encore ainsi dans quelques provinces de France, et en Suisse, où le cimetière est ordinairement le théâtre des jeux, des promenades et des ébats du dimanche : c'est là, parmi les herbes hautes et touffues, vis-à-vis d'un pot de bière et d'un jeu de boule, que se traitent et se concluent les affaires d'intérêt, de plaisir et de famille; car un écho funèbre n'y répète jamais ces paroles solennelles : « Souviens-toi, homme, que tu es poussière et que tu retourneras en poussière! »

Un cimetière, il est vrai, ne ressemblait guère autrefois à ces *champs du repos*, qui datent de la Révolution et qui ont effacé le caractère lugubre de la tombe : nos ancêtres ne connaissaient pas les raffinements du Père-Lachaise, où la mort s'embaume de fleurs et s'égaye d'ombrages pleins de chants d'oiseaux. Jusqu'à la fin du dix-huitième siècle, la Mort, nue et hideuse, résida au milieu des villes et empoisonna l'air des vivants ; lors que la noblesse et la fortune n'ouvraient pas aux défunts les caveaux d'une église pour y dormir dans les ténèbres sous le poids fastueux d'un mausolée, les morts trouvaient, pour dernier lit, un peu de terre formée de corruption humaine, dans le quartier des Halles, au cimetière des Saints-Innocents, gouffre insatiable qui, depuis huit cents ans, dévorait des cadavres, et qui avait englouti plusieurs millions d'hommes : aujourd'hui le marché a envahi le cimetière.

Ce cimetière, le plus considérable de tous ceux que Paris enfermait alors dans son enceinte de murailles, a son emplacement marqué entre les rues Saint-Denis, aux Fers, de la Lingerie, et de la Ferronnerie : il faut diminuer cet espace, déjà si resserré, en se représentant l'église des Saints-Innocents qui occupait l'angle des rues Saint-Denis et aux Fers, et les charniers, espèce de galeries basses, qui régnaient autour du terrain réservé pour les sépultures.

C'étaient primitivement des marécages, que la culture changea en prés, à l'époque où Lutèce était toute comprise dans l'île de la Cité ; dès que les habitants se groupèrent dans un faubourg sur la rive droite de la Seine, les prés ne tardèrent pas à se partager en marché et en cimetière, ces deux nécessités d'une ville ; mais ils gardèrent le nom de *Champeaux*. Dès longtemps le voisinage de quelques oratoires sur la route de Saint-Denis avait attiré des sépultures sous les auspices de Sainte-Opportune, et le cimetière, qui fut fondé en même temps que l'église dédiée à cette sainte, alla s'agrandissant pendant plusieurs siècles, à proportion des accroissements de Paris. Le sol se peuplait dessus et dessous.

Mais à combien de profanations était exposé l'asile des morts, lorsque Philippe Auguste, par un sentiment de respect tout chrétien, le fit enclore de murs élevés et fermer de portes solides! Les animaux immondes y fouillaient la terre en liberté ; les brebis et les chevaux y trouvaient un pâturage : le jour, c'était un lieu de débauche; la nuit, un repaire de voleurs et d'assassins. Il paraît que vers cette époque un grand crime fut commis, peut-être dans le cimetière même : les juifs crucifièrent un enfant, en commémoration du supplice de Jésus-Christ; cet enfant, nommé Richard, fut mis au nombre des saints; et la chapelle du cimetière, dédiée d'abord sous son invocation, réunit bientôt à ce premier patron les Saints-Innocents, qui ont laissé leur nom à un marché et à une fontaine.

Deux siècles plus tard, le cimetière étant rempli, on exhuma les ossements que le temps n'avait pas mis en poudre, et ces ossements demeurèrent entassés en plein air, jusqu'à ce que quelque personnage riche et pieux eût l'idée de donner un gîte plus honorable à ces débris qui pourrissaient pêle-mêle avec des charognes d'animaux. Ce fut peut-être le charitable Nicolas Flamel qui commença la construction des Charniers, *pour héberger les pauvres trépassés*, comme le disait une inscription, et son exemple fut imité à l'envi par tout ce qui voulait faire preuve de dévotion. Le maréchal de Boucicaut, ce vaillant chevalier et habile ambassadeur du règne de Charles VI, ne dédaigna pas de s'associer à des marchands et à des bourgeois pour l'œuvre des Charniers, qui remplacèrent rapidement la première clôture bâtie sous Philippe Auguste.

Ces Charniers formaient une galerie, ouverte seulement sur le cimetière, avec environ vingt-cinq arcades dans sa longueur, et quinze dans sa largeur; au-dessus de ces arcades, s'étendaient de vastes greniers ou galetas, dont le toit avait aussi son inclinaison et ses lucarnes du côté du cimetière : dans ces galetas, étaient rangés, à peu près comme dans nos Catacombes, les os que l'on avait retirés de la terre, et le caprice des fossoyeurs les disposait avec une symétrie et un ordre bizarres, qui excitaient tour à tour le rire et l'horreur : on oubliait que ces fragments de squelettes avaient eu le mouvement, la pensée et la parole! Au-dessous, le long des Charniers, les tombeaux se pressaient de toutes parts, suspendus à la voûte, attachés aux parois, scellés dans le pavé; et, de toutes parts aussi, des épitaphes, des sculptures, des peintures, enfin les efforts de l'homme qui cherche à se survivre dans la pierre et le marbre. •

Mais les morts ne jouirent pas longtemps seuls de leur propriété : les artistes décorateurs s'y glissèrent les premiers, sous prétexte d'être plus à portée de satisfaire les regrets des parents et amis; aux *ornemanistes* et *imagiers* se joignirent les écrivains publics, dont le ministère pouvait n'être pas inutile en affaire d'épitaphe et de testament; mais les écrivains furent suivis des *bimbelotiers* ou fabricants de jouets d'enfants, des *dorelotières* ou faiseuses de rubans, enfin des marchandes de modes ! Il y a soixante ans, ces Charniers présentaient encore ce spectacle scandaleux : chaque tombe était occupée par une boutique ; chaque épitaphe cachée sous un étal. Il fallut la construction du Palais-Royal pour ôter la vogue au commerce de ces Charniers, qui étaient plus achalandés que les Galeries du Palais-de-Justice.

Quant au cimetière, on y enterrait toujours ; et chaque fois qu'il était plein, on le vidait dans les galetas qui ployaient sous les dépouilles de cinquante générations. Ce cimetière avait reçu jusqu'à vingt mille cadavres pendant huit jours de peste, comme il arriva en l'année 1435 ; mais sa terre noire et grasse possédait, dit-on, une qualité particulière pour consommer les corps en moins d'une semaine. L'aspect de ce lieu était horrible, sans consolation et sans mélancólie : cette terre, sans cesse remuée pour les morts, sans cesse battue par les passants, ne reposait les yeux par aucune verdure, mais les attristait par la vue de quelques monuments privilégiés, entre autres le prétendu tombeau de saint Richard et la tour de Notre-Dame-des-Bois, sorte d'obélisque dont l'usage et l'origine étaient également inconnus. Rien de ce silence imposant qui doit accompagner la mort ; rien qui pût inspirer les idées d'une autre vie : on n'entendait là que les cris des boutiquiers, les rumeurs des Halles et les aboiements des chiens ; on ne voyait là que des pauvres, des écoliers et des portefaix : le soir d'un enterrement, on n'eût pas retrouvé la fosse qu'on avait fermée le matin, tant les pas étaient prompts à la fouler !

Depuis des années, ce foyer d'infection permanent,

au centre d'un quartier populeux, avait ému les chefs
de la salubrité publique; mais la routine reculait de
jour en jour une réforme qui blessait quelques intérêts particuliers : plusieurs fois les hommes de l'art
avaient déclaré que les maladies et la mortalité s'aug-
mentaient des miasmes putrides que ce cimetière dé-
gageait dans l'atmosphère de Paris. Qui sait jusqu'où
l'incurie civile eût négligé ces sages admonitions, lorsqu'un accident força l'autorité de céder enfin aux re-
montrances de la philanthropie? La pression des
cadavres accumulés dans les fosses était telle, que plusieurs caves des maisons voisines s'écroulèrent, et il
fut constaté que la décomposition des corps ne se
faisait plus dans cet enclos saturé de pourriture; alors
le cimetière fut fermé, avec défense de continuer les
inhumations, et, au bout du temps nécessaire pour
cette métamorphose, on transporta dans le fond des
carrières cette terre qui avait été cadavre ; on démolit
les Charniers, on nivela le sol, on le pava, et on y ouvrit un vaste marché, orné d'une ancienne fontaine
due au ciseau du célèbre Jean Goujon.

Aujourd'hui il ne reste plus rien du cimetière; mais
on ne peut s'empêcher, en traversant ce marché sale et
bruyant, de songer que la moitié des habitants de
Paris, pendant huit siècles, a disparu à cette même
place, et que, sous ces échoppes où abondent les denrées
utiles à la vie, on trouverait encore des ossements et
une odeur de sépulture.

HOTEL SAINT-PAUL ET HOTEL
DES TOURNELLES

On peut dire que l'imprimerie a tué la tradition :
avant que l'invention d'Ulric Guttemberg eût rendu la
pensée impérissable en la multipliant avec les livres, la
mémoire des peuples était plus fidèle aux souvenirs du
passé, parce qu'elle ne reposait pas sans doute sur
les archives de l'histoire écrite; alors, le père répétait
à son fils ce que l'aïeul avait raconté, et le récit primitif passait ainsi de bouche en bouche, et de génération
en génération; aujourd'hui, on se fie à l'imprimeur et
surtout à l'écrivain : tout s'imprime, tout se lit; le
grand-père ne s'expose pas au désappointement de
narrer une anecdote que l'enfant a peut-être trouvée
la veille dans un journal; enfin, les faits sont plus
nombreux, et le meilleur cerveau ne saurait les garder
tous; voilà pourquoi on les oublie si vite, faute de
temps et de place. Qui oserait prétendre se rappeler,
sans erreur ni omission, les événements des trente
dernières années?

Autrefois on se rappelait les siècles mieux que nous
ne faisons les années : on ne regardait pas Montmartre,
sans songer au temple de Mars qui avait couronné ce
mont consacré au dieu de la guerre, sans donner un
signe de croix à saint Denis et à ses compagnons, qui
souffrirent le martyre dans l'endroit même où tournent

maintenant les moulins; si l'on traversait le Petit Pont aboutissant au Petit-Châtelet, démoli avant la Révolution, on frémissait à l'idée du terrible siége que les Parisiens soutinrent contre les Normands en 885; le Grand-Châtelet parlait de César et de la conquête des Gaules par les légions romaines; le Palais et la Sainte-Chapelle, du bon roi saint Louis, qu'on retrouvait encore assis en tribunal de justice sous son chêne de Vincennes. Venait-on à l'église de Saint-Barthélemy, on croyait voir le roi Robert, prosterné dans la rue, pour recueillir quelque chose de l'office divin qui lui était interdit jusqu'à ce qu'il eût quitté son épouse Berthe. Allait-on à la foire Saint-Laurent, qui n'a pas survécu aux marionnettes de Nicolet, on se figurait cette antique procession du Landit, où les écoliers de l'Université allaient acheter plumes et parchemins dans la plaine de Saint-Denis. On ne s'agenouillait pas dans une église, sans marcher sur une tombe; on n'élevait pas la voix dans le vieux Paris, sans éveiller un écho de l'histoire. A présent, on ne découvre plus le passé derrière le présent, on ne demande pas compte de la veille au lendemain; on ne tient pas à savoir ce qui est, pour savoir ce qui a été; on a effacé les généalogies avec les blasons : on dirait que le monde a commencé et finira avec nous! La religion des lieux et des pierres ressemble à une manie, depuis que les reliques et les pèlerinages ont perdu leur crédit avec les consolations de la foi et de la reconnaissance. Parmi cette multitude élégante et parée qui se presse à la promenade de Longchamps pendant la semaine sainte, combien peu soupçonnent l'origine d'un usage devenu frivole, de

pieux qu'il était ! Se demande-t-on, à la vue du bœuf-
gras, le sens allégorique de cette cérémonie du paganisme? On contemple la statue équestre d'Henri IV,
sur le pont Neuf, et on ne chercherait pas, sous ce
piédestal, renversé par la Terreur et relevé par la
Restauration, les cendres du bûcher des Templiers ! Les
mots mêmes ne signifient plus rien. Suivez la rue
Saint-Antoine : ici, la rue *Saint-Paul;* là, les rues des
Lions et de la *Cérisaie;* plus loin, la rue du *Petit-
Musc,* la rue *Beautreillis;* vous ne voyez pas le palais
de Charles V, l hôtel Saint-Paul ! Visitez l'autre côté
de la rue Saint-Antoine, où les Bourguignons, la
Fronde, la Ligue et 93 ont répandu tant de sang, ont
semé tant de ruines : voici la rue des *Tournelles,* la
rue du *Parc,* la place *Royale;* eh bien ! n'apercevez-
vous point la trace du palais de Charles VII, l'hôtel
des Tournelles ?

Ces deux vastes hôtels ont entièrement disparu : il
n'en reste que des noms de rues, comme pour indiquer les différentes localités de ces demeures royales
qui seront toujours debout dans l'histoire de France ;
c'est avec des noms de rues et à l'aide de lambeaux de
chroniques, qu'on parviendrait à reconstruire, en imagination, *l'hôtel solennel des grands ébattements de
Charles V,* et la *maison royale des Tournelles.*

Pendant la captivité du roi Jean en Angleterre, son
fils, le dauphin Charles, inquiet des tumultes qui
avaient lieu dans Paris et surtout aux alentours du
Palais, dans la Cité, transporte sa cour au quartier
Saint-Antoine, pour être plus à portée du château de
Vincennes et de la Bastille, qui existait probablement

à cette époque. Le dauphin ne fit pas bâtir un hôtel, parce qu'il était impatient de fixer son séjour dans le voisinage de ses deux forteresses; il acheta de divers particuliers, et entre autres de l'archevêque de Sens et de l'abbé de Saint-Maur, un grand espace de terrain et plusieurs maisons qu'il enferma dans une seule enceinte, qui s'étendait de la rue Saint-Antoine à la rivière, et de l'église Saint-Paul à la Bastille. Ces acquisitions furent payées avec l'argent des Parisiens, qui murmuraient à chaque nouvelle *crue de taille*. En ce temps-là, les rois déliaient souvent les cordons de la bourse de leurs sujets.

Ce domaine fut réuni à celui de la couronne par Charles V, qui, en devenant roi à la mort de son père, dépensa de grosses sommes de son épargne, pour augmenter et embellir son *séjour* de la rue Saint-Antoine; il habitait l'hôtel de Sens, que nous avons conservé sous la métamorphose d'un roulage, et qui étonne les passants, de son frontispice gothique, à l'angle de la rue du Figuier. Cet hôtel étale encore à l'extérieur quelques débris de sculptures, ses fenêtres en ogive dégarnies de leurs vitraux peints, et ses portiques égratignés par l'essieu des roues; mais l'intérieur, encombré de fumier et transformé en écuries, n'offre aucun monument qui rappelle son ancienne destination. Les chevaux ont leur litière dans la *chambre où gît le roi;* le fourrage remplit la *chambre des nappes;* les palefreniers fument et boivent dans la *chambre du retrait*, dans la *chambre de l'étude;* on a changé en remises et en magasins les galeries où se promenaient les belles dames et les gentilshommes, en *devisant de menus propos hon-*

nétes; il pleut, il gèle, il vente dans la *chambre des étuves,* où des rois et des reines prenaient ces bains de vapeur parfumés que les croisades avaient importés de l'Orient. Hélas! le portier occupe un des *chauffe-doux,* petites salles chauffées en hiver par des poêles de fonte, dans lesquelles s'assemblaient les gens de cour, auprès du brasier et dans une atmosphère étouffante, pour attendre la cloche des repas et consacrer la veillée au jeu et aux *joyeux devis.* Où sont les girouettes armoriées qui criaient sur les combles de l'édifice? Où sont les montoirs de pierre qui aidaient les chevaliers à se mettre en selle? Où sont les damoiselles coiffées de hauts bonnets à hénin, habillées d'étoffes de brocart et de velours, chargées de pierreries et de fourrures? Où sont les écuyers, les pages, les varlets, les seigneurs portant leurs écussons sur leur poitrine, la tête ombragée de plumes et les pieds chaussés de souliers *à la poulaine,* dont la pointe se dressait comme une flèche ou s'ornait de capricieuses *orfévreries?* Où sont les hommes d'armes, aux harnois éblouissants, montés sur leurs grands chevaux bardés de fer et caparaçonnés d'or et de soie?

Dans ces chambres noires de fumée, aux mitrailles infectes, aux lambris vermoulus, au plancher tremblant, la misère et la malpropreté, le peuple avec son jargon trivial et son aspect repoussant, tel est le spectacle que présente l'hôtel de Charles V. Les seuls accessoires de ce tableau qui n'aient guère varié depuis le quatorzième siècle, ce sont les mendiants hideux accroupis à la porte et s'épanouissant au soleil!

Le fondateur de ces deux beaux hôtels, Charles V,

avait voulu réunir l'utile à l'agréable, la magnificence royale à la simplicité champêtre; car, en ce temps là comme aujourd'hui, la royauté se reposait à l'ombre de ses foyers domestiques, la royauté ne dédaignait pas un trône de gazon ni une couronne de roses. Le Louvre de Philippe Auguste n'était plus assez éloigné de la ville, qui de jour en jour s'avançait vers lui pour l'envelopper dans un réseau de maisons et de rues, pour le menacer avec des milliers de fenêtres; d'ailleurs, ce Louvre, qui, dit-on, avait servi de tanière à la louve de Lutèce, contemporaine de celle de Rome, devenait sombre et noir comme un cachot, à mesure que les vapeurs de la Seine s'attachaient aux murailles de cette antique forteresse de la féodalité, à mesure que les souvenirs sanglants de son donjon s'entassaient sur ses créneaux. Charles V, ce sage roi, qui avait un fou d'office et un perroquet ou *papegaut*, respirait mal sous les voûtes lugubres qui avaient retenu les plaintes de trois comtes de Flandre, d'Enguerrand de Marigny et du roi de Navarre Charles le Mauvais : il alla donc à l'autre extrémité de Paris, pour y chercher de l'air, des arbres et des fleurs; mais il emporta dans cette émigration tous ses attributs royaux, ses lions, ses colombes, ses girouettes, ses hommes d'armes. Comme il aimait l'étude et les lettres, il n'oublia pas de se faire suivre par sa bibliothèque jusque dans ses maisons de plaisance.

L'hôtel Saint-Paul était plus vaste que l'hôtel des Tournelles, et Charles V, s'y plaisant aussi davantage, le fit embellir sous ses yeux durant tout son règne. Au lieu d'un bâtiment colossal, flanqué de grosses tours, d'une architecture uniforme, tel que la plupart des châteaux de la noblesse, c'étaient différents corps de logis à deux étages, séparés par des cours et des jardins. Dans la même enceinte, les princes et les grands officiers de la couronne avaient chacun ses appartements, sinon son hôtel particulier, accompagné d'un jardin. Le roi dormait plus tranquille entouré des nombreux serviteurs qui composaient sa maison, et son hôtel, formé de plusieurs grandes divisions, *paneterie*, *échansonnerie*, *fauconnerie*, etc., soumises chacune à une administration spéciale, ressemblait à une immense ruche d'abeilles, tant les emplois étaient bien partagés, tant l'organisation intérieure était disposée avec ordre et régularité.

Le roi avait pour son logement une grande chambre où il couchait, une grande salle basse où il dînait, une chambre du conseil, une chambre de parade équivalant au salon moderne, un cabinet d'étude, une grande garde-robe, un oratoire, une chapelle, et deux ou trois galeries. La plus petite de ces pièces était longue de vingt pieds; les galeries avaient jusqu'à quarante-deux toises d'étendue. La reine, le dauphin, les princes occupaient dans l'hôtel un *séjour*, à peu près semblable à celui du roi quant au nombre et à la destination des chambres, mais dans des proportions moins grandioses. L'ornement et l'ameublement de ces demeures royales nous sembleraient à présent fort misérables, quoique le luxe des habillements à cette époque fût bien supérieur au nôtre; car on voyait à la cour des gentilshommes et des gentillesfemmes qui portaient leurs moulins, leurs vignes et leurs prés sur leurs épaules, suivant l'expression pittoresque d'un courtisan de François I".

Ces énormes salles, dont le génie naïf des *tailleurs* ou statuaires et des peintres essayait de déguiser la monotone nudité, n'avaient pas de plus riche meuble que leur cheminée à large manteau qui pouvait couvrir à la fois toute une veillée écoutant les contes du trouvère. Ces cheminées étaient de véritables monuments, supportés souvent par des cariatides ou de gracieuses colonnettes. Le ciseau du sculpteur avait fouillé avec délicatesse les mille détails des arabesques de pierre, que le pinceau bariolait ensuite de vermillon, d'azur et d'or. Dans la chambre du roi, la cheminée avait pour supports deux chevaux, sur la croupe desquels s'appuyait le chambranle, hérissé d'animaux fantastiques que l'imagination bizarre des artistes allait chercher de préférence dans l'Apocalypse. Comme on se chauffait à l'aise devant ces larges foyers, dont les chenets pesaient plus de cent livres, et dont les *tenailles* ou pincettes de fer ciselé auraient pu figurer dans le palais de Gargantua!

Les murs des salles étaient souvent badigeonnés en jaune à la détrempe, comme la façade de nos maisons; mais on les peignait aussi avec des couleurs plus fines et plus éclatantes, que l'on semait d'armoiries, de devises, et même de rosettes d'étain blanc. Les tapisseries de haute lisse à personnages, les tentures de soie, celles en cuir doré et les boiseries commencèrent à décorer les appartements, après le temps de Charles V. Les plafonds, toujours lambrissés, étaient peints grossièrement, et les planchers, dallés en carreaux verts,

jaunes et noirs, à défaut de marbre, disparaissaient en
hiver sous des litières de paille ou bien sous des nattes
qui tenaient lieu de tapis.

Les meubles ordinaires étaient des siéges et des
bahuts. Les bahuts, sorte de coffres à couvercle ou
bien à portes, ne changeaient presque pas do modèle
sous l'habile main du menuisier, qui variait à l'infini
les moulures et les figurines de cette masse carrée,
que nous avons remplacée par la commode, le secrétaire et l'armoire; la huche au pain qu'on trouve
dans les campagnes n'est pas autre chose qu'un bahut
sans enjolivement. La serrurerie du quatorzième siécle
aurait pu lutter de finesse avec l'horlogerie de nos
jours; elle ciselait une clef à la manière des orféyres,
et enrichissait une serrure avec autant de recherche
et d'art que si c'eût été un joyau de femme. On travaillait alors pour les siécles, et l'on ne sacrifiait pas
l'avenir au présent; par exemple, on bâtissait tout en
pierre de taille, même les colombiers!

Les siéges étaient de plusieurs espèces : les *chaires*,
destinées surtout aux personnes les plus considérables
d'une assemblée, ces lourdes machines de bois ayant la
forme d'un fauteuil, mais avec un dossier beaucoup
plus élevé, que surmontait un dais pareillement en
bois sculpté, se distinguaient aussi par la quantité de
figures d'oiseaux et de bêtes entrelacées qui saillaient de
toutes parts en ronde bosse; un écusson armorié décorait presque toujours le dossier. Les *bancs* de bois, qui
offraient une surface peu moelleuse aux seigneurs et
même aux dames, étaient chargés d'ornements d'un
travail précieux; leur longueur pouvait être de vingt-

cinq pieds, et quelquefois une estrade de deux marches en faisait des siéges d'honneur. Les *formes* étaient des bancs plus petits et par conséquent plus portatifs, que l'on recouvrait d'un simple tapis. Les *escabelles* avaient l'aspect d'une caisse à panneaux ouvragés; quelques-unes, appelées *tréteaux*, étaient posées sur des piliers façonnés au tour. Enfin, la reine seule avait une chaise pliante, c'est-à-dire rembourrée de crin et garnie de cuir rouge de Cordoue, avec franges de soie et clous dorés.

La chambre à coucher était mieux meublée que les autres salles, à cause du *dressoir*, espèce de buffet à plusieurs degrés, sur lesquels brillait étalée la vaisselle d'or, d'argent et de cristal, qui consistait surtout en *aiguières* ou vases à mettre l'eau, en coupes, en bassins et en *drageoirs* contenant les dragées et les confitures. Le lit n'avait pas moins de dix ou douze pieds de largeur, si bien que le roi invitait ses favoris à dormir avec lui, en signe d'amitié fraternelle et chevaleresque. Ce lit d'*honneur*, en bois *ouvré*, auquel on arrivait par des gradins comme à un autel, était abrité par un pavillon ou *dorseret* de brocart ou de drap de soie, à *rourtines* ou rideaux amples de même étoffe. Chez le roi, les armes de France resplendissaient en broderies d'or sur le dorseret et les courtines. L'*accoutrement* du lit unissait la richesse à la commodité; les *couvertoirs* ou couvertures étaient de fourrure d'hermine doublés de drap léger, et les *linceuls* ou draps de gaze ou *crêpe empesé* traînaient jusqu'à terre; il y avait deux ou trois gros *carreaux* ou oreillers. Un lit seigneurial était, à toute heure de jour, préparé comme si l'on fût prêt à s'y coucher, les draps relevés sous les couvertures, ce qu'on nomme vulgairement là *couverture faite*. Auprès du lit, une grande chaire, où l'on ne s'asseyait jamais, servait sans doute de table de nuit, car on ne s'agenouillait pas devant cette chaire pour prier soir et matin ; le prie-Dieu ne sortait point de l'oratoire, et l'on ne mêlait pas, pour ainsi dire, les choses du ciel à celles de la terre.

Pendant la nuit, toutes les lumières, tous les feux étaient soigneusement éteints, excepté lorsque la reine se trouvait en couches, ou le roi malade ; alors seulement on allumait dans leur chambre deux *mortiers*, grands flambeaux d'argent où brûlaient des chandelles de cire jaune pareilles à des cierges. Pendant le jour, l'intérieur du palais ne recevait qu'une clarté chatoyante et indécise à travers les hautes croisées, treillissées de fil d'archal, emprisonnées de barreaux de fer et obscurcies de vitres peintes, représentant des armoiries, des images de saints et des sujets de la fable ou de l'histoire. Les palais des rois et les hôtels des seigneurs avaient presque le caractère mystique des édifices religieux, et les cérémonies de la cour rivalisaient avec les solennités de l'église chrétienne.

De grands événements se sont passés à diverses époques dans ces deux hôtels royaux ; bien des princes, bien des évêques, bien des rois même, y sont morts ; là ont eu lieu des mariages illustres, ici des naissances royales ; ailleurs, des pas d'armes et des fêtes célèbres. Que reste-t-il de tout cela ? Où trouve-t-on aujourd'hui les traces de ces magnificences ? On reconnaîtrait à peine une tourelle gothique, enfouie dans la maçonnerie de quelque arrière-cour, et changée en magasin ou en grenier. Le souvenir, qui évoque les personnages et les faits du vieux temps, hésite à les replacer dans ces rues désertes, dans ces maisons boiteuses, parmi cette population rare et chétive d'artisans et de bons rentiers. Pourtant, à chaque pas, on foule un sol historique; il y a des écussons d'armoiries derrière ces enseignes, et des noms de hauts barons sous ces noms de marchands, car le peuple occupe maintenant l'ancien domaine de la noblesse, et la boutique a partout envahi le palais.

Reconstruisons par la pensée ce noble hôtel Saint-Paul avec ses innombrables corps de logis; repeuplons-les de leurs habitants du quinzième siècle; que la cour de Charles VI y déploie son pompeux cérémonial, et que la féodalité se réveille à l'ombre de la Bastille, braquant ses couleuvrines sur le faubourg Saint-Antoine : quelle scène neuve et brillante va nous apparaître, au lieu de ces ruelles de boue qui s'entre-croisent autour de l'Arsenal!

Le jacquemart de la paroisse Saint-Paul sonne midi. Le jacquemart est une figure d'homme d'armes, ingénieusement fabriquée en bronze, qui, du haut de la tour de l'église, frappe l'heure avec sa masse sur une grosse cloche. Hélas! l'église n'a plus de tour, et le jacquemart a été fondu en gros sous, à la Révolution! Midi, c'est l'heure du dîner de nos bons aïeux, qui faisaient un repas de plus que nous. Les portes de l'hôtel se ferment; les archers de la garde du roi, habillés d'un corselet de cuir de cerf et coiffés d'un pot de fer ou casque sans visière, l'arc sur l'épaule et la *trousse* ou carquois à la ceinture, vont faire sentinelle pour empêcher que les voleurs ne s'introduisent dans le logis royal, et que les importuns ne viennent troubler la paix de la table. *Le roi des ribauds*, espèce de lieutenant de police attaché à la maison du roi, visite les cours et les galeries, à la tête de ses gardes de la porte, armés de bâtons ferrés, et fait sortir de l'hôtel toutes les personnes qui n'ont pas *bouche en cour*, c'est-à-dire qui ne sont pas nourries avec les officiers ordinaires du roi, de la reine et des princes. A cette heure-là le palais ressemble à la demeure d'un patriarche : chacun se rend au repas de la famille qui est servi dans les *salles* et les *tinels*. On ne voit pas un visage étranger; car la vaisselle d'argent a été tirée des buffets et des dressoirs, cette riche vaisselle qui excite sans cesse la cupidité des *mauvais garçons* et des *larronnesses :* hier encore on a enfoui vive une femme qui avait volé un drageoir de vermeil au couvert de madame Isabeau de Bavière.

Entrons dans la salle : le roi Charles VI est assis à table avec ses oncles et ses fils; la table a la forme d'un fer à cheval; les convives sont rangés d'un seul côté; le roi siège au milieu, dans une grande chaire surmontée d'un *dorseret* ou dais. Le dîner se compose de plats énormes et bizarrement variés d'aspect; la cuisine emprunte ses formes capricieuses au dessin et à l'architecture; la pâtisserie s'élève en forteresses, se hérisse en tourelles, se dresse en montagnes, se façonne en statues; ce sont des tourtes, des pâtés, des godiveaux, capables de donner des indigestions à un chapitre de couvent; les viandes sont abondantes, et chaque pièce se présente flanquée de gibier et d'oiseaux. On dirait, à voir ces quartiers de bœuf et de mouton, à demi couverts de pluviers, de bécasses, de pigeons et d'ortolans, que le banquet a été préparé pour des géants ou des ogres. Le mets le plus estimé, c'est le paon, qui semble vivre et nager dans un lac de sauce-verte, tant sa queue éclatante, tant son plumage doré, tant sa crête orgueilleuse ont été bien préservés des atteintes du feu. Maître Taillevent, le *queux* ou cuisinier par excellence, n'a pas de rival dans l'art culinaire, et ses recettes savantes ont survécu à l'hôtel Saint-Paul, puisque l'antiquaire en découvrirait quelques-unes dans notre *Cuisinière bourgeoise.*

Cette admirable cuisine pèche seulement par l'excès des épices, qui combattent parfois les parfums de l'eau de rose, cette compagne obligée de tous les ragoûts : soupes, rôtis, légumes, entremets, tout est arrosé de cette eau de rose, qui réjouit à la fois le palais et l'odorat. L'imagination du *queux* est intarissable : tous les jours, nouvelles soupes, nouvelles sauces, nouvelles friandises, et pourtant l'Amérique et le sucre n'étaient pas connus. Les sucreries au miel ne manquent pas; on compterait plus de trente sortes de confitures et de dragées. Le vin lui-même participe à la faveur qu'on accorde de préférence aux choses sucrées : le vin est cuit, aromatisé et miellé; le vin se métamorphose en *hypocras.* Des verres ! Les pages apportent des coupes d'or ciselées, des calices en cristal : le grand échanson fait l'essai de la boisson, comme le grand pannetier et le grand maître essayent le pain et les viandes, à mesure que les valets tranchants découpent et offrent au roi le plat essayé, sous une *touaille* ou serviette. L'étiquette veut que le roi et les princes du sang soient servis *couvert.*

Pas une seule femme dans l'assemblée; aussi un profond silence y règne-t-il. On n'entend que le claquement des mâchoires et le grincement des fourchettes à trois dents sur les assiettes d'argent. Ce n'est pas seulement le respect inspiré par la présence du roi, qui commande cette réserve aux assistants, mais on regarde le repas comme sanctifié par la prière qui le commence et qui le termine. Souvent un clerc de la chapelle fait une lecture pieuse dans les Écritures; quelquefois maître Salmon, le secrétaire du roi, récite des réflexions morales qu'il a rédigées sur des questions que Charles VI ne dédaigne pas de lui proposer.

Les grâces dites, on quitte la table et la salle. Chaque serviteur retourne à ses fonctions avec une diligence ponctuelle : les pages se répandent dans les galeries, dans les cours, dans les *étables;* on habille les grands chevaux pour la joute ou pour la promenade, on fourbit les armures et les armes, on encapuchonne les faucons pour la chasse au vol, on accouple les chiens pour la chasse au courre. La reine et les dames sont rentrées dans leur appartement secret, où elles brodent et filent en s'entretenant du dernier ou du prochain tournoi, du plus brave *tenant* et du plus beau coup de lance. Le roi, suivi de son bouffon qui l'égaye par des bons mots remplis de folie, se renferme avec ses conseillers, dicte des ordonnances, et règle l'administration de son royaume; ou bien, seul avec son confesseur, il lui demande une absolution, pour être toujours prêt à faire une bonne mort; ou bien, dans le cabinet du trésor, il examine les vastes armoires qui plient sous le poids de l'orfèvrerie, et qui resplendissent de pierres pré-

cieuses ; ou bien, dans sa *librairie*, il feuillette quelque lourd manuscrit, relié en bois, couvert de velours,
à fermoirs d'argent. Il lit deux ou trois pages, écrites
sur le vélin blanc avec des lettres en or et en couleur,
et admire les miniatures dues au pinceau de son
peintre Gringonneur, qui achève, en ce moment, de co-
lorier un jeu de cartes *pour les ébattements royaux*.

Jetons un dernier coup d'œil sur ces vieux palais
des rois, et rappelons encore quelques morts célèbres
qui y ont eu lieu à diverses époques, depuis l'année 1361,
où Charles V, alors Dauphin de France, fit commencer
la construction de l'hôtel Saint-Paul, jusqu'en 1569,
où le roi Charles IX ordonna la démolition de l'hôtel
des Tournelles, abandonné depuis la catastrophe de
Henri II, qui avait été blessé à mort dans un tournoi.

Le 3 juin 1389, Pierre d'Orgemont, le seul chancelier de France qui fût élu par la voie du scrutin, témoignage non équivoque de l'estime qu'on faisait de
ses talents et de son caractère, mourut dans une des
caves de l'hôtel des Tournelles qu'il avait fait bâtir.
Ce vieillard était affligé d'une étrange maladie, qu'on
regardait comme une *punition divine, à cause*, dit la
chronique de Juvénal des Ursins, *qu'il avait fait mourir messire Jean Desmarets*, célèbre avocat qui joua
un rôle pacificateur dans la révolte des Parisiens, en
1382. Pierre d'Orgemont, atteint d'une phthiriase qui
naissait sur toutes les parties de son être, fut bientôt
délaissé par les *physiciens* ou médecins, et par ses propres serviteurs ; il eut horreur de lui-même, il voulut se cacher à tous les yeux : enveloppé d'un drap qui
devait être son linceul, il descendit au fond d'une cave,

s'y débattit longtemps contre la mort, et, vivant encore, il sentit son corps s'en aller en putréfaction. La
tradition ajoute que la vermine qui le rongeait eut
bientôt pour auxiliaire une armée de rats par lesquels
il fut dévoré. On ne retrouva que son squelette, qui fut
enterré en grande pompe dans l'église de la Culture-
Sainte-Catherine, où l'on voyait sa statue armée de pied
en cap. Sa victime, Jean Desmarets, dont les ossements
furent conservés par le bourreau lui-même pendant
vingt-deux ans, eut aussi un tombeau en terre sainte,
dans l'église de Sainte-Catherine-du-Val-des-Écoliers.
La fin de ces deux ennemis avait été bien différente :
l'un avait péri sur l'échafaud, comme un martyr, en
se recommandant à la justice du ciel ; l'autre, le per-
sécuteur, avait expiré dans d'affreuses tortures, comme
un coupable, comme un damné, nouvel Antiochus
frappé par le bras d'un Dieu vengeur.

Le 20 octobre 1422, le malheureux roi Charles VI
alla de vie à trépassement; depuis trente ans, il était
moult troublé de maladie au cerveau, et il ne jouissait
de sa raison qu'à de longs intervalles, depuis que l'ap-
parition d'un homme noir dans la forêt du Mans l'avait
fait entrer en *frénésie.* Cette frénésie furieuse ne cédait
qu'à la voix de sa belle-fille Valentine de Milan ; et,
lorsque cette malheureuse veuve du duc d'Orléans, assassiné par Jean sans Peur, se fut éteinte dans les
larmes, Charles, abandonné de sa femme, de ses enfants, de ses serviteurs, traîna le reste de ses jours
dans une espèce de prison, où, manquant du nécessaire, il mêlait souvent à ses rugissements de démence
les cris d'angoisse que lui arrachait la faim. Durant

l'agonie de ses dix dernières années, il ne sortit pas de l'hôtel Saint-Paul, où il était gardé comme un criminel : roi de nom seulement, il vit les Anglais s'emparer de sa royauté, et le duc de Bedfort trôner dans son propre palais. C'était l'ouvrage d'Isabeau, qui sacrifiait à la haine et à l'ambition ses enfants et la France. Quand il fut décédé en ce même hôtel où il était né, on le laissa un jour entier dans son lit, le visage découvert, et le peuple, admis dans la chambre mortuaire, vint lui jeter de l'eau bénite, en s'indignant de trouver le corps de son roi environné d'archers anglais ; les prêtres seuls étaient français. Puis, le lendemain, on l'embauma avec des *épices* et des herbes aromatiques, et il fut transporté solennellement à Notre-Dame, sous un dais de velours porté par les échevins de la ville de Paris. Le duc de Bedfort, l'usurpateur de la France, menait le deuil, vêtu d'un manteau noir. Mais, dans ce cortége funèbre, le fils et les parents du défunt ne parurent pas, et la bannière d'Angleterre flottait à côté de celle des fleurs de lis. Le roi Charles, *doux et benin à son peuple, servant et aimant Dieu,* fut accompagné, aux caveaux de Saint-Denis, par une foule éplorée qui priait pour l'âme du pauvre sire et pour la délivrance du royaume ; car le Dauphin, qui fut Charles septième, sans armée, sans cour, sans argent, semblait à jamais dépouillé de l'héritage de ses aïeux, ou destiné à rester *roi de Bourges,* comme on l'appelait alors.

Quatorze ans plus tard, le 24 septembre 1436, l'auteur des malheurs de la France, Isabeau de Bavière, cette artificieuse étrangère qui avait livré aux Anglais le royaume et le roi, mourut aussi à l'hôtel Saint-Paul, où elle cachait sa vieillesse déshonorée et maudite. Sa mort retentit à peine hors de l'enceinte de ce palais, où son corps fut exposé trois jours à la vue de tout le monde : peu de prières vinrent en offrande au pied du catafalque; mais, en revanche, beaucoup de vœux de vengeance s'élevèrent autour du cercueil, porté à la cathédrale par quatorze hommes habillés de noir. On disait pourtant qu'Isabeau s'était repentie sur son lit de mort, et qu'elle avait appris avec une joie maternelle la réconciliation de Charles VII et du duc de Bourgogne. Les Anglais s'empressèrent de faire disparaître ce cadavre qui soulevait le ressentiment des Parisiens, et un petit bateau, monté par quatre rameurs, enleva la nuit les restes d'Isabeau, *à très-petit appareil et convoi, comme si c'eût été la plus petite bourgeoise.*

Au commencement du siècle suivant, l'hôtel des Tournelles fut témoin d'une mort bien différente. Le bon roi Louis XII, ayant épousé depuis deux mois, en troisièmes noces, Marie, sœur du roi d'Angleterre, succomba au nouveau genre de vie qu'il avait adopté pour plaire à sa jeune femme, et rendit l'esprit le 1er janvier 1515. Lorsqu'il embrassait pour la dernière fois son successeur, François Ier, il lui dit : « Mon fils, je me meurs; je vous recommande mes sujets. » Mémorable parole, qui eut de l'écho dans le cœur de tous les Français. Le lendemain, lorsque les sonneurs des corps parcoururent les rues de la ville en agitant leurs clochettes, ils répétaient avec des sanglots : *Le bon roi Louis douzième, père du peuple, est mort!*

L'enterrement de ce roi fut, en effet, celui d'un père chéri de ses enfants : Paris tout entier avait pris le deuil et versait des larmes. La mémoire de Louis XII se perpétua, glorieuse et adorée, dans le peuple, qui avait coutume de dire, chaque fois qu'il souffrait : *Qu'on nous ramène au temps du bon roi Louis!*

L'HOTEL DE VILLE

Chacun des principaux monuments du vieux Paris se distingue par un style qui lui est propre, et présente aux yeux, pour ainsi dire, une des faces de l'histoire de France écrite avec l'équerre de l'architecte et le ciseau du sculpteur.

Ainsi le ciment indestructible des Thermes éternise les souvenirs de César-Julien et de la domination romaine dans les Gaules; Saint-Germain-des-Prés conserve le caractère rude et grossier des temps barbares et des dynasties franques; Notre-Dame résume les splendeurs du catholicisme et de l'art religieux au moyen âge; le Palais de Justice évoque à la fois la vieille royauté et la vieille magistrature; le Louvre est le brillant palais des arts et de la civilisation modernes; mais l'Hôtel de Ville est le palais du peuple et des révolutions, palais grave et sombre, qui a pour cour d'honneur la place de Grève.

Les ombres de toutes les victimes de la pénalité légale et des crises politiques semblent errer la nuit autour de ce tragique édifice, et l'horloge lumineuse, qui se détache dans l'obscurité, au sommet de la noire façade, semble le cadran de l'éternité, qui a sonné tant de trépas glorieux ou criminels, sur ce sanglant théâtre des passions humaines.

Dès le temps des Romains, il existait à Lutèce une riche et puissante compagnie de *nautes* ou bateliers qui exploitaient la navigation du fleuve et transportaient les marchandises par eau, de la haute Seine dans la basse. Cette compagnie se perpétua sous les rois francs, et reçut alors le nom germanique de *hanse* (association).

Autour de la hanse parisienne se groupèrent de nombreux corps de métiers, à mesure que s'accroissait la population urbaine, et ces corporations réunies formèrent le *Corps de ville* de Paris, auquel les rois n'accordèrent point le titre redoutable de *commune*, mais qui n'en jouit pas moins de grands priviléges, tels que celui d'élire le prévôt des marchands (maire), quatre échevins, et les vingt-quatre conseillers, qui administraient, gardaient et protégeaient la ville, avec l'assistance des capitaines-quartainiers, chefs de la milice bourgeoise.

Le Corps de ville de Paris, qui était déjà organisé au treizième siècle, prit pour armes un vaisseau d'argent sur un champ de *gueules* (rouge), surmonté d'une bande bleue fleurdelisée, soit que le choix de ce symbole eût été déterminé par la forme de l'île de la Cité, qui, suivant un vieil historien, ressemble à un *navire échoué au fil du fleuve*, soit plutôt en mémoire de l'antique prééminence de la compagnie des nautes de la Seine,

Messieurs de Ville, comme on appelait le corps municipal, tinrent d'abord leurs assemblées à la *Maison de marchandise*, dans la *Vallée de Misère*, qui a bien changé d'aspect aujourd'hui en devenant le quai de la Mégisserie; puis, dans deux autres maisons, qualifiées de *Parloirs-aux-Bourgeois*, parce que les notables de la bourgeoisie y *parlaient* des affaires publiques : l'une était voisine du Grand-Châtelet (abattu pour faire la place du Châtelet), et l'autre, de la porte Saint-Michel : la rue des Francs-Bourgeois-Saint-Michel en a tiré son nom.

Enfin, en 1357, la Ville acheta une grande maison, située sur la place de Grève, et appartenant à Jean d'Auxerre, receveur de la gabelle; ce logis, qui avait été donné à Jean d'Auxerre par le Dauphin Charles, duc de Normandie (depuis Charles V), se nommait la *Maison-aux-Piliers*, parce que le premier étage, comme ceux des autres bâtiments mitoyens, s'avançait en saillie et reposait sur une rangée de colonnes gothiques. On reconnaît encore quelques-uns de ces piliers informes dans la maçonnerie d'une ancienne maison qui fait le coin de la rue de la Mortellerie, et les vieillards se souviennent d'avoir vu, dans leur jeunesse, une sorte de galerie couverte, aussi peu élégante et aussi sale que les arcades du charnier des Innocents.

La nouvelle Maison de Ville fut inaugurée sous d'orageux auspices, qui présageaient sa destinée future. Pour la première fois, le peuple de Paris et la bourgeoisie française, en général, entraient alors en lutte avec les rois, et le prévôt des marchands, qui avait apposé le scel de la Ville au contrat d'acquisition de la

Maison-aux-Piliers, était ce célèbre Étienne Marcel, qui voulut confédérer les Communes de France contre la royauté et contre la noblesse.

Ce fut du haut des fenêtres de la Maison-aux-Piliers que Marcel harangua les bonnes gens de Paris, après avoir fait massacrer, au Palais, dans la chambre et sous les yeux mêmes du Dauphin, les maréchaux de Normandie et de Champagne, chefs du parti de la noblesse. Quelques mois après, le prévôt, les échevins et les autres chefs populaires furent à leur tour massacrés par les partisans du Dauphin, qui, avant de prendre la couronne, avait reçu publiquement des mains de Marcel le chaperon rouge et bleu aux couleurs de la commune.

Les robes, mi-parties de rouge et de brun, du prévôt et des échevins, reparurent derechef entre les piques des gens de métiers, dans les discordes civiles que favorisait la démence de Charles VI, et ce fut l'arsenal de l'Hôtel-de-Ville qui fournit aux Parisiens révoltés ces masses d'armes et ces maillets de plomb qui valurent aux rebelles de 1382 le terrible surnom de *Maillotins*.

La place de Grève vit ensuite tomber bien des têtes sous la hache des vengeances royales, quoique cette place ne possédât point encore exclusivement le triste privilége de servir aux exécutions, privilége qu'elle partageait avec les Halles, la Croix-du-Trahoir, le marché aux Pourceaux et le fameux gibet de Montfaucon.

Les fureurs des Armagnacs et des Bourguignons laissèrent aussi plus d'une trace sanglante sur la Grève, que venaient laver les grandes eaux de la Seine. La

Maison-de-Ville fut au pouvoir des bouchers sous le règne sanguinaire des *Cabochiens;* et la Croix de pierre. qui s'élevait, comme une expiation, au milieu de cette place, en face de l'hôtel municipal, attira vers elle les derniers regards et les dernières pensées de bien des mourants, durant le cours du moyen âge.

Ce fut devant cette croix que les faux témoins, qui avaient accusé de trahison et de malversation l'illustre prévôt des marchands, Juvénal des Ursins, vinrent faire amende honorable, pieds nus, en chemise et la corde au cou, par une froide matinée d'hiver ; de sorte que le prévôt, touché de leurs plaintes et de leur repentir, parut au balcon de la Maison-aux-Piliers, où il demeurait, et pardonna généreusement à ses ennemis.

Le seizième siècle, qui changea tant de choses en France et qui substitua le style moitié grec et moitié italien de la Renaissance à l'architecture gothique, ne manqua pas de métamorphoser la Maison de Ville comme le Louvre, et de bâtir au peuple un palais égal à celui des rois.

L'acquisition de plusieurs bâtiments voisins permit d'agrandir d'abord ce palais municipal, qui n'était comparable ni en grandeur ni en beauté aux magnifiques hôtels de ville des vieilles communes de la Flandre : Paris, il est vrai, n'avait jamais eu de charte communale.

La Maison-aux-Piliers fut abattue, et la première pierre du monument nouveau posée solennellement le 15 juillet 1533, sous François Ier. Mais, en 1549, du temps de Henri II, on changea l'ordonnance de l'édifice, à moitié construit, et l'on suivit définitivement les plans de maître Pierre Lescot, qui, malgré son titre respectable d'abbé, excellait dans l'architecture profane, et bâtissait plus de palais que d'églises.

Bientôt éclatèrent les guerres de religion qui devaient bouleverser la France pendant tout le reste du siècle; l'exécution d'un conseiller au parlement, Anne Dubourg, pendu et brûlé en place de Grève pour hérésie, fut le signal de ces troubles déplorables, au milieu desquels la capitale ne pensa guère à terminer les décorations et les embellissements de son Hôtel de Ville.

Cet Hôtel de Ville a été néanmoins le théâtre de grands événements à l'époque de la Ligue ; ce fut là que la bourgeoisie et le *menu peuple* s'assemblèrent, à la nouvelle du meurtre du duc de Guise aux états de Blois, et résolurent de prendre les armes contre son royal assassin : là fut prononcée la déchéance du dernier des Valois, par les ligueurs; là se tenaient les réunions des *Seize* et du conseil général de la *Sainte-Union*.

Lorsque le *Béarnais*, à force d'habileté plus encore que de courage, fut parvenu à étouffer la Ligue *espagnolisée*, et à s'asseoir sur le trône vide des Valois, Paris pacifié s'occupa enfin d'achever son Hôtel de Ville, et le décora d'une figure équestre de Henri IV, comme un gage de réconciliation avec le roi. L'immense *grand'-salle*, qui règne à l'intérieur dans toute l'étendue de l'édifice fut terminée en 1608 : elle devait être témoin de scènes bien autrement imposantes et plus terribles encore que celles de la Ligue, à partir de la minorité de Louis XIV jusqu'à nos jours.

A la fin des guerres de la Fronde (1652), le corps municipal et les députés du clergé, du parlement de Paris et des notables bourgeois, rassemblés dans cette salle pour délibérer sur la situation critique de Paris, pressés entre la faction royaliste du cardinal Mazarin et la faction féodale des princes d'Orléans et de Condé, furent assaillis par les soldats des princes et par la populace soulevée; l'Hôtel de Ville soutint une espèce de siége, et fut emporté d'assaut avec un affreux massacre; les portes furent brûlées, le grand escalier et le vestibule devinrent un champ de bataille encombré de cadavres.

Les fêtes publiques et royales succédèrent aux meurtres de la guerre civile; les feux d'artifice et le feu annuel de la Saint-Jean remplacèrent les flammes de l'incendie et les décharges des arquebuses; pendant les longs règnes de Louis XIV et Louis XV, l'Hôtel de Ville n'a guère gardé la mémoire d'autres événements que des festins somptueux et des bals brillants offerts aux rois de France par leur *bonne* ville de Paris, dans les occasions solennelles, mariages, baptêmes, convalescences, victoires, etc.

La plus célèbre de ces fêtes fut le grand banquet donné à Louis XIV, le 30 janvier 1687, en réjouissance de son rétablissement après une dangereuse maladie; à la suite de ce banquet, le corps municipal vota l'érection de la statue du roi sous une arcade de la cour de l'Hôtel de Ville. Cette statue de bronze, qui représentait Louis XIV habillé à la romaine avec son éternelle perruque, et qui, le bras étendu, semblait ordonner les trente inscriptions adulatrices consacrées à éterniser les principaux événements de son règne, n'a pas été protégée par le nom du sculpteur Coysevox, aux mauvais jours de la Révolution. Louis XIV, entre tous les rois de France, fut celui que la Révolution poursuivait avec le plus de fureur dans les actes et les monuments du *grand siècle.*

Le peuple regretta moins les décorations royales de l'Hôtel de Ville que la cérémonie du feu de la Saint-Jean, lequel était allumé chaque année, en grande pompe, par le prévôt des marchands, au milieu de la Grève, la veille de la Saint-Jean-Baptiste; suivant un antique usage aussi bizarre que cruel, on plaçait sur le bûcher un panier d'osier rempli de chats vivants, et les miaulements désespérés de ces animaux divertissaient singulièrement les enfants et la populace sautant et criant à l'entour. Personne alors ne savait que ces chats brûlés vifs rappelaient les sacrifices humains des druides en l'honneur de Teutatès. Les savants s'obstinent néanmoins à prêter une origine allégorique et astronomique au feu de la Saint-Jean, qui était le dernier vestige de la religion et du culte des Gaulois.

N'est-il pas probable que de temps immémorial cette place de Grève a été un lieu de supplice? Une rue voisine porte encore le nom de *Martroi,* en souvenir du *martyre* des criminels, et peut-être des premiers chrétiens, lorsque les druides livraient aux flammes, devant les autels de leurs dieux sanguinaires, une foule de malheureux enfermés dans une colossale figure d'osier. Pendant des siècles, la Grève s'est montrée digne de son origine; ce n'étaient qu'appareils de mort, potences, échafauds, bûchers, roues, chaudières, piloris, verges, poteaux, etc. : tour à tour on fusti-

geait, on pendait, on décapitait, on *arsait* (brûlait),
on rouait, on écartelait. La pénalité féodale inventait
des tortures inouïes pour *l'ébattement des bonnes gens;*
le juge, sur son tribunal, comptait froidement les
coups de barre de fer destinés à rompre les membres
du condamné, et pesait, pour ainsi dire, les gouttes de
plomb fondu à verser dans les plaies du patient.

Combien de fameux scélérats on trouvé en ce lieu
fatal l'expiation de leur vie! Là, des empoisonneuses,
la Brinvilliers et la Voisin, sont mortes comme Jeanne
d'Arc, mais en blasphémant dans leurs chemises de
soufre; là, des régicides ont été *mis par quartiers,*
Ravaillac, Damiens, ces hommes de fer qui arrêtaient
l'élan de huit chevaux au galop; là, furent exécutés
des voleurs de grands chemins, Cartouche, Poulailler,
qui, tout brisés et haletants sur la roue, insultaient à
Dieu et à l'humanité; des faux monnayeurs, des assassins, des parricides, des monstres qui ont surpassé
même la vraisemblance du crime, Desrues, Deschauf-
four, Lescombat, etc.

Mais cette même place vit d'autres exécutions que
la vengeance et l'injustice avaient préméditées, et que
l'histoire vengera : ici, l'infortunée maréchale d'Ancre,
qui n'avait pour toute magie que la puissance d'une
âme forte sur des esprits faibles, périt dans le feu
ainsi qu'une vile sorcière, deux mois après être des-
cendue de son rang de favorite de Marie de Médecis;
ici, Marillac et Bouteville eurent la tête tranchée, pour
satisfaire l'implacable ressentiment du cardinal de
Richelieu, qui feignit de punir en eux le duelliste et
le dilapidateur des deniers publics; ici, le sang le plus

pur et le plus noble a coulé par la main du bourreau,
lequel ne faisait qu'essuyer sa hache en passant d'un
infâme et lâche meurtrier à un grand homme inno-
cent et persécuté, tel que le général Lally.

Au mois de juillet 1789, le génie populaire revint
s'asseoir dans la grande salle de l'Hôtel de Ville, au signal du canon qui foudroyait la Bastille; dans cette
salle, où avait trôné la monarchie absolue, furent dé-
crétées l'institution de la garde nationale et l'adoption
des trois couleurs, qui associèrent au blason rouge et
bleu du prévôt Marcel le drapeau blanc de saint Louis.
L'Hôtel de Ville devait enfanter ainsi toutes les révolutions importantes de la France.

Après la suppression de la prévôté des marchands et
le renouvellement du Corps de ville, la Commune de
Paris s'y installa, et Robespierre, Saint-Just et leurs
amis du Comité de salut public y vinrent chercher
un asile, lorsque la Convention leur arracha des mains
leur terrible dictature. La grande salle de l'Hôtel de
Ville vit se dénouer la tragédie du 9 thermidor : le
sang de Maximilien Robespierre et de Lebas rejaillit
sur son parquet, et Robespierre jeune se précipita
du haut d'une fenêtre sur les piques des assiégeants.

Est-il en Europe un monument qu'environnent plus
de palpitants et tragiques souvenirs?

La République, ne voulant rien hériter de la monarchie, avait changé jusqu'au lieu des supplices, et transporté sa guillotine loin de la Grève; mais la Restauration releva sur cette triste place l'échafaud criminel
et politique; là, tombèrent les têtes des jeunes sergents
de la Rochelle qui avaient conspiré contre le gouver-

nement de Louis XVIII; là, Louvel, l'assassin du duc
de Berry, montra le déplorable courage d'un fanatique;
là, en dépit des progrès de la civilisation, les héros et
les fanfarons du crime n'ont pas manqué. La guillotine moderne peut étaler en trophées autant de noms
exécrables que le gibet de l'ancien régime.

Quelques années plus tard, la Révolution rentrait
victorieuse dans son palais populaire, au bruit du tocsin
et de la fusillade, et la déchéance des Bourbons était
proclamée sous ces voûtes qui avaient entendu jadis
celle des Valois. Les Journées de juillet 1830 ont puri-
fié du moins la Grève de la sinistre guillotine, qui, re-
léguée à l'extrémité d'un obscur faubourg, ne redres-
sera plus désormais sa hideuse charpente rouge et son
couperet frais émoulu, en plein jour, au centre de la
grande cité. Les régicides Fieschi et Alibaud n'ont pas
même eu, de même que Ravaillac, Damiens et Louvel,
la gloire de périr sous les regards de la population
avide de ces sanglants spectacles.

Dieu sait quelles nouvelles pages l'avenir ajoutera
aux fastes de l'Hôtel de Ville, qui efface, en symbole
de paix, les cicatrices des balles sur ses murs, et qui,
sous les auspices de son préfet actuel, M. de Rambu-
teau, va s'orner de statues et de tableaux commémora-
tifs, où nos enfants liront avec admiration l'histoire
de Paris, depuis les *nautes* du Parisis jusqu'à notre
époque de splendeur et de sollicitudes municipales!

LA BASTILLE

A l'époque où le fameux prévôt des marchands, Étienne Marcel, fortifia la vieille clôture de Paris par de nouveaux murs et de doublés fossés, pour mettre la capitale à l'abri des incursions dévastatrices des *Compagnies* de bandits qui désolaient alors toute la France, il y avait à l'extrémité orientale de la ville une porte ou *portail* flanqué de deux tours, qu'on appelait le *bastillon* ou la *bastide* Saint-Antoine. Ce fut près de cette porte, probablement rebâtie sous la prévôté de Marcel, que ce chef populaire fut assassiné par les partisans du Dauphin, duc de Normandie, qui régna ensuite sous le nom de Charles V. La Bastille, que le peuple regarda toujours avec effroi, devait s'élever, pour ainsi dire, dans le sang d'un fanatique de la liberté.

Sous le règne de Charles V, vers 1369, le prévôt des marchands, Hugues Aubriot, un des successeurs de Marcel, commença, vis-à-vis du *bastillon* de Saint-Antoine, une seconde citadelle plus considérable, destinée à tenir en bride les habitants de Paris, et à protéger le commerce de la ville, qui s'était bien agrandie depuis la primitive enceinte de Philippe-Auguste.

Cette construction ne fut, dit-on, achevée qu'au commencement du règne de Charles VI. Mais, suivant quelques historiens, cependant, Aubriot eut la gloire de finir son ouvrage et d'inaugurer cette forteresse, qui prit, dès ce temps-là, le nom de *château royal de la Bastille*. Aubriot est le premier prisonnier d'État qui ait gémi à la Bastille.

Enguerrand de Marigny fit usage du gibet de Montfaucon qu'il avait remis à neuf, comme par une fatale précaution; Aubriot descendit dans un cachot qu'il avait creusé, victime de la haine du clergé et de l'Université, qu'il osa attaquer dans leurs priviléges abusifs. Condamné à la prison perpétuelle, il n'en sortit qu'à l'insurrection des *Maillotins*, qui s'emparèrent de la Bastille en 1382.

Le cachot de Hugues Aubriot ne resta pas longtemps vide : il reçut bientôt le surintendant des finances, Montagu, qui eut la tête tranchée aux Halles, sous la tyrannie des oncles de Charles VI, en expiation de la faveur et de la fortune que le feu roi Charles V avait accordées à ce loyal serviteur.

La Bastille joua un grand rôle dans les guerres intestines des Bourguignons et des Armagnacs, chaque parti attachant une égale importance à la possession de cette forteresse, qui était la clef de la ville. Elle fut longtemps occupée par les Anglais, pendant les règnes calamiteux de Charles VI et de Charles VII; et la capitulation de sa garnison anglaise, en 1436, consomma la délivrance de Paris, lorsque la bourgeoisie, réunie aux troupes du brave connétable Artus de Richemont, eut expulsé les étrangers qui avaient envahi le *royaume des lis*.

La physionomie extérieure de la Bastille fut au quatorzième siècle telle qu'on l'a vue jusqu'en 1789. Ce n'était pas, comme le Louvre, comme le Palais, comme la plupart des châteaux du moyen âge, un carré où un parallélogramme de remparts crénelés, renfermànt un assemblage confus d'édifices divers, et hérissé çà et là de tourelles de toutes grandeurs, aux toits coniques, aux flèches aiguës, aux girouettes blasonnées ; c'était une masse oblongue et irrégulière d'épaisses murailles, flanquées de huit tours peu saillantes et se confondant presque avec les murs intermédiaires, qu'elles ne dépassaient pas même en hauteur ; monument noir et sinistre, dont la vue et l'histoire furent aussi sombres l'une que l'autre.

Quant à l'aspect intérieur, il changea seulement au seizième siècle, quand des bâtiments nouveaux et de nouvelles distributions du local rendirent la Bastille plus propre à servir de prison d'État.

Bien des prisonniers célèbres s'y succédèrent aux quinzième et seizième siècles : le duc de Nemours et le connétable de Saint-Pol, décapités sous Louis XI ; l'amiral Chabot et le chancelier Poyet, condamnés à perdre leurs biens sous François Ier ; le conseiller Dubourg et d'autres martyrs de la Réforme, brûlés vifs sous Henri II ; durant la Ligue, les membres royalistes du Parlement arrêtés par les Seize et Bussy-Leclerc, qui, de procureur qu'il était, s'érigea en gouverneur de la Bastille ; puis, après les troubles de la grande guerre de religion apaisés sous Henri IV, le traître maréchal de Biron, qui conspirait contre son maître ; enfin, sous Louis XIII, la favorite de la reine Marie de Médicis, Léonora Galigaï, maréchale d'Ancre, qui fit aussi le voyage de la Grève, dans lequel la Bastille servait, en quelque sorte, de dernière étape.

Pendant que la Fronde chantait, la Bastille redevint momentanément, sans transformation matérielle, une place militaire; elle fut conquise par les Parisiens insurgés, après quelques jours d'un siége si peu meur-trier, que les dames apportaient leurs chaises dans le jardin de l'Arsenal, pour se donner le spectacle de cette guerre à l'eau de rose, en écoutant des madrigaux.

Trois ans plus tard, en 1652, un événement plus sérieux se passa sous les murs de la Bastille : savoir, la furieuse bataille du faubourg Saint-Antoine, que livra l'armée des princes, commandée par Condé, à l'armée de la régente et de Mazarin, commandée par Turenne. La duchesse de Montpensier, dite la *grande Mademoi-selle*, décida le sort de cette sanglante journée en fai-sant diriger le canon de la Bastille contre l'armée de Turenne, qui fut forcée de battre en retraite.

La Bastille prit bientôt la destination exclusive de prison d'État : le cardinal de Richelieu n'avait pas laissé rouiller les portes des cachots. Ce ne fut toutefois qu'à partir de la seconde période du règne de Louis XIV que ce château royal devint un épouvantable gouffre où s'engloutissait, pour des années, une multitude de mal-heureux, de tout rang et de tout état, persécutés et opprimés par le seul effet des caprices du monarque, des ministres, des confesseurs et des favorites.

La politique des gouvernements féodaux n'avait guère envoyé à la Bastille que des prisonniers d'une position élevée; mais, sous la monarchie absolue de Louis XIV et de Louis XV, il n'y eut point de citoyen si obscur, qui pût se flatter d'échapper à ces *oubliettes*, incessamment béantes sous ses pas. L'action des tribunaux réguliers et des autorités municipales était complétement nulle, en présence de la Bastille qui ne relevait que du roi. Des *lettres de cachet* données, non-seulement par le roi et les ministres, mais encore par le lieutenant général de police, officier investi des attributions les plus arbitraires, enlevaient bien des innocents à leurs familles, pour leur faire subir, sans aucune forme de procès, une captivité illimitée.

A la mort de Louis XIV, on trouva, dans les différentes prisons d'État, trente m ile captifs, dont les dix-neuf vingtièmes n'avaient commis d'autre crimé que d'avoir exprimé, sur quelques matières religieuses, des opinions plus ou moins contraires à l'opinion orthodoxe du roi. Le simple soupçon d'*hérésie* pouvait motiver une lettre de cachet.

Douze ans auparavant, était mort à la Bastille un inconnu désigné sous le nom d'*homme au masque de fer*, la plus mystérieuse et peut-être la plus déplorable de toutes les victimes du despotisme royal. On a souvent présumé que cet homme était un frère naturel, ou même jumeau de Louis XIV; il est plus probable que ce fut le surintendant Nicolas Fouquet, qu'on faisait passer pour mort, par un raffinement de prudence et de vengeance à la fois, après l'avoir détenu au secret durant seize ans, à Pignerol, depuis la condamnation qui suivit son éclatante disgrâce.

Les lettres de cachet ne tombèrent plus avec autant de profusion sous Louis XV; mais elles furent exploitées par des passions plus basses et plus odieuses encore que l'intolérance religieuse : le ministre La Vrillière, les lieutenants généraux de police Sartines et Lenoir, les mettaient à la discrétion de tout grand personnage qui avait quelque ressentiment personnel à satisfaire; de misérables agents subalternes écrouaient souvent, de leur autorité privée, un homme à la Bastille, sauf à faire ensuite *antidater* la lettre de cachet à prix d'argent.

Les deux captifs les plus fameux de ces derniers temps furent Latude et Leprevôt de Beaumont : leur histoire peut donner une idée de toutes les autres.

Latude fut traîné, pendant trente-cinq ans, de cachot en cachot, pour avoir déplu à madame de Pompadour; il eut les fers aux pieds et aux mains pendant cinq années entières! Leprevôt de Beaumont resta pendant vingt-deux ans prisonnier, pour avoir entrepris de dénoncer au parlement de Rouen les spéculations sur les grains, connues sous le nom de *pacte de famine*, lorsque les accapareurs, favorisés par le pouvoir, entretenaient une cherté permanente dans les marchés, et que Louis XV, intéressé pour dix millions au succès de ces manœuvres cruelles, en partageait le bénéfice avec ces infâmes spéculateurs. Louis XVI, trop honnête pour participer au mal, mais trop faible pour l'empêcher, ne répara point toutes les iniquités de son prédécesseur, et, si Latude fut délivré en 1784, Leprevôt ne dut sa liberté qu'à la chute de la Bastille.

C'est dans l'histoire de la Révolution qu'il faut lire en détail les grands événements du 14 juillet 1789 : ce jour fut le dernier de la Bastille; et le peuple, après avoir emporté de vive force ce lugubre simulacre de la tyrannie, le démolit d'une main victorieuse, et inscrivit sur les ruines, en signe de victoire : *Ici l'on danse!* Des modèles en relief de la Bastille, faits avec les pierres dispersées de cette forteresse, furent envoyés dans tous les chefs-lieux de départements, en mémoire de l'ère nouvelle qui commençait. On doit ériger aujourd'hui, sur l'emplacement de la Bastille, une colonne de bronzé destinée à évoquer à la fois les souvenirs de 1789 et de 1830.

Le nom seul de la Bastille est encore un épouvantail pour le peuple de Paris, qui craint toujours de la voir se relever et qui en découvre le fantôme menaçant dans le moindre abus de l'autorité royale. Cette horreur universelle qui s'est attachée à ce vieux château détruit de fond en comble, se perpétuera de génération en génération, quoiqu'il ne reste pas vestige de cette redoutable *pension du roi*, comme on l'avait surnommé. Dans mille ans, on éprouvera encore un serrement de cœur en passant sur cette place immortalisée par tant d'infortunes et par tant de gloire : voilà le triomphe du peuple, voici son Capitole !

L'HOTEL DE CLUNY

L'hôtel de Cluny, le plus précieux reste d'architecture gothique qui figure aujourd'hui entre les propriétés particulières, nous montre ce qu'était Paris à l'époque où l'art créait de si étonnantes merveilles, presque sans y songer, et fondait, dans chaque ruelle étroite, noire et fangeuse, un palais de fée découpé comme un bijou d'ivoire.

Qui n'a pas contemplé avec surprise et curiosité, en traversant la rue tortueuse des Mathurins-Saint-Jacques, la porte gothique du vieil hôtel, sa tour octogone, ses grands combles, ses animaux fantastiques, ses balustrades mutilées et ses hautes lucarnes encadrées de délicates sculptures?

Pierre de Chaslus, abbé de Cluny, l'abbaye *chef-d'ordre*, c'est-à-dire métropole de toutes les maisons de bénédictins qui suivaient la même règle, acquit, vers l'an 1340, l'antique palais des Thermes, dégradé, morcelé, étrangement défiguré, depuis qu'il était sorti du domaine de la couronne, sous le roi Philippe-Auguste, qui l'avait abandonné à son chambellan.

Le voisinage du collége de Cluny, fondé en faveur des religieux de cet ordre qui venaient étudier à Paris, détermina les abbés à occuper leur nouvelle résidence, quand ils séjournaient dans la capitale, et l'abbé Jean, fils naturel du duc Jean de Bourbon, commença cet hôtel, qui fut achevé *de fond en cime* par un autre abbé de Cluny, Jacques d'Amboise, frère de l'illustre cardinal Georges d'Amboise, premier ministre et ami fidèle du bon roi Louis XII dans les dernières années du quinzième siècle et les premières du seizième.

L'originalité que conserve encore ce monument après trois cents ans de dévastations peut faire juger de ce qu'il fut au sortir des mains des architectes, des sculpteurs et des peintres, qui avaient réuni leurs efforts pour l'embellir sous les auspices de l'abbé Jacques, non moins passionné pour les arts que son frère le grand cardinal d'Amboise.

La charmante chapelle de l'hôtel était remplie de

chefs-d'œuvre du sculpteur Paul Ponce, auteur du beau tombeau de Louis XII qui est à Saint-Denis. On y voyait les statues des sires d'Amboise et un admirable groupe représentant une *Descente de croix*, dont le piédestal formait autel : partout brillaient les arabesques, les peintures et les dorures.

L'hôtel, soit acquisition, soit donation, retourna au domaine de la couronne, après que Jacques d'Amboise eut quitté l'abbaye de Cluny pour l'évêché de Clermont, et une des chambres hautes s'appelle encore la *chambre de la reine Blanche*, parce que Marie d'Angleterre, troisième femme de Louis XII, s'y retira dans les premiers jours de son veuvage. Longtemps les veuves des rois de France avaient porté leur deuil en blanc, ce qui les faisait nommer *reines blanches* par le peuple. Cet usage fut changé, lorsque, pour la première fois, Anne de Bretagne se vêtit de noir, à la mort de son premier mari Charles VIII; mais la vieille dénomination de *reine blanche* subsista toujours.

Dans cette même chambre, Marie épousa, en présence de François I⁺ʳ, et beaucoup plus promptement que les convenances ne semblaient l'y autoriser, un jeune seigneur anglais qu'elle avait naguère aimé, Charles Brandon, duc de Suffolk. François I⁺ʳ voulut annihiler ainsi les droits de la reine veuve et du fils posthume que Louis XII pourrait avoir. Ce mariage précipité était trop politique pour n'être pas forcé.

L'hôtel de Cluny fut ensuite habité tour à tour par des comédiens (sous Henri III), par les nonces des papes, par les religieuses de Port-Royal, et il tomba enfin entre les mains des imprimeurs et des libraires, qui logent aux environs de la rue de la Harpe et de la Sorbonne, comme dans leur quartier général, depuis que l'Imprimerie fut naturalisée à Paris au quinzième siècle.

La tour octogone de cet hôtel servit d'observatoire pendant vingt ans aux astronomes Delisle et La Lande, et pendant un demi-siècle à leur émule Messier, qui passa bien des nuits à contempler les astres dans la guérite de pierre qui surmonte la plate-forme de la tour.

L'hôtel de Cluny avait eu beaucoup à souffrir pendant les dix-septième et dix-huitième siècles. L'indifférence et même le ridicule dédain que l'on professait sous Louis XIV et Louis XV pour les prodiges des arts du moyen âge furent également funestes à cet édifice, comme à tant d'autres, et longtemps avant la Révolution, il n'avait plus rien d'entier que sa chapelle.

La Révolution déclara l'hôtel de Cluny propriété nationale, en même temps que plusieurs décrets de la Constituante et de la Convention défendaient de mutiler et de détruire les monuments des arts, même sous prétexte de faire disparaître les insignes de la féodalité. Malheureusement, les injonctions du gouvernement révolutionnaire ne furent pas plus respectées à l'hôtel de Cluny qu'ailleurs : des hommes ignorants et fanatiques firent de la chaux avec les belles statues qui décoraient la chapelle.

La Restauration détruisit le jardin suspendu des Thermes, pour conserver ces belles ruines; mais elle ne se soucia pas de protéger l'hôtel de Cluny, qui eût fini par périr pièce à pièce entre les mains du vandalisme

de ses possesseurs, si la partie la plus intéressante de
cet hôtel, la chapelle et les appartements voisins des
Thermes, ne fussent pas tombés entre les mains d'un
de ces hommes trop rares qui consacrent leur vie à
sauver de la destruction et de l'oubli les vénérables
débris des choses d'autrefois.

Aujourd'hui, grâce à ce généreux et infatigable antiquaire, grâce à M. Dusommerard, l'hôtel de Cluny a
retrouvé son ancien lustre.

Dès que vous avez traversé la vieille cour et mis le
pied sur la première marche de l'escalier, vous vous
croyez revenu aux jours de Jacques d'Amboise et de
François Ier : les plafonds et les voûtes en ogive ont
repris leurs couleurs d'azur et de vermillon ; les cuirs
vernis à grands fleurs d'or tapissent de nouveau les
murailles ; le roi François semble dormir, en rêvant de
tournois et de poésies, sur son vaste lit de bois sculpté
à cariatides et à dais brodé de soie et d'argent, sous la
garde d'hommes d'armes immobiles, tandis que deux
de ses chevaliers, armés de toutes pièces, jouent si-
lencieusement aux échecs sur un *tablier* d'argent et
de cristal de roche. En entrant dans cette chambre
mystérieuse, on retient son haleine et ses pas, on oublie un moment que ces armures sont vides et que
François Ier, sa cour, son siècle, ne vivent plus que
dans les souvenirs historiques, auxquels mille objets
matériels donnent une nouvelle existence.

Voici la quenouille ciselée avec laquelle filait Anne
de Bretagne, tandis que Louis XII combattait en Italie ;
voilà les éperons dorés que François Ier trempa dans
le sang à la bataille de Pavie ; voici le livre d'heures

de Louise de Savoie, sa mère; voilà le miroir de Diane de Poitiers, son amie; voici les dépouilles du château d'Anet, du château d'Écouen, du château d'Usson, et de ces riches manoirs qui ont été rasés et dispersés par les démolisseurs et les fripiers de 93 et de 1814.

Puis, la chapelle s'ouvre devant vous : les chantres siégent dans leurs stalles; ici, les armoires et les coffres richement sculptés, réceptacles des ornements du culte et des chappes des prêtres; là, des reliquaires, des croix et des ostensoirs. Les bas-reliefs, les vitraux *peints*, les figurines, éclatantes d'or, de pourpre et d'azur, les missels *historiés*, les tablettes d'ivoire, couvertes de délicates gravures en relief, vous éblouissent de toutes parts, et, à peine sortis tout émus du sanctuaire, vous pénétrez soudainement dans un lieu moins grave, où les lambris ornés de devises *rabelaisiennes* et bachiques, les *dressoirs* chargés des *émaux* et des faïences peintes de Bernard Palissy, et la table servie avec son luxe de vases bizarres et sa pauvreté d'outils gastronomiques, ont l'air d'attendre pour convives nos aïeux qui dorment à jeun depuis trois siècles!

Ce n'est là qu'un faible aperçu des prestiges qui vous arrêtent à chaque pas dans ce séjour de féerie, où M. Dusommerard a groupé et disposé le plus ingénieusement du monde sa magnifique collection d'objets d'art, œuvre unique de trente années de persévérance et de sacrifices de tout genre. Espérons que le gouvernement, rivalisant de patriotisme avec cet amateur qui a pris l'initiative, réalisera quelque jour le vaste projet de M. Albert Lenoir et réunira le palais des

Thermes à l'hôtel de Cluny, pour y rétablir le *Musée des antiquités nationales*, si indignement dilapidé et anéanti par la Restauration. La collection de M. Dusommerard sera la base nécessaire de ce nouveau musée, à la tête duquel personne n'est plus digne que lui de se placer, entouré de l'estime des artistes et des savants.

Si la métempsychose n'est pas une fiction, il faut assurément que l'âme de Jacques d'Amboise ait passé dans le corps de M. Dusommerard, docte et aimable seigneur de l'hôtel de Cluny.

LES VIEUX PONTS

Oh ! si quelque ancien *maître-juré des ponts*, si l'un des membres de cette confrérie, moitié municipale, moitié artiste, instituée par Charles VI pour surveiller et entretenir les ponts de la *ville, cité et université* de Paris ; si cet habile homme *ès œuvres de charpenterie* pouvait revenir au monde pour se promener le long des quais et des ponts de la rivière, comme il serait frappé d'admiration, comme il rendrait mille actions de grâces à la sagesse de nos prévôts des marchands et de nos échevins, au savoir-faire de nos architectes et de nos ingénieurs ! En effet, rien n'est plus différent de l'aspect sombre et triste du vieux Paris, que ces magnifiques boulevards, plantés d'arbres, bordés de trottoirs, entre lesquels coule aujourd'hui la Seine ; que ces ponts hardis, massifs ou légers, en pierre, en bois, en fer, à hautes arches, à voûtes presque plates, à plancher suspendu, jetés en tous sens sur le cours du fleuve ; que ce fleuve enfin, dompté dans ses plus furieux débordements, dans ses plus terribles débâcles, encaissé dans ses remparts inébranlables, se déroulant d'un cours majestueux à travers la capitale, qui se réjouit de le voir chargé de bateaux, et qui se mire coquettement dans ses eaux, à mesure qu'elle se fait belle en démolissant ses masures, en purifiant ses boues, en construisant des palais, en se donnant de l'ombre et de la fraîcheur.

Autrefois, il n'y a pas plus d'un siècle, la Seine était invisible dans le centre de Paris ; il semblait qu'on eût pris soin de la cacher comme une chose impure et déplaisante. Ce ne fut pourtant pas pour empêcher l'attraction du suicide qu'on ôtait à la population la vue de l'eau : en ce bon temps, on ne se noyait guère que par accident, et l'on tenait davantage à la vie, qui n'était pourtant pas meilleure. Mais les bords de la rivière avaient tant de charmes et d'utilité pour les habitants, que ceux-ci se disputaient le privilége d'y avoir une maison bâtie sur pilotis. On respirait un si mauvais air dans les rues de la ville, que l'air humide et aquatique de la Seine devenait un objet de luxe et de volupté. D'ailleurs, un logis sur l'eau se débarrassait plus facilement de ses immondices, qui, dans les autres quartiers privés d'égouts et de nettoyage public, s'amoncelaient journellement et finissaient par exhausser de plusieurs pieds le sol de la rue, en sorte que le pavé du roi disparaissait sous une couche épaisse de fumier, où les hommes et les chevaux remuaient à leur passage ces exhalaisons putrides, germes permanents des pestes et des épidémies qui n'éclataient pas sans remplir tous les cimetières de la *bonne ville.*

Les ponts et les quais étaient des rues, semblables aux autres, avec des maisons à trois et quatre étages, qui fermaient l'horizon de cette belle rivière, célèbre par la douceur exquise de ses eaux et par la richesse de son commerce. Un étranger, nouveau venu à Paris, passait vingt fois sur la Seine, sans le savoir, et pouvait quitter Paris, en pensant que ce grand fleuve n'avait jamais arrosé l'antique Lutèce, malgré le témoignage des historiens et des cosmographes. C'est ce qui arriva au Dante : cet illustre poëte italien, lors de son voyage à Paris, alla loger dans une hôtellerie qui regardait le petit ruisseau de la Bièvre, pour avoir sous les yeux une eau courante à ciel découvert. Chaque rive de la Seine ressemblait à une forêt ténébreuse, infecte comme les soupiraux de l'enfer, tant il y avait de sales cloaques parmi les poutres et les piliers qui soutenaient une ligne de maisons, de moulins et de fabriques. La navigation sous les ponts était très-dangereuse, à cause des madriers et des faisceaux de charpente qui se dressaient de toutes parts ; çà et là, roues de moulins, digues, vannes, obstacles de toute nature, écueils à fleur d'eau : puis, des fenêtres, des toits, des sentines, on jetait tout ce qui était capable d'encombrer et d'empoisonner le lit de la rivière ; puis, les seaux des puits, les cordes de poulies, les crampons et les filets des pêcheurs, descendaient sans cesse en gémissant ; et, pour compléter le tableau, des nuées de pigeons voletaient autour de leurs colombiers avec d'interminables roucoulements, qui se mêlaient au martellement des forges et aux cliquettes des moulins fonctionnant jour et nuit..

Aussi, une inondation avait-elle alors les plus sinistres résultats ; des ponts, des maisons, des familles entières étaient emportées ; l'incendie d'un bateau mettait le feu dans tous les quartiers ; la Seine s'indignait souvent des barrières que chaque riverain osait lui imposer, et elle se levait menaçante, elle arrachait les pilotis, renversait des pignons, entraînait des arches chargées de boutiques et de marchands, engloutissait et dispersait les débris, excepté quelquefois un berceau d'enfant qu'on retrouvait flottant à la dérive, comme celui de Moïse sur le Nil. Mais ces graves enseignements n'étaient pas écoutés, et le lendemain de la ruine d'un pont, les ouvriers se mettaient à l'œuvre pour le réédifier au même endroit et avec les mêmes vices de construction ; seulement, les bons bourgeois écrivaient sur la garde de leur livre d'heure : *Ce jour-d'hui... en l'an de grâce du Seigneur..., le pont... a chu dans la rivière avec un merveilleux dégât ; on le refait aux depens du roi et de la ville ; le nouveau pont sera le plus beau qui fût jamais vu.* Deux ans après, le *beau* pont tombait de même que les précédents.

Le *Petit-Pont* est le plus ancien des ponts de Paris, du moins par la place qu'il occupe ; car, avant que Jules-César eût soumis *Lutèce* à la domination de Rome, un pont de bois à cette même place joignait la rive gauche à la Cité, qui renfermait toute la ville composée de cabanes rondes et basses. Ce pont fut brûlé par les habitants, qui s'étaient révoltés avec les Gaulois contre Labiénus, lieutenant de César. Il fut renversé par les glaces, lorsque les Normands assiégèrent Paris en 886. A cette époque, ce pont était protégé par une forteresse, nommée le *Petit-Châtelet*, qu'on a démolie peu d'années avant la Révolution. Cette forteresse avait résisté, disait-on, aux attaques des Romains. Nos grands-pères se souviennent encore de ces grands murs noirs, où s'ouvraient à peine d'étroites fenêtres grillées, rongées par les siècles et par l'humidité de la rivière, ombragées de plantes grimpantes qui en faisaient une ruine pittoresque, en regard de son contemporain, le palais des Thermes.

Au douzième siècle, le Petit-Pont est en pierre : c'est un évêque de Paris, Maurice de Sully, qui le fait rebâtir, pour que les fidèles de l'autre rive puissent se rendre aux cérémonies de Notre-Dame; pour que les pauvres et les malades n'aient pas à payer le passage aux bateliers, en allant présenter leurs infirmités et leur misère aux reliques de la cathédrale, aux aumônes de l'Hôtel-Dieu.

Au treizième siècle, ce sont des orfèvres et de riches marchands, sans doute des juifs, qui se sont emparés du Petit-Pont et qui en ont fait un bazar resplendissant d'orfévrerie, d'étoffes de brocart, et de ces marchandises de l'Orient, avec lequel les croisades avaient établi des rapports fréquents de commerce et de religion. Mais, comme ce pont en bois fut détruit par les grandes eaux en 1280, 1296 et 1325, on attribua probablement aux juifs, qui l'habitaient, les catastrophes successives, dont le fleuve et l'ignorance des maîtresdes-ponts étaient seuls coupables. Car, dans ce temps-là, les pauvres juifs se trouvaient en butte à de cruelles persécutions, encouragées par l'aversion populaire, et ils se couvraient en vain du nom de *Lombards* pour échapper à la prison, au fouet, au bannissement et à la confiscation.

En 1394, un juif, appelé Denis de Machault, se convertit et abjura le judaïsme, pour se délivrer des dangers attachés à son culte; mais, comme il disparut l'année suivante, ses anciens coreligionnaires furent accusés de l'avoir tué. Sur ce soupçon, sept juifs entrèrent dans les prisons du Châtelet : on les jugea, on les condamna à recevoir le fouet par tous les carrefours de Paris, pendant quatre dimanches consécutifs. Ils subirent la moitié de la peine, et ils obtinrent remise du reste en payant une amende de 1,800 écus d'or, qui servit à reconstruire en pierre le Petit-Pont. L'usage qu'on fit de cette amende prouve que l'apostat Machault demeurait sur ce pont ou bien y avait péri. Une grande croix de pierre fut érigée en même temps derrière l'Hôtel-Dieu, pour faire mention de l'emploi qu'on avait fait de l'argent des juifs.

Mais ce pont ne fut pas plus durable que les autres : il tomba, l'année suivante; et Charles VI, qui était un infatigable bâtisseur de ponts, le fit refaire à grands frais : le nouveau pont, grâce à de fréquentes réparations, subsista jusqu'en 1718, où il fut détruit de fond en comble par un incendie. Un enfant se noya, le 20 avril de cette année-là, sous le Petit-Pont : sa mère éplorée cherchait le corps de la victime, que le fleuve ne lui avait pas rendu; le soir, elle prit un pain bénit au nom de saint Nicolas, y planta un cierge allumé, le mit dans un écuelle de bois et abandonna l'écuelle au fil de l'eau, dans l'espoir que, par la permission du saint, l'écuelle s'arrêterait d'elle-même à l'endroit où était le noyé. Mais l'écuelle s'en alla vers deux bateaux de foin amarrés au-dessus du pont de la Tournelle ; le foin s'alluma tout à coup, et, les cordes qui retenaient les bateaux étant brûlées, ces masses enflammées vinrent échouer contre les piles du Petit-Pont, qui prit feu avec violence ; les maisons s'embrasèrent dans l'instant, et tout était en cendres au bout de deux heures.

Cet événement, dont la clarté lugubre effraya Paris et surtout les habitants des autres ponts, produisit deux sages ordonnances de police : défense fut faite aux bateaux de conduire des fourrages sous les ponts, et le Petit-Pont, reconstruit en pierre avec beaucoup de solidité, ne supporta plus deux rangées de maisons, que remplacèrent des parapets, plus favorables au plaisir de la vue et à la circulation de l'air. Le pont était ainsi à l'abri du feu, et, depuis un siècle, il a été battu en vain par les glaçons et les débordements de la Seine.

Le *Grand-Pont*, aujourd'hui appelé le *Pont-au-Change*, fut sans doute contemporain du Petit-Pont, puisqu'il servait de communication entre l'île de la Cité et la rive droite de la Seine, comme le précédent entre la rive gauche et la Cité ; les ponts Saint-Michel et Notre-Dame n'existaient pas encore. Le Grand-Pont avait vu passer les légions romaines de Jules-César, et le conquérant des Gaules s'était bâti, dit-on, à la tête de ce pont, un palais fortifié, qui changea de face plus d'une fois jusqu'à nos jours, en devenant tribunal et prison sous le nom de *Châtelet ;* ce sombre amas de bâtiments et de tourelles, qui étouffaient un quartier ténébreux et infect, n'a disparu que sous le règne de Napoléon, qui fit plus que tous ses prédécesseurs ensemble pour embellir et assainir la capitale.

Une place, où les ventes par autorité de justice sont tout ce qui reste de l'ancien Châtelet, a été ouverte, large et salubre, à l'exposition du midi, sur le terrain occupé naguère par le prétendu château de César, ce lugubre manoir bastionné, qui enfermait la Morgue sous ses voûtes, et qui semblait encore montrer à ses fenêtres grillées le cadavre du président Brisson pendu dans une salle basse avec deux autres magistrats royalistes, en vertu d'un jugement des Seize. Ce ne fut pas la seule exécution populaire dont le Châtelet a été le théâtre; le 2 septembre 1792, les portes de ses prisons furent forcées, et les malheureux, qui attendaient qu'on les appelât au tribunal révolutionnaire, périrent égorgés ou assommés, au commencement de ce massacre horrible dont l'histoire n'a pas révélé les instigateurs politiques. La juridiction du Châtelet avait été réunie au Palais de Justice, avant que cet antique édifice, dépouillé de ses prérogatives et de sa Cour en robes noires, fût tombé sous le marteau, pour laisser libre les abords du Pont-au-Change, découronné de ses maisons depuis un siècle.

Le Grand-Pont était muni de fortifications destinées à le défendre, dès les temps les plus reculés ; la domination romaine ajouta de nouveaux remparts à ce pont de bois, qui n'avait pas d'ennemis plus redoutables que le fleuve charriant d'énormes glaçons ou grossissant ses eaux ; cependant le Grand-Pont se couvrit de maisons et d'officines, quoi qu'il fût plusieurs fois ébranlé et emporté par les inondations. Au neuvième siècle, il était déjà consacré spécialement au commerce, puisque Charles le Chauve, prévoyant que les Normands remonteraient le cours de la Seine, pour venir assiéger Paris, fit construire, à cinq ou six toises au delà du Grand-Pont, un autre pont parallèle, flanqué de tours en pierres et en bois, capables de résister aux machines de guerre, mais non aux débordements de la rivière. En 886, quand les Normands, conduits par Sigefroy, vinrent mettre le siège devant Paris, ils attaquèrent d'abord le pont fortifié, qui protégeait le Grand-Pont, essayèrent en vain de l'emporter d'assaut ou de le réduire en cendres, et poussèrent des cris sauvages en voyant la moitié de ce pont entraînée par les grandes eaux, comme si le fleuve combattait pour eux. L'autre moitié du pont, attenant à la Cité, vis-à-vis de l'enceinte du Palais, subsista pendant plusieurs siècles, comme une grande ruine, au milieu de la Seine, et servit plus tard de fondation au Pont des Meuniers, qui devint le pont Marchand.

Le Grand-Pont ne fut pas incendié par les Normands qui dirigèrent contre lui plusieurs bateaux enflammés, que les assiégés réussirent à détourner ; mais il tomba sans doute plus d'une fois, dans les inondations, jusqu'à ce que ses piles fussent solidement construites en pierres supportant un plancher de bois. Il prit le nom de *Pont-aux-Changeurs* sous Louis VII, qui y établit le change à perpétuité, et qui louait lui-

même les boutiques et *fenêtres* au profit de son épargne. A cette époque, le change était exercé presque
exclusivement par les juifs, qui, persécutés à cause de
leurs richesses, se cachaient sous le nom de *Lombards*,
à l'aide duquel ils parvenaient à éluder les ordonnances
tyranniques des rois de France, et à échapper aux dé-
fiances envieuses du peuple. L'établissement du change
sur la rivière semble motivé par cette ancienne coutume de reléguer près de l'eau toutes les nécessités
immondes d'une ville, afin de les purifier au moins
par allégorie.

En 1304, les orfévres vinrent loger vis-à-vis des
changeurs, qui devenaient moins nombreux et moins riches, à mesure que la royauté retirait aux comtes, aux
évêques et aux cités, le droit de battre monnaie; à mesure que l'argent du royaume oubliait le chemin de la
cour de Rome, où il s'était si longtemps changé en indulgences. Les forges des orfévres ébranlaient le pont,
qui se dégrada tellement, que, pour le faire réparer,
Philippe le Long ordonna de vendre à l'enchère forges
et *fenêtres*. Cependant orfévres et changeurs continuèrent à se disputer la possession de ce pont, où ils
régnaient tour à tour et parfois ensemble en rivalité;
mais, quand les rois eurent renoncé à détériorer les
monnaies et à en modifier la valeur suivant les besoins
du moment, quand les croisades cessèrent d'épuiser
les finances du pays, le change étant presque nul, les
orfévres ajoutèrent ce commerce à leur fabrication; on
masqua la forge par une *fenêtre*, où brillaient sur un
tapis les balances et les poids de cuivre, uniques instruments du métier de changeur.

Les orfévres cédérent bientôt la place à des chapeliers et à des faiseurs de poupées, étranges successeurs qui s'enracinèrent, en quelque sorte, sur ce pont, quoique les rois et le parlement, fidèles aux consécrations de l'usage, voulussent à plusieurs reprises rendre à l'orfévrerie et au change leur ancien berceau. Les faiseurs de poupées se virent supplantés, sous le règne de Henri II, par les marchands d'oiseaux qu'on avait autrefois tolérés, à certains jours de marché, au milieu des changeurs, sous la condition qu'ils lâcheraient deux cents douzaines d'oiseaux de différentes espèces, aux sacres et aux entrées des rois et des reines de France. Cette allégorie annonçait la délivrance des prisonniers, auxquels on accordait leur grâce; d'autres antiquaires ont pensé que c'était plutôt une image symbolique de la liberté du peuple affranchi par le *joyeux avénement*, que signalait d'ordinaire la promulgation de nouvelles lois; il est vrai que le peuple payait ces volées d'oiseaux, que la cathédrale de Reims a vues s'élancer sous ses voûtes, pour la dernière fois, au sacre de Charles X.

Le Pont-au-Change était la route traditionnelle que suivaient les reines de France, à leur première entrée dans Paris, pour se rendre dans la grand'salle du Palais, où les attendaient festins, musique et représentations de *mystères, folies* et *moralités*. En 1389, lorsque Isabeau de Bavière, qui avait épousé Charles VI pour le malheur de la France, traversa ce pont couvert d'un pavillon de taffetas bleu à fleur de lis d'or, un acrobate génois, en costume d'ange, descendit du haut des tours Notre-Dame sur une corde tendue jusqu'au milieu du pont, posa une couronne sur la tête de la reine, et remonta par le même chemin, en tenant deux torches allumées qui flamboyaient dans l'obscurité. On eût dit que l'ange exterminateur secouait la discorde et la guerre au-dessus de la ville, sourdement minée par les factions; et, en effet, quelques années après, Charles VI était en démence; Paris se trouvait au pouvoir de la rébellion populaire, et chaque nuit, sous les arches du Pont-au-Change, on noyait dans des sacs les *gros bourgeois* ou les gens riches, qu'on soupçonnait de prendre parti pour les *Armagnacs* contre les *Bourguignons*, c'est-à-dire pour le roi contre le peuple.

Le Pont-au-Change, où le roi, Notre-Dame, le Temple et la Sainte-Chapelle, en rivalité, prétendaient s'attribuer des droits de *censive* et de *justice*, fut consumé le 24 octobre 1621, en même temps que son voisin le Pont Marchand; on le rebâtit en bois, et le feu le détruisit de nouveau en 1639. Alors on le reconstruisit en pierre, dans l'intervalle de huit années, *aux dépens des propriétaires incommutables des maisons dudit pont;* on le mit, pour ainsi dire, sous la garde de Louis XIII et d'Anne d'Autriche; car les statues en bronze de ce couple royal, dues au sculpteur Simon Guillain, furent érigées vis-à-vis du Grand-Châtelet, comme pour remplacer un antique talisman représentant un serpent et un loir d'airain, lesquels, suivant Grégoire de Tours, se trouvaient sous ce pont pour éloigner de Paris les incendies et les serpents. Quoique ce talisman ait été jugé inutile, les serpents n'ont guère infesté Paris, sinon pendant le siège et la famine de 1591, qui engendrèrent dans les rues beaucoup de ces animaux venimeux, si l'on en croit le *Journal* de Pierre de l'Estoile, plus crédule encore que ses contemporains.

Le pont en pierre avait été chargé de maisons, comme tous les vieux ponts; mais ces maisons furent successivement démolies, grâce aux efforts des prévôts des marchands, intéressés à veiller à la conservation des ponts de la Seine, sous peine d'être responsables des accidents qu'ils n'auraient su prévoir et prévenir. Avant de raser les maisons, on eut plus de peine à faire diminuer la grandeur des enseignes gigantesques qui menaçaient les passants : les marchands se retirèrent avec moins de regret, quand ils eurent mis bas leurs enseignes. Aujourd'hui les orfévres et les changeurs ont pour héritiers une hideuse rangée de marchandes de pommes de terre frites et de ferrailles rouillées.

Le Pont Marchand, qui était proche du Pont-au-Change, et qui allait de la *Vallée de Misère* (quai de la Mégisserie) aux murs du Palais, non loin de la tour de l'Horloge, porta d'abord le nom de *Pont-aux-Meuniers*, et, plus anciennement, de *Pont-aux-Colombes*, ce ne fut, pendant des siècles, qu'une espèce de ruine, dernier reste du pont de Charles le Chauve, qui ne s'avançait pas même jusqu'au milieu de la rivière, et servait seulement à soutenir avec ses piles de pierre de liais scellées de fer et de plomb la lourde charpente des meules qui tournaient nuit et jour au bénéfice de différentes communautés religieuses, propriétaires du droit de mouture.

En ce temps-là, on mangeait autant de pigeons que d'oies, et la police n'avait pas encore, dans l'intérêt de la salubrité publique, fait sortir de la ville ces animaux qu'on nourrissait en chaque maison Le pont aux Colombes était donc une sorte de basse-cour, où s'approvisionnaient les Halles; mais les moulins se multiplièrent bientôt comme les pigeons, et s'établirent l'un auprès de l'autre, dans toute la largeur du fleuve, qui mettait en mouvement à la fois plus de vingt roues énormes suspendues entre les pilotis : le pont fut ainsi formé pièce à pièce, et les meuniers seuls y demeuraient dans de pauvres barraques ébranlées sans cesse par la rotation des meules et le courant du fleuve.

Alors le pont n'était pas livré à la circulation, car les meuniers avaient à cacher les vols de farine qu'ils faisaient passer sur le compte du déchet ordinaire de la mouture. D'après les plaintes réitérées des fariniers, le prévôt de Paris ordonna, en 1432, que tous les grains seraient pesés en allant au moulin, et repesés quand ils en sortiraient, afin que la confiance des particuliers fût garantie par le contrôle d'un agent de l'autorité; l'endroit où l'on pesait le grain et la farine était une loge couverte en tuiles, près de l'église Saint-Leufroy, derrière le Châtelet; on nommait ce lieu-là le *Poids du roi*, parce que les poids et les balances se trouvaient sous la surveillance d'un fermier choisi par le roi, qui prélevait une redevance d'un sol tournois par septier de grain ou de farine.

Les passants eurent enfin la liberté de traverser le pont, sans péage, sous une petite galerie en appentis, où trois personnes n'auraient pu circuler de front. Mais les meuniers ne continuèrent pas moins à fermer l'entrée de leurs moulins; tellement que les *maîtres des ponts* étaient éconduits toutes les fois qu'ils voulaient visiter l'état de ce pont qui avait pourtant, plus qu'un autre, besoin de surveillance et de réparations, à cause de l'ébranlement continuel des moulins. Ces maîtres des ponts, dans les premiers jours du mois de décembre 1596, annoncèrent aux meuniers, qu'ils eussent à déloger avec tout ce qu'ils possédaient. Les meuniers ne dormirent pas moins tranquilles; et, le 22 de ce même mois, vers six heures du soir, le pont s'écroula tout entier avec un fracas épouvantable; ceux qui l'habitaient périrent sous les décombres, et leurs pigeons eurent à peine le temps de s'envoler.

Deux ans plus tard, Charles Marchand, capitaine des arquebusiers et archers de la Ville, obtint des lettres patentes pour la reconstruction du pont, à ses frais, sous la condition de le refaire plus large et plus solide que l'ancien Pont-aux-Meuniers; Marchand eut aussi la permission de donner son nom à ce pont, qu'il fît bâtir, dans l'espace de dix années, avec cinquante maisons de même symétrie, et hautes de deux étages, bordant de chaque côté une rue large de dix-huit pieds; ces maisons furent occupées aussitôt par de riches commerçants, surtout par des orfévres, qui cherchaient à se rapprocher du théâtre de leur vieille prospérité. Par une idée bizarre du fondateur, les maisons avaient pour enseignes, en guise de numéros, des oiseaux de diverses sortes en ronde bosse, ce qui frappa le peuple et motiva le surnom de *Pont-aux-Oiseaux*, peut-être en mémoire du Pont-aux-Colombes.

Ce beau pont n'eut pas tant de durée que le précédent. En 1621, un incendie affreux le détruisit de fond en comble, ainsi que le Pont-au-Change, et leurs débris s'amoncelèrent dans le lit du fleuve, qui vit son cours interrompu par ce barrage accidentel, et qui, pendant plusieurs jours, ne coula que sous le Petit-Pont. Il fallut s'empresser d'ouvrir un passage aux eaux pour arrêter l'inondation. On attribua cette catastrophe à une vengeance des protestants, quoique le hasard en fût l'unique auteur. Le feu avait consumé la fortune de plus de cent familles, qui seraient mortes de faim et de misère, si le Parlement ne leur eût ouvert les portes de l'hôpital Saint-Louis, pour y être logés et nourris durant six mois. On retira des ruines beaucoup de vaisselle d'argent et d'objets précieux, qui vinrent au secours de ces malheureux, en concurrence avec les quêtes des paroisses. Le Pont-au-Change fut seul ré-édifié en pierre, à peu près à la même place, et le Pont Marchand, qui lui avait été funeste, ne releva pas ses moulins et ses enseignes d'oiseaux.

Le pont Saint-Michel, qui conduit en droite ligne au Pont-au-Change, ne remonte pourtant pas à une époque si reculée, puisqu'on projeta seulement de le bâtir en 1378, comme *expédient et profitable tant à la Ville qu'au public*, et qu'on l'acheva en 1387. Les archi-tectes de ces temps-là n'imitaient pas les constructions des ponts romains, car ce pont fut enlevé en 1407. On avait fait travailler par corvée, pour le construire, les vagabonds, les joueurs et les fainéants, qui ne se pi-quèrent pas d'être d'habiles maçons. Il fut refait des deniers du roi, qui concéda par bail à des officiers de sa cour le privilége d'y élever des *loges* et des maisons. Ce pont avait été envahi par des marchands de toutes

espèces, teinturiers, éperonniers, barbiers, fourbis-
seurs, fripiers, chasubliers, tapissiers, etc.; ils'étaient
tenus de réparer à leurs dépens le pont *jusqu'au rex-
de-chaussée*; mais ils s'en acquittèrent avec tant de
négligence, que, malgré la restauration complète exé-
cutée sous Henri II, il s'écroula en 1616.

On ne tarda pas à le rebâtir avec plus de solidité,
et, pour éviter de nouveaux accidents, le Domaine se
chargea de l'entretenir, moyennant une redevance d'un
écu d'or que lui payerait tous les ans chacune des
trente-deux maisons que supportaient les quatre arches
de pierre et de brique. Ces quatre arches subsis-
tent encore aujourd'hui, grâce à la démolition des
maisons qui les écrasaient et qui offraient, du côté de
la rivière, l'aspect le plus hideux, des murailles cre-
vassées, noires et verdâtres, des linges séchant aux
fenêtres et des étais pourris hérissant la rivière en-
combrée d'immondices.

Le pont Notre-Dame est moins ancien que le pont
Saint-Michel; il fut fondé en 1413, sous le règne de
Charles VI, qui octroya quinze arpents de bois de ses
forêts, en affectant à cette construction le tiers des
impôts de la ville; il lui avait donné le nom de Notre-
Dame, qu'il regardait comme un talisman céleste. Les
religieux de Saint-Magloire, à qui appartenait la place
où le pont fut jeté, ne se réservèrent aucun droit,
sinon celui de *justice haute, moyenne et basse*, sur ce
monument d'utilité générale, que le prévôt des marchands et les échevins s'efforcèrent de rendre aussi
beau et aussi durable que possible : ils crurent avoir
fait un chef-d'œuvre.

Ce pont, qu'on disait *le plus excellent entre les ouvrages publics de France*, long de soixante-quatorze pas et large de dix-huit, établi sur dix-sept faisceaux de pieux de quarante pieds de hauteur, supportait soixante maisons uniformes, de sorte qu'en la traversant on pensait *marcher à terre ferme en une foire*, selon l'expression d'un vieux chroniqueur. Ces maisons étaient occupées par des marchands de différents métiers, excepté des orfèvres et des changeurs, qui n'avaient pas là faculté de s'y établir, eu égard au voisinage du Pont-au-Change. Un de ces marchands était le célèbre libraire Antoine Vérard, à qui l'imprimerie est redevable des plus belles éditions de la fin du quinzième siècle.

Le 29 octobre 1499, un charpentier vint avertir le lieutenant-criminel que le pont tomberait avant midi, la charpente étant complétement vermoulue. On eut le temps de faire évacuer tous les habitants, et, à l'heure dite, le pont s'enfonça sous le poids de ses maisons, au milieu d'un épais nuage de poussière ; il y eut quelques victimes que l'avarice avait retenues dans leurs demeures, et des bateliers repêchèrent un petit enfant dont le berceau flottait à la dérive. On regarda cet événement comme la punition du parricide d'un nommé Robert Leslie, qui avait tué sa mère sur ce pont. Le prévôt des marchands et les échevins, à la négligence desquels on attribua ce malheur avec plus de vraisemblance, furent condamnés à de si fortes amendes, que, faute de pouvoir les payer, ils restèrent prisonniers jusqu'à leur mort.

Louis XII, qui faisait la guerre dans le Milanais à

l'époque de ce sinistre, ramena un architecte italien pour faire un nouveau pont Notre-Dame. Jean Joconde de Vérone, fournit les plans, qui furent exécutés par Didier Felin, *maître dés œuvres de maçonnerie de la ville*; Jean Joconde, qui venait diriger les travaux d'un pont à Paris, avait coopéré à l'érection de la sublime église de Saint-Pierre à Rome. Ce pont, composé de six grandes arches égales et de soixante-huit maisons en pierres de taille, fut achevé en 1507, et le peuple, émerveillé de *si grande et si magnifique œuvre*, cria *noël* en signe de joie, pendant que trompettes et clairons célébraient l'inauguration solennelle. Neanmoins tout l'art de Joconde n'a pas fait que ce pont subsistât jusqu'à nos jours sans des réparations considérables, notamment vers l'année 1659, comme on l'apprenait d'une inscription qui a été effacée, de même que tant d'inscriptions commémoratives qui avaient aux yeux de la République le tort capital de parler du passé en lettres d'or. La construction primitive coûta deux cent cinquante mille trois cent quatre-vingts livres, quatre sols, quatre deniers tournois.

Ce fut sur ce pont, le plus large de tous, que se fit, le 3 juin 1590, la fameuse *procession de la Ligue* pendant le siége de Paris; tout ce que la ville renfermait de moines et d'écoliers parut à cette revue ridicule, commandée par Rose, évêque de Senlis, et par les curés ligueurs; ces étranges soldats avaient leurs robes retroussées et leurs capuchons abattus; quelques-uns étaient armés de corselets et de casques de fer; ils brandissaient des crucifix et des pertuisanes rouillées; plusieurs marchaient l'arquebuse sur l'épaule. Le lé-

gat du pape accourut pour enflammer par sa présence
le courage de ces furieux, qui lui firent honneur en
déchargeant leurs mousquets et en tuant dans son
carrosse son aumônier. Le légat n'attendit pas une
seconde salve du même genre, et se retira prudem-
ment, pendant que la burlesque armée se déployait en
montre sur le pont, avec des chants de psaumes et
des cris de haine contre Henri IV et les *hérétiques.*

Le pont Notre-Dame était ordinairement le théâtre
des fêtes publiques ; car, avant la Révolution, les places
et les carrefours, resserrés entre les maisons, ne permettaient pas à la foule de se réunir sur un même
point. Des tournois, des jeux de bagues et des courses
eurent lieu sur ce pont, dédié à la sainte Vierge, dont
l'image se voyait dans des niches, entre les enseignes des
marchands. La ville se réservait pour toutes les solennités le premier étage des maisons, au prix de soixante
livres chacune. A l'entrée de Marie-Thérèse d'Autriche,
en 1660, ces maisons avaient été décorées de statues,
de médaillons et d'ornements, qui disparurent peu à
peu, remplacés par des écriteaux de boutiques. Les
statues de Louis XIII et de Henri IV, de saint Louis et
de Louis XIV, ne furent renversées que par le marteau
révolutionnaire, qui soulagea aussi le pont de ses
soixante-huit maisons, de ses boutiques et de ses habitants. Il ne reste qu'un vilain bâtiment adossé au pont,
et renfermant une machine hydraulique, qui n'a plus
pour frontispice un bas-relief de Jean Goujon, et qui
cessera bientôt d'obstruer le cours de la rivière ; cette
masure, bâtie sur pilotis, nous rappelle seule la phy-

sionomie pittoresque des vieux ponts couverts de maisons.

Que penserait aujourd'hui le grand *fra Giocondo*, en comparant le pont qu'il a dessiné avec le pont Neuf, le pont Louis XVI et le pont d'Iéna? Il se prosternerait devant ses maîtres, il reconnaîtrait que les ingénieurs se sont bien surpassés depuis son temps ; mais il renverrait peut-être à l'école nos architectes.

PHYSIOLOGIE DU PONT NEUF

Que demandait d'abord un étranger, en arrivant à Paris, dans les deux derniers siècles? Le pont Neuf. C'était toujours au pont Neuf qu'il se faisait conduire, encore couvert de la poussière du voyage; c'était le pont Neuf qu'il voulait voir, avant le Louvre, avant Notre-Dame, et, après l'avoir vu, il pouvait se vanter de connaître tout Paris. On parlait alors du pont Neuf avec admiration jusqu'aux extrémités du monde.

Le czar Pierre le Grand, qui vint étudier la civilisation française sous la régence du duc d'Orléans, déclara qu'il n'avait rien trouvé de plus curieux à Paris que le pont Neuf; et, soixante ans après, le philosophe Francklin écrivait à ses amis d'Amérique qu'il n'avait compris le caractère parisien, qu'en traversant le pont Neuf, et que ce célèbre pont méritait bien qu'on fît deux mille lieues pour le rencontrer.

C'est qu'à cette époque le pont Neuf, qui ressemble aujourd'hui à la plupart des autres ponts, se distinguait entre tous par une foule de détails de mœurs particuliers, qu'on n'eût pas observés ailleurs. Il a complétement changé d'aspect depuis la Révolution, et pourtant il n'a pas subi la moindre métamorphose dans son architecture ; il n'est ni moins long ni moins large qu'en son beau temps, et, s'il a perdu la Samaritaine qui partageait sa célébrité, il a retrouvé une statue équestre de Henri IV, aussi lourde, aussi triviale que l'ancienne, que le nom fameux de son auteur, Jean de Bologne, ne préserva pas d'être fondue en gros sous à l'effigie de la Liberté de 92.

Le pont Neuf du siècle de Louis XIV, quoique plus jeune de cent quatre-vingts ans qu'il ne l'est à présent, avait été déjà refait, restauré, consolidé, de telle sorte qu'on l'accusait d'être vieux et de menacer ruine, à chaque crue des eaux, à chaque débâcle de glaces : on ne lui promettait pas une plus durable existence qu'aux ponts, ses voisins, qui, chargés de maisons en pierre ou en bois, devaient infailliblement, un jour ou l'autre, prendre feu ou s'écrouler dans la rivière. Mais cependant on s'accordait à lui trouver des mérites que n'avaient pas tous les ponts anciens et modernes : on vantait son plan général, dû à Androuet Ducerceau, qui toucha cinquante livres pour en avoir fourni les premiers dessins ; on vantait sa construction *à la romaine*, due à Guillaume Marchand et à François Petit ; on vantait surtout sa corniche extérieure, supportée par de grandes consoles et de bizarres mascarons dus au ciseau de Germain Pilon ; on vantait tout ce que nous remarquons à peine aujourd'hui, et, de plus, les Parisiens étaient fiers du magnifique panorama qu'on découvre du haut de leur pont favori et qui n'a d'égal au monde, disaient-ils, que l'entrée du port de Goa et celle du port de Constantinople. Heureux Parisiens, qui ne songeaient guère à y aller voir !

Et néanmoins, en dépit du respect et de l'admiration qu'il inspirait sous le règne de Louis XIV, le pont Neuf avait encouru les critiques de certains esprits chagrins, qui, à coup sûr, n'étaient pas nés à Paris. Le poëte Claude Le Petit, natif de Poitiers, signala son entrée dans ce Paris, qu'il eut l'audace de traiter de *ridicule* en vers, par cette épigramme hardie contre le pont Neuf, épigramme qui alluma sans doute le bûcher de son auteur, brûlé en place de Grève comme athée. Claude Le Petit ne croyait pas plus à l'infaillibilité du pont Neuf qu'à celle du pape :

> Faisons ici renforts de pointes :
> Ce chemin nous mène au pont Neuf.
> D'un bon régal de nerfs de bœuf,
> Saluons ces voûtes mal jointes.
> Vraiment ! pont Neuf, il fait beau voir
> Que vous ne vous daigniez mouvoir,
> Quand les étrangers vous font fête ?
> Savez-vous bien, nid de Filous,
> Qu'il passe de plus grosse bêtes
> Par-dessus vous, que par-dessous ?
> Pourquoi nous faites-vous la morgue
> Avecque votre nouveauté ?
> Pont en cent endroits rajusté,
> Tout ainsi qu'un vieux soufflet d'orgue ;
> Vous qui faites compassion
> A la moindre inondation,
> D'où vous vient cette humeur altière ?

> Est-ce à cause que vous avez
> Cent égouts dans votre rivière?...
> Quoique entre tous les ponts des eaux,
> Grands ou petits, vieux ou nouveaux,
> Vous passiez pour un patriarche,
> Dites-moi, pont Neuf, mon mignon,
> Si vous aviez encore une arche,
> Seriez-vous pas un peu plus long?

La physionomie du pont Neuf, à cette époque, était bien différente de ce qu'elle est aujourd'hui. Si nous empruntons quelques traits à un tableau qui n'a pas moins de vérité que s'il eût été fait d'après nature, la statue de Henri IV, qu'on appelait le *Cheval de Bronze*, par un étrange oubli du *seul roi dont le peuple a gardé la mémoire*, attirait autour d'elle, sur le terre-plein où elle était érigée, malgré les amas d'immondices qui la déshonoraient, une foule compacte et tumultueuse qui se renouvelait sans cesse. Là étaient établis les tréteaux des joueurs de gobelets, des chanteurs, des vendeurs d'orviétan et de thériaque, des bateleurs et des charlatans de toute espèce, que la police ne molestait pas encore dans l'exercice de leur industrie. Vis-à-vis du Cheval de Bronze, la place Dauphine, qui n'avait encore de rivale à Paris que la place Royale, recevait pareille affluence de curieux, de promeneurs et de désœuvrés : là était encore dressé plus d'un théâtre en plein vent, chargé de baladins, de farceurs, d'opérateurs, et de toute la joyeuse descendance de Tabarin, qui avait, pendant vingt ou trente ans, donné la comédie au peuple sur le pont Neuf.

Le pont Neuf était aussi peuplé et fréquenté le jour

qu'il était désert et redouté la nuit ; quand on cherchait à rencontrer quelqu'un, on n'avait qu'à se planter en sentinelle à l'entrée de ce pont, et l'on voyait
bientôt venir la personne à qui l'on avait affaire. Cette
hyperbole, imaginée pour représenter la circulation
active et incessante des passants sur le pont Neuf,
avait été prise à la lettre par les mouchards, qui restaient postés deux ou trois jours à la même place,
attendant, guettant leur homme, et qui affirmaient
ensuite, s'ils ne l'avaient point aperçu, que le quidam
ne pouvait pas être à Paris.

Les farceurs ou *plaisants* du pont Neuf ne contribuèrent pas peu à mettre ce pont en honneur et à y
attirer sans cesse, de tous les points de la Ville, Cité et
Université, une multitude d'allants, de venants et de
séjournants. Ces farceurs eurent l'un après l'autre une
vogue et une réputation dont hérita le pont Neuf. Le
premier de tous, celui qui n'attendit pas que le pont
fût achevé pour y jouer son personnage, fut l'illustre
Tabarin, auteur des chansons qu'il chantait et des
coqs-à-l'âne, rencontres, fantaisies et gaillardises qu'il
débitait avec une verve et une joyeuseté intarissables ;
Tabarin narrait à ses auditeurs les aventures du capitaine Rodomont et les amours d'Isabelle ; il leur confiait ses querelles de ménage, et souhaitait *bon jour,
bon an à MM. les cornards de Paris ;* il s'adressait de
préférence aux *artisans de la gueule et suppôts de
Bacchus,* et il n'avait jamais la voix plus claire qu'a-
près avoir bu au cabaret avec son élève, le baron de
Grattelard, qui l'assistait dans ses farces, revêtu de sa
livrée de toile de matelas. Tabarin sur ses tréteaux

balança la renommée des comédiens ordinaires du roi, Turlupin, Gros-Guillaume et Gauthier Garguille, tellement que l'hôtel de Bourgogne dut porter envie au pont Neuf.

A Tabarin succéda le Savoyard, qui devait ce sobriquet à sa naissance et à son patois fortement accentué, sorte de rapsode vagabond, aveugle comme Homère, remarquable par sa haute taille et par sa grande barbe; il composait aussi lui-même des chansons burlesques en vers baroques, les répétait d'une voix de Stentor, en pinçant du luth, et les distribuait imprimées par feuilles volantes. Son contemporain, Fagottini, avait alors l'exploitation du petit théâtre de Brioché, qui importa d'Italie en France les marionnettes et qui fit fortune sur le pont Neuf; en outre, Fagottini, que la mode appela depuis dans les *assemblées* avec ses marionnettes, vendait des parfums, des drogues et des affiquets d'Italie, avant et après les représentations de ses acteurs de bois; mais, lorsqu'il se fut enrichi et qu'il se vit recherché par les ruelles des *précieuses*, il abandonna le pont Neuf à ses valets et ne se montra plus que dans les *cercles* de la bourgeoisie, où l'on disait, avec Molière, en se promettant beaucoup de plaisir :

Vous aurez Fagottin et les marionnettes.

Les bas-côtés du pont Neuf, élevés de plusieurs marches au-dessus de la chaussée destinée aux carrosses, aux charrois et aux chaises à porteurs, n'étaient pas uniquement réservés aux piétons : les marchands de toute espèce, notamment les merciers, les confiseurs,

les revendeurs et les bouquinistes s'emparaient du
parapet, qui leur servait d'étal pour leur marchandise,
et usurpaient même une large part du pavé au profit
de leur commerce, que ne gênait aucune patente. En
outre, chacun des espaces vides semi-circulaires, qui
couronnaient les piles des arches et qui ont été remplis depuis par des guérites en pierre transformées en
boutiques, se trouvait occupé par la tente ou la baraque
de quelque industriel émérite, qui gagnait sa pauvre
vie en arrachant des dents ou en vendant des on-
guents et des spécifiques, en montrant des serpents
ou des reliques de saints, en chantant au son de la
vielle ou de la guitare ces refrains populaires auxquels
est resté le nom générique de *pont Neuf*, en racontant
des légendes miraculeuses, en faisant des tours de
passe-passe ou des exercices d'adresse, et en tirant
des horoscopes suivant les conjonctions des planètes,
les concordances des nombres, les lignes des mains et
les hasards des cartes ou des tarots. Le pont, d'une
extrémité à l'autre, retentissait du concert éclatant
des trompes, des fifres, des tambours, des luths, accompagnés de chants, de cris, de rires, de huées et
d'applaudissements, qui se mêlaient aux aboiements
des chiens, aux jurons des charretiers, au bruit sourd
et confus des voitures et des chevaux.

Parmi la population ordinaire du pont Neuf, les
badauds et les filous étaient toujours en majorité. Les
badauds s'arrêtaient en extase devant les boutiques et
les théâtres, la bouche béante, l'oreille tendue et l'œil
fixe, pour ne rien laisser échapper de ce qui pouvait
être vu et entendu; les filous s'arrêtaient aussi avec

eux et faisaient à la ronde une exacte visite des poches, sans jamais être troublés dans cette agréable occupation. On savait, d'ailleurs, qu'en traversant ce pont, moins sûr en plein jour que la forêt de Bondy en pleine nuit, on devait tenir à deux mains sa bourse et sa montre, pour les empêcher de disparaître. Combien de gens qui étaient allés régler leur montre sur l'horloge de la Samaritaine, horloge souvent détraquée et rarement fidèle, revenaient chez eux le gousset vide et ne retournaient plus chercher l'heure au pont Neuf!

Sous Louis XIII et Louis XIV, en dépit du guet, du lieutenant de police et des lanternes du Cheval de Bronze, les voleurs, à main armée, s'emparaient du pont dès le coucher du soleil et rançonnaient quiconque s'aventurait dans ce coupe-gorge; il ne faisait pas bon se défendre contre ces malfaiteurs, qui poignardaient la victime et la jetaient à l'eau, morte ou vive. Les jeunes seigneurs de la cour, Gaston d'Orléans, frère du roi, leur donnant l'exemple, s'étaient quelquefois divertis à dévaliser les passants et à se faire *tireurs de laine* du pont Neuf. Ce proverbe courait alors les rues : « On vole plus de manteaux sur le pont Neuf qu'on n'en taille chez les drapiers des piliers des Halles. »

La gloire du pont Neuf allait s'éclipsant, lorsque les génies de la farce furent remplacés par le coryphée des opérateurs, ce *gros Thomas* qui réunit longtemps autour de sa science universelle une nombreuse et crédule clientèle. « Il était reconnaissable de loin par sa taille gigantesque, disent les mémoires du temps, et par l'ampleur de ses habits; monté sur un char d'acier, sa tête élevée et coiffée d'un panache éclatant figurait avec la tête royale de Henri IV; sa voix mâle se faisait entendre aux deux extrémités du pont, aux deux bords de la Seine. La confiance publique l'environnait, et la rage de dents semblait venir expirer à ses pieds; des mains sans cesse élevées imploraient ses remèdes, et l'on voyait fuir le long des trottoirs les médecins consternés et jaloux de ses succès. Enfin, pour achever le dernier trait de l'éloge de ce grand homme, il est mort sans avoir reconnu la Faculté. »

Sous le règne de Louis XV, il y eut encore sur le pont Neuf et des opérateurs et des bateleurs; mais leurs devanciers avaient épuisé la confiance et l'admiration publiques. Le peuple devenait moins badaud, moins paresseux, moins dupe; la Révolution se préparait dans les basses classes comme dans les sommité sociales. Le pont Neuf fut alors envahi par les *vendeurs de chair humaine* ou recruteurs, qui avaient mission d'alimenter l'armée du roi, où le métier de héros n'était plus fait pour tenter personne. Les philosophes avaient si bien décrié l'art de la guerre, que, sans les recruteurs, cet art-là eût bientôt fini, faute de combattants. Les recruteurs plantèrent donc leurs drapeaux à chaque bout du pont, afin de mieux happer au passage les paysans qui débarquaient à Paris, les mauvais sujets qui comptaient, pour dîner, sur la bourse du prochain, les fils de famille qui sortaient des tripots, et, en général, tous ceux qui ne savaient pas résister à l'appât d'un sac d'écus.

Ces raccoleurs firent d'abord leurs affaires à la descente du pont Neuf, où la boutique de l'un d'eux offrait pour enseigne le roi Salomon sur son trône, avec cette inscription tirée du théâtre de Voltaire :

Le premier qui fut roi fut un soldat heureux.

Là les recruteurs se promenaient, la tête haute, l'épée sur la hanche, appelant tout haut les jeunes gens qui passaient, leur frappant sur l'épaule, les prenant sous le bras et les invitant, d'un ton câlin ou matamore, à entrer au cabaret pour y écouter entre deux pintes le récit de la bataille de Fontenoi. Mais le pont Neuf fut enfin délivré de ce commerce honteux, qui s'exerçait avec autant de violences que la vente des nègres au Congo : le pont Neuf, d'ailleurs, ne produisait presque plus de soldats, et les piéges grossiers qu'on tendait aux passants étaient connus des moins fins, qui ne s'y laissaient pas prendre comme autrefois. Un Anglais paria qu'il se promènerait, deux heures durant, le long du pont, en offrant de céder des écus neufs de six livres à vingt-quatre sols la pièce, et qu'il ne trouverait pas à vider ainsi un sac de douze cents francs. En effet, il eut beau crier : *A vingt-quatre sols les écus de six livres!* on ne s'approchait de lui que pour le regarder avec défiance, pour palper ses écus et les lui rendre, en haussant les épaules et en disant : *Ils sont faux!* Le pont Neuf n'était déjà plus la terre promise des charlatans : on y semait en vain la ruse et la fourberie, sans produire des dupes. Le règne du pont Neuf se termina par la démolition de la Samaritaine, qui depuis longtemps avait perdu le jet de sa fontaine et le carillon de son horloge.

Maintenant, le pont Neuf, débarrassé des tréteaux, des théâtres, des chars d'acier et des étalages qui obstruaient la voie publique, ne se distingue des autres ponts que par sa longueur et par le nombre des piétons et des voitures qui le traversent à toute heure du jour et de la nuit. Les décrotteurs et les tondeurs de chiens ont pris la place des opérateurs et arracheurs de dents; les sergents de ville, la place des recruteurs; et un factionnaire, l'arme au bras, veille à la défense de la statue de Henri IV, qui n'a plus à ses pieds une cour burlesque de chanteurs, de paillasses et de marionnettes. Jadis le pont Neuf était une foire perpétuelle; à présent, ce n'est plus qu'un pont où l'on passe sans s'arrêter.

1840.

BICÈTRE

Bicêtre a été maison de plaisance épiscopale, château de prince et de roi, masure abandonnée et repaire
de voleurs, hospice militaire ; Bicêtre est aujourd'hui
hôpital et prison, jusqu'à ce que l'autocratie ministé·
rielle efface un de ces deux titres, épouvantés de se
trouver ensemble sur le même frontispice : Bicêtre ne
veut plus être un lieu de réprobation et d'infamie.

En 1204, Jean, évêque de Winchester en Angleterre, lequel résidait en France à la cour de Philippe-
Auguste, acheta une ferme située sur une hauteur et
dans un terrain argileux, à une lieue environ de l'enceinte de Paris. Cette ferme, qui se nommait la *Grange*

aux queux ou *gueux*, sans que les historiens aient éclairci l'une ou l'autre origine également plausible, fit place à un château bâti et orné avec une magnificence prodigieuse pour le temps : les fenêtres étaient garnies de châssis et de verrières!

En 1290. Philippe le Bel confisqua ce domaine, dont le possesseur à cette époque ne nous est pas connu, et, pendant plus d'un siècle, les rois habitèrent souvent le *séjour de Wincestre*, comme l'attestent plusieurs ordonnances datées de ce château royal.

Le duc de Berry, oncle de Charles VI, acquit de ses deniers ce vieux logis, pour le faire reconstruire avec tout le luxe du quatorzième siècle. L'architecture gothique s'était surpassée dans les hardiesses et les découpures de la pierre, que les carrières voisines fournissaient à ces travaux légers et solides à la fois. On se fait aisément idée de l'aspect féodal de Wincestre, hérissé de tours, de créneaux, de clochers et de girouettes blasonnées; l'intérieur étincelait d'or et de couleurs; les murs et les lambris, les planchers et les meubles, étaient couverts de fresques, de mosaïques et de sculptures; la grande salle surtout, dont les merveilles n'existent plus que dans les chroniques contemporaines, renfermait une précieuse collection de portraits des papes et des cardinaux, des rois et princes de France, des empereurs d'Orient et d'Occident. Le duc de Berry, qui aimait passionnément les arts, n'eut pas la satisfaction de voir ce palais achevé dans toute sa splendeur.

En 1408, au commencement de la querelle des Bourguignons et des Armagnacs, à la suite de l'assassinat du duc d'Orléans dans la rue Barbette, les princes du

sang, accompagnés de quatre mille gentilshommes et
de six mille chevaux bretons, prirent position dans le
château de Wincestre pour être à portée de s'emparer
de Paris, et le duc de Berry, leur hôte et leur allié,
fortifia cette place de guerre, tandis que le duc de
Bourgogne rassemblait une grande armée qui protégea
la capitale; mais le duc de Brabant, frère de Jean
sans Peur, s'interposa entre les deux partis et obtint
une paix peu durable, qui fut appelée la *Trahison de
Wincestre*, lorsque les hostilités recommencèrent,
quelques mois après, plus sanglantes et plus irrécon-
ciliables.

En 1411, les bouchers de Paris, qui soutenaient la
faction bourguignonne par toutes sortes d'excès, sortirent un soir dans la campagne, commandés par les
Gois, et allèrent briser les portes du château du duc
de Berry, qu'ils incendièrent, après l'avoir pillé ; le feu
détruisit entièrement ce superbe château, dont il ne
resta que les murailles nues et deux chambres décorées de mosaïques. Le duc de Berry, qui faisait alors
édifier la Sainte-Chapelle de Bourges, ne releva pas les
ruines de son château, qu'il donna, cens et rentes, au
chapitre de Notre-Dame de Paris, sous la condition
de quatre obits et de deux processions à perpétuité.
Charles VII et Louis XI amortirent cette donation, qui
fut confirmée plus tard au moyen d'un cinquième obit
à célébrer le jour de Saint-Louis.

Durant deux siècles, Wincestre n'eut pour habitants
que des hiboux et des malfaiteurs; tant de vols et de
meurtres s'y commirent, qu'il était dangereux de passer aux environs, même en plein jour, et la crédulité po-

pulaire interpréta bientôt les cris de bêtes et d'oiseaux qu'on entendait la nuit : ce fut le théâtre permanent des apparitions et des conjurations magiques, la tanière des sorciers et des loups-garous, le soupirail de l'enfer. Ces parages étaient si mal famés, que le mot *bissestre*, corruption de *Wincestre*, fut introduit dans la langue, pour signifier, tantôt un malheur, tantôt un diable, enfin un homme capable de tout. Le peuple se servait de cette expression ; Molière la lui a même empruntée.

En 1632, Louis XIII acheta quelques bâtiments en mauvais état, qui composaient la propriété des chanoines de Notre-Dame, et, sur l'emplacement de ces misérables bicoques, il fonda un hôpital destiné aux soldats infirmes. Les constructions furent poussées si rapidement, que, deux ans après l'ordonnance de fondation, la chapelle était dédiée sous l'invocation de saint Jean, avec permission de François de Gondy, archevêque de Paris; et l'hôpital, ouvert sous le nom de *Commanderie de Saint-Louis.*

En 1670, l'établissement des Invalides rendit inutile celui de Bicêtre, qui fut converti en succursale de la Salpêtrière. On y entassa dès lors tous les vices et toutes les infortunes, comme si l'on eût voulu y transplanter la Cour des Miracles. C'était là qu'on enfermait les mendiants, les vagabonds, les apprentis-voleurs; c'était là qu'on recueillait les estropiés et les vieux pensionnaires du roi; c'était là enfin qu'on corrigeait les fils de famille débauchés et les gens atteints de maladies honteuses : ces derniers devaient être fustigés à chaque pansement, selon le bon plaisir de Louis XIV !

Depuis un peu moins de deux siècles, Bicêtre n'a pas changé de destination, mais souvent de physionomie; à l'hôpital-prison ont succédé une prison et un hôpital. Ce triste rapprochement vaut mieux encore que l'institution du *grand roi*, qui guérissait le fouet à la main, et à compter de l'administration générale des hospices créée en 1801, chaque année, chaque jour apporte, avec l'expérience, une amélioration nouvelle dans ce vaste dépôt des misères humaines.

L'édifice principal, qui présente au loin sa longue façade de pavillons et de corps de logis d'inégale hauteur, est encore tel que Louis XIII l'a laissé, avec son architecture lourde et nue, ses cinq étages superposés monotonement, ses innombrables fenêtres et ses hauts combles d'ardoises; l'ancienne entrée, qui regarde le nord et domine la plaine de Gentilly, n'annonce pas une maison de refuge et de détention; on dirait plutôt, à son aspect imposant, un de ces châteaux vastes et solides, que Ducerceau et d'Orbay élevaient du temps de Henri IV et de Louis XIV, masses uniformes de pierre ou de briques, assemblage régulier de cours et de bâtiments, derniers manoirs de la féodalité.

Quant aux traces effacées du vieux Wincestre, il faut les chercher dans les caves de l'hospice, dans les cachots de la prison : ici, un mur garde encore la teinte noirâtre de l'incendie de 1411; là, une ogive roide et droite porte témoignage de l'exhaussement du sol. Quelques piliers, quelques colonnes à demi enterrées dans la maçonnerie, sont les seuls vestiges qui nous parlent encore du quinzième siècle, de même que le cimetière nous rappelle que les Romains semaient leurs tombeaux sur toute l'étendue de cette plaine funéraire, que les revenants, dit-on, n'ont pas cessé de fréquenter.

Bicêtre a reçu, depuis son établissement primitif, tant d'augmentations successives en logements et en habitants, qu'il est devenu maintenant une petite ville, composée d'un amas de maisons, et peuplée de plus de trois mille individus : pauvres âmes en peine dans les limbes de la bienfaisance et de la justice terrestre !

Ce ne sont pas seulement les localités qu'il faut voir et étudier : la chapelle, assez spacieuse, voûtée en planches, et à peine remarquable par deux ou trois tableaux encrassés; le puits gigantesque, profond de cent quatre-vingts pieds, curieux par son mécanisme que mettent en jeu vingt-quatre travailleurs; le réservoir contenant quatre mille muids d'eau, que cinq cents muids renouvellent chaque jour; la lingerie, mieux ordonnée et mieux entretenue que la Bibliothèque du Roi; la cuisine, dont les marmites engloutissent chacune dix-sept cents livres de viande ou dix sacs de haricots; les dortoirs immenses, dont le parquet ciré, les couchettes propres et l'arrangement décent éloignent toute idée pénible de misère; les infirmeries pleines de soins, de secours et de consolations, que souvent la fortune même ne procure pas; les promenoirs plantés d'arbres et de gazons pour faire de l'ombre et de la verdure en été; les ateliers où le travail satisfait l orgueil du pauvre et combat les dangers de l'oisiveté; presque partout l ordre, la vigilance, le zèle, la philanthropie.

Ce sont les types moraux que l'observateur doit surtout épier parmi cette foule d'hommes de tout âge et de toute condition qui sont classés sous ces trois catégories si distinctes : malfaiteurs, indigents, aliénés.

Sans doute on s'applaudit, à chaque pas de l'intelligente humanité qui modifie incessamment le régime intérieur de Bicêtre, que le préjugé vulgaire frappe encore d'anathème. Les sexes et les infirmités ne sont plus confondus dans un hideux pêle-mêle : plus de lits à double cloison, où les pauvres couchaient deux, trois, et jusqu'à huit, qui dormaient et veillaient alternativement ! plus de ces loges infectes, où nuit et jour hurlaient des fous furieux ! plus de chaînes ni de carcans ! L'enfer s'est changé en purgatoire, et presque en paradis. Le pain n'est plus fait de vieille farine malsaine; le linge n'arrive plus, mouillé, de la lessive; la toile des draps n'a plus cette rigidité qui blessait la peau la moins délicate. Mais la prison subsiste toujours au milieu de l'hospice comme un cancer au cœur; la prison, avec ses barreaux de fer, ses portes cadenassées, ses mœurs flétrissantes, son argot crapuleux, ses écoles de dépravation, ses bandes de forçats et ses condamnés à mort.

Cette prison pourtant est la plus salubre et la mieux tenue de notre déplorable système pénitentiaire : le directeur, M. Becquerel, ne ressemble guère aux portraits des Lareynie et des Saint Mars, que nous a transmis l'histoire odieuse de la Bastille; M. Becquerel est un philanthrope éclairé qui tempère les rigueurs de son devoir par la bienveillance, la prudence et l'é-

quité : il s'est fait aimer, au lieu de se faire craindre;
il a des attentions paternelles, des paroles calmantes,
toujours de la fermeté, toujours de la douceur; il dirige
de près, il voit par ses yeux, il encourage le repentir,
il dompte le crime, il met des larmes dans les yeux
des scélérats qui commettraient un meurtre de sang-
froid : il marche seul et sans défense au milieu de cent
misérables qu'on va enchaîner pour le bagne.

La plupart des hommes, qui forment la population
sans cesse renouvelée de cette prison, portent écrit sur
leur visage le coupable penchant qui les a conduits là :
on comprend, en observant l'expression sauvage, dure,
haineuse ou maligne de ces physionomies accusatri-
ces, que chacun a suivi sa nature et sa destinée; les
galères ou la guillotine, telle est l'alternative qu'ils
s'accoutument à regarder en face sans inquiétude et
presque avec philosophie. Les années de bagne se
comptent comme des chevrons, et l'échafaud tient
lieu de pension de retraite. Voilà pourquoi un condamné à mort, qui passe entre ces prédestinés du
code pénal, n'excite chez eux qu'un intérêt de curiosité, alors que la lourde voiture ferrée vient l'emporter à la Conciergerie, d'où il repartira pour la Grève;
ils oublient, ils recommencent à rire et à boire, dès
que le bourreau a pris sa proie; de même que ces
Indiens qui, au passage d'un tigre, se serraient autour de Las-Cases et continuaient leur route en abandonnant la victime que le tigre avait choisie.

Cependant les loups peuvent devenir moutons,
comme dans une idylle : en 1831, les détenus ont cé-
lébré la fête de la reine aussi honnêtement que des

bourgeois du Marais. Un théâtre fut élevé dans la grande cour; on peignit des décorations; on fit des costumes; on apprit des rôles : menuisiers, peintres, tailleurs, comédiens, et même auteurs, tout était plus ou moins criminel, voleur, assassin ou faussaire, marqué ou condamné. M. Becquerel avait autorisé ce divertissement de collége, sous la garantie personnelle d'un détenu, qui, par sa bonne conduite, son intelligence et son caractère énergique, avait mérité la confiance des employés de la prison, comme le respect de ses compagnons d'infortune.

Ce fut un jour d'innocentes saturnales, lorsque, en présence de quelques personnes étrangères, de dames élégantes et timorées, six cents spectateurs vêtus de laine grise applaudirent au talent scénique des acteurs, qui jouèrent un mélodrame de l'Ambigu, les *Dangers de l'inconduite;* un vaudeville des Variétés, les *Ouvriers*, et une comédie du cru avec couplets et allusions monarchiques de circonstance. La représentation n'eût pas été plus paisible et plus décente dans un théâtre royal; et la troupe, suivant les conditions du traité, rendit les armes, fusils, épées, pistolets, aussitôt que la toile fut baissée, aux chants de la *Parisienne*. Une semaine après, le ferrement des forçats et le départ de la Chaîne furent égayés de refrains de vaudeville et de phrases de mélodrame.

Les indigents sont peut-être plus indifférents que les fous à ce voisinage infamant, où viennent se dégorger les prisons de Paris et des départements. Ces *bons pauvres* n'ont pas encore réhabilité Bicêtre, surnommé l'hospice de la Vieillesse, en dépit des gendarmes et des *paniers à salade*, qui donnent un démenti journalier à ce titre menteur, que la voix publique n'acceptera pas tant qu'une prison se cachera derrière l'hôpital. Ces indigents, qui sont tous septuagénaires, et dont beaucoup approchent de leur centième année, obtiennent un lit pour y mourir, à force de démarches et de recommandations : il n'est guère plus difficile d'être installé commis ou sous-préfet. Combien de fortunes déchues viennent se réfugier là! combien d'ambitions aboutissent à ce caravansérail de la pauvreté, où du moins on ne meurt pas de faim! Les souffrances de l'âme ne tuent pas plus vite que celles du corps.

Ils sont bien deux mille, enrégimentés par numéro d'ordre, dans cette caserne de caducité et d'infirmités. N'est pas admis qui veut dans les ateliers; l espace manque, et c'est à la mort de faire des places aux plus laborieux : l'air vicié des chauffoirs résulte de cette agglomération d'hommes vieux, malpropres ou malsains; leurs vêtements de bure, imprégnés de miasmes putrides, exhalent une odeur pénétrante qui s'attache aux plâtres et aux boiseries. C'est un spectacle affligeant et répugnant à la fois, que ces pauvres à cheveux blancs, l'œil terne et le teint hâve, alignés et pressés dans leurs salles puantes, pensant, parlant, jouant, ou mangeant par écuelle, lorsque le froid ou la pluie ne leur permet pas d'errer dans les cours et de se chauffer au soleil.

La troisième partie de Bicêtre, celle des aliénés, est la plus importante, sans être la plus nombreuse : M. Ferrus, un des médecins distingués de la capitale, et le premier peut-être pour le traitement des maladies mentales, a fait tant d'heureuses innovations dans le service qui lui est confié depuis huit ans, que cette portion de Bicêtre doit servir de modèle à toutes les maisons de fous qu'on établira désormais en France et en Europe. Il a fallu de longues et constantes études, de profondes et nombreuses observations, des voyages, des essais, et, par-dessus tout, un esprit finement judicieux, pour arriver à ces beaux résultats qui promettent de s'étendre encore, à mesure que l'administration secondera les vues d'utilité et de perfectionnement que lui a soumises le docteur Ferrus. C'est à la médecine philosophique qu'il appartient de guérir la plus irrémédiable et la plus dégradante des infirmités de l'homme.

Depuis huit ans, une métamorphose d'ensemble et de détails s'est opérée dans le bien-être des aliénés. Ceux-ci ne sont plus incessamment obsédés par ces visiteurs désœuvrés, qui venaient les voir et les irriter à travers leurs grilles, comme les bêtes du Jardin des Plantes. Il a été reconnu que cette lanterne magique de curieux, souvent imprudents, entretenait l'exaltation des malades, en leur causant de la mélancolie, de la honte et de la colère. On ne voit plus, dans les grands froids d'hiver, grelotter à moitié nues, sous un auvent, de pauvres créatures attachées à un poteau : ces malheureux ne se tordent sous des liens que dans leurs accès, qui deviennent plus rares à cause des précautions prises pour en triompher; on n'entend plus à toute heure les hurlements de ces possédés, que tourmentaient, ainsi que dans un exorcisme, le jet de la douche d'eau froide et le nerf de bœuf des gardiens : les employés ont ordre de ne pas frapper, même en cas d'agression, et la douche ne jaillit pas douze fois par an; enfin, on chercherait en vain des traces de ces cabanons effrayants, où périssait un être humain enterré au milieu de ses immondices pendant des années, se meurtrissant avec ses chaînes, et ne recevant que par un trou l'air, le jour et la nourriture. L'ancien Bicêtre a disparu de fond en comble.

Plusieurs cours plantées d'arbres, où ne pénètrent pas les étrangers, servent à la promenade des aliénés, classés par espèces : les épileptiques, les idiots, les incurables, les fous en traitement. Ils vivent tous en bonne intelligence, par le soin qu'on a d'éviter le contact des mêmes genres de folie; ils ne se querellent jamais, que pour des motifs d'égoïsme matériel, la meilleure pitance, la meilleure place au poêle, une prise de tabac, un caillou; ils admettent l'un l'autre avec une sorte de déférence leur folie individuelle, mais comme une chose reçue, sans débats ni discussions préalables : aucun ne se juge plus sage que son voisin.

Louis XVII se chauffe en silence, côte à côte avec Napoléon; l'inventeur du mouvement perpétuel couche auprès du docteur qui nie le mouvement; un seul banc réunit parfois la République et la Légitimité, l'athée et le bon dieu en bonnet de coton; l'amoureux se promène en soupirant vis-à-vis du chercheur de trésors; tel halluciné entend des voix étranges, pendant que tel autre sent des odeurs insupportables; celui-ci pleure et gémit, celui-là rit et chante; mais le caractère le plus ordinaire de la folie est grave, triste et silencieux.

Entrez sous ce hangar, qui attend un coup de baguette féerique pour être transformé en salle ample, chaude et saine : voilà les idiots, prototypes de l'imbécillité, rangés dans la hiérarchie intellectuelle bien audessous de la brute. Ces crânes exigus, ces fronts écrasés, ces têtes pyramidales, ces yeux fixes et morts, ces bouches entr'ouvertes, écumeuses et sans lèvres, ces tremblements musculaires, ces grimaces involontaires, ces contorsions nerveuses, sont autant de stigmates d'une nature déchue et incomplète. Ils sont là, muets, immobiles, inertes, insensibles, comme ces âmes que Dante jette dans le giron de son Enfer; ils sont jeunes la plupart, et n'ont jamais eu la conscience de la vie où ils végètent à l'instar des arbres rabougris et des fleurs étiolées. On comprend que les Spartiates aient mis à mort les enfants chétifs et mal conformés; on ne comprend pas que les crétins du Valais soient aimés et divinisés.

Quand les plans proposés par le docteur Ferrus seront exécutés entièrement, et que la prison, chassée de l'hospice, cédera la place à des bâtiments neufs, pour un usage plus moral et plus charitable, la section des aliénés doit être augmentée d'une maison d'admission et d'une maison de convalescence. Dans la première, dont l'utilité est déjà démontrée par un heureux commencement, les malades arrivants pourront être surveillés de plus près, jusqu'à ce que leur folie soit constatée. On préviendra ainsi beaucoup d'erreurs et d'inconvénients, dont le pire est d'aggraver l'état du

nouveau malade par le contact de maladies plus invé-
térées. La maison de convalescence, accompagnée de
jardins agréables, soumise à une règle moins rigou-
reuse, sera offerte en perspective aux malades pour
stimuler leur guérison : ainsi l image enchantée du
paradis de Mahomet aiguillonne le zèle des Croyants.
Les fous sont susceptibles d'émulation, et l'espoir de
la liberté, non moins que l'intérêt personnel, peut
faire des cures merveilleuses : à présent, on les récompense de leur bonne conduite, en les faisant travailler à remuer la terre et à tirer l'eau du puits, avec
une prime de huit centimes par heure.

Ne serait-il pas à souhaiter, pour le profit de la
science, que M. Ferrus développât, dans un cours
spécial, les connaissances acquises par l'expérience et
la comparaison des faits, afin que la pratique, venant
à l'appui de la théorie, les maladies du cerveau eussent leur clinique positive à Bicêtre, comme les maladies du poumon ou de l'estomac dans les hôpitaux ?

L'ingénieux procédé du docteur Ferrus a soin de
régler la division et la subdivision des malades, pour
détruire tout principe de collision, de frottement et
d'alliance entre eux ; car deux fous d'ambition, par
exemple, pourraient accroître mutuellement leur folie
en se faisant des concessions réciproques. On se souvient d'avoir vu à Bicêtre, quand les fous y étaient
pêle-mêle, un Louis XVII chamarré de croix en plomb,
de rubans et d'insignes royaux, se former un ministère et une cour, parmi ceux de ses camarades qui
avaient une folie identique à la sienne. Il importe prin-

cipalement d'isoler les aliénés atteints de la maladie du meurtre, et de les entourer d'une surveillance plus active, pour mettre obstacle à des accidents trop souvent répétés. Le plus sûr et le plus logique remède est d'écarter avec prudence tout ce qui réveille et développe chaque folie caractérisée : la vue d'un prêtre est nuisible au fou de religion, comme la vue d'un couteau au fou de suicide. Personne mieux que M. Ferrus n'est parvenu à se rendre maître d'une affection morale qui veut être traitée moralement : depuis huit ans, le nombre des maladies n'a pas fait de progrès, ce qui est un symptôme irrécusable d'amélioration sanitaire.

Enfin, grâce à ce médecin honorable qui s'est consacré particulièrement à l'étude d'une branche de son art, les fous de Bicêtre ont plus de chances de guérison et sont moins à plaindre que partout ailleurs. L'ordre général que M. Ferrus a établi parmi les malades, de même que parmi les employés, convient singulièrement à des esprits désordonnés, que l'injustice et le despotisme trouveraient plus irritables et plus impatients. M. Ferrus n'a eu recours qu'une seule fois à l'autorité suprême remise dans ses mains, et ce fut pour s'opposer aux funestes intelligences que la Congrégation essayait de se ménager dans cet asile du repos : l'archevêque de Paris eut la sagesse de prendre parti pour la Faculté contre l'Église. Aujourd'hui, dans l'attente des modifications indispensables qui achèveront l'œuvre de M. Ferrus, il faut s'étonner de voir une maison de fous dirigée avec autant de régularité et de douceur qu'un pensionnat de jeunes demoiselles. Bedlam devrait passer le détroit pour admirer Bicêtre.

1855.

M. S. Henry Berthoud a décrit aussi Bicêtre sous son double aspect moral et pittoresque, dans le *Musée des familles*; son travail est beaucoup plus complet que le nôtre, quoique puisé aux mêmes sources, c'est-à-dire dans les observations du savant M. Ferrus, qui a publié depuis le résultat de ses études et de ses voyages relatifs aux *aliénés*. Il est inutile d'ajouter que M. Berthoud a mis, dans les pages intéressantes que Bicêtre lui a fournies, toute la poésie de son talent, toute la sensibilité de son âme.

TABLE

NOUVELLES PUBLICATIONS

BUSSY-RABUTIN. Histoire amoureuse des Gaules, suivie de la France galante. Romans satiriques du dix-septième siècle, attribués au comte de Bussy; édition nouvelle avec des Notes et une Introduction, par A. Poitevin. 2 forts vol. in-16, papier vergé collé, reliés en percaline. . . . . **8 fr.**

LE MÊME. 2 forts vol. grand in-18 jésus vélin, glacé, satiné. . . . . **5 fr.**

BRANTOME. Vie des Dames galantes. Nouvelle édition, revue d'après les meilleurs textes, avec une préface historique et des annotations, par H. Vigneaux. 1 vol. in-16 de plus de 500 pages, papier vergé, collé, relié en percaline.. . . . . **4 fr.**

LF MÊME. 1 vol. grand in-18 jésus vélin, glacé, satiné. **2 fr.**

LE MÊME. 1 vol. grand jésus vélin double. . . . . . . **5 fr.**

JACOB (P. L.), bibliophile. L'Heptaméron de la reine Marguerite d'Angoulême, reine de Navarre. Nouvelle édition, revue sur le texte des anciens manuscrits, accompagnée de notes historiques et littéraires, et précédée d'une notice biographique et bibliographique, par P. L. Jacob, bibliophile. 1 fort vol. in-16 de 640 pages, vergé collé, relié en percaline.. . . . . **5 fr.**

LE MÊME. 1 volume grand in-18 jésus vélin, glacé, satiné. . . . . **2 fr. 50**

LE MÊME. 1 vol. grand in-18 jésus vélin double. . . **5 fr.**

BERGERAC (Cyrano de). Histoire comique des États et Empires de la Lune et du Soleil. Nouvelle édition, revue sur les éditions originales, accompagnée de notes et précédée d'une notice biographique, par P. L. Jacob, bibliophile. 1 vol. in-16, papier vergé collé, relié en percaline. . . . . 4 fr.

LE MÊME 1 vol. grand in-18 jésus vélin, glacé, satiné. 2 fr. 50

LE MÊME. 1 vol. grand in-18 jésus vélin double. . . 5 fr.

La vraie histoire comique de Francion, composée par Charles SOREL (sieur de Sauvigny). Nouvelle édition, avec Avant-Propos et Notes par Émile Colombey. 1 fort. vol. in-16 de 544 pages, fig., papier vergé, collé, relié en percaline. . . . . 5 fr.

LE MÊME OUVRAGE. 1 vol. grand in-18 jésus vélin, glacé, satiné . . . . 2 fr. 50

LE MÊME. 1 vol. grand in-18 jésus vélin double. 7 fr. 50

Les aventures burlesques de Dassoucy. Nouvelle édition avec Préface et notes par Émile Colombey. 1 fort vol. in-16 de 500 pages avec un portrait; papier vergé, collé, relié en percaline. . . . . 5 fr.

1° DASSOUCY EN VOYAGE. — les deux pages de musique. — le cuistre cagot et l'illustre Savoyard. — Rencontre de Molière. — Dassoucy valet de chambre d'une abbesse. — Un loup-garou. — Comme quoy Dassoucy ne fut pas brûlé à Montpellier. — Il est écorché vif à Marseille.
2° TURIN. ROME ET PARIS. — Un voleur volé. — Dassoucy pris pour un fantôme — le rhume de Pierrotin. — le pâtissier du Parnasse. — Étrange fécondité d'un Auvergnat. — les cachots du Saint-Office, la Bastille et le Châtelet. — Dassoucy canonisé .. par lui-même, etc., etc.

LE MÊME OUVRAGE. 1 vol. grand in-18 jésus vélin, glacé, satiné. . . . . 2 fr. 50

LE MÊME. 1 vol. grand in-18 jésus vélin double. . 7 fr. 50

Les Cent Nouvelles nouvelles, dites les *Cent Nouvelles du roi Louis XI.* Nouvelle édition, revue sur l'édition originale, avec des notes et une introduction, par P. L. JACOB, bibliophile. 1 fort vol. in-16 de près de 550 pages. Papier vergé, collé, relié en percaline. . . . . . . 5 fr.

LE MÊME OUVRAGE. 1 volume grand in-18 jésus, glacé, satiné. . . . . 2 fr. 50

LE MÊME. 1 vol. grand in-18 jésus vélin double. . . 5 fr.

Œuvres comiques, galantes et littéraires de Cyrano de Bergerac, nouvelle édition, revue et publiée avec des

notes, par P. L. Jacob, bibliophile, contenant : les lettres
diverses, les lettres satiriques, les lettres amoureuses, les
entretiens pointus, les poésies, le Ministre d'État flambé
le Pédant joué, comédie; la Mort d'Agrippine, tragédie
1 fort vol. in-16, papier vergé, collé, relié en percaline. . . . . **4 fr.**

LE MÊME OUVRAGE. 1 vol. grand in-18 jésus vélin, glacé, satiné. . . . . **2 fr. 50**

LE MÊME. 1 vol. grand in-18 jésus vélin double. . . **5 fr**

Ce qu'on voit dans les rues de Paris, par VICTOR FOUR-
NEL. 1 vol. grand in-18. Prix. . . . . **2 fr.**

1re partie. Les *Artistes nomades et l'art populaire.* — Musi-
ciens ambulants. — Orateurs et poëtes des Rues. — L'art dra-
matique en plein vent — Industriels et saltimbanques. — Tout
le long, le long des quais.

2e partie. L'*Odyssée d'un flâneur.* — Enseignes et affiches. —
Petits métiers parisiens. — Balayeurs, chiffonniers, men liants,
cochers, gamins de Paris. — Le Temple et la Morgue. — Marchands de vins, cafés et restaurants. — Les bals publics. —
Les Parisiennes peintes par elles-mêmes, etc., etc.

Curiosités de l'histoire des arts, par P. L. Jacob, bibliophile. 1 vol. in-18 . . . . **2 fr.**

Contenant : Notice sur le papier et le parchemin, Recherches
sur les cartes à jouer, Origine de l'imprimerie, la Reliure avant
le seizième siècle, Histoire de l'orfévrerie, les Instruments de
musique au moyen âge.

Chaque partie est accompagnée d'une bibliographie.

Curiosités de l'histoire de France, par le bibliophile
JACOB. PREMIÈRE SÉRIE. 1 vol. in-18. . . . . . . **2 fr.**

Contenant dix dissertations historiques intitulées : la Fête
des Fous, le roi des Ribauds, les Francs-Taupins, les Fous des
rois de France, le Journal de la santé de Louis XIV, les citoyens nobles de Perpignan, les registres du parlement de Paris, la liste des nobles de Dulaure, Emploi du temps dans les
prisons d'État, la Chanson de Marborough.

DEUXIÈME SÉRIE. 1 vol. in-18.. . . . . **2 fr.**

Contenant le procès du maréchal de Rais, la mort tragique
de la comtesse de Châteaubriand, la veuve de Molière, les deux
Procès criminels du marquis de Sade, l'empoisonnement du
serrurier Gamain, les deux Marat, André Chénier au tribunal
révolutionnaire.

Curiosités de l'histoire du vieux Paris, par le Même.
1 vol. in-18 . . . . **2 fr.**

Contenant : les Vieilles Rues de la Cité, Promenades dans Paris, les noms des rues, les rues suspectes, le pont Neuf, Bicêtre.

Ces volumes seront suivis de plusieurs autres de la même collection, savoir : CURIOSITÉS DE L'HISTOIRE DES MŒURS AU MOYEN AGE, CURIOSITÉS DE L'HISTOIRE DU MASQUE DE FER, CURIOSITÉS DE L'HISTOIRE DE MOLIÈRE, etc.

Ruelles, Salons et Cabarets, histoire anecdotique de la littérature française, par ÉMILE COLOMBEY. 1 vol. grand in-18 . . . . **2 fr.**

Chez Conrart. — Un caprice de l'abbé de Boisrobert. — L'hôtel Rambouillet. — Les poëtes de cabaret. — Le Cormier et la Pomme de Pin. — La Fosse aux lions et l'Épée royale. — L'académie de la vicomtesse d'Auchy. — Richelieu et ses collaborateurs. — Les Mercuriales de Ménage. — Le Samedi de mademoiselle de Scudéry. — L'hôtel de la rue des Tournelles. — De Scarron à Gui-Patin. — Les Joueurs de quilles. — Mezerai et le cabaretier le Faucheur.

Ninon de Lenclos et sa cour, par ÉMILE COLOMBEY. 1 vol. grand in-18, jésus vélin . . . . **2 fr.**

Un rendez-vous d'affaires. — Le marquis d'Andelot. — La place Royale; Miossens. — Le duc d'Enghien; Saint-Évremont. — Le Cours-la-Reine; Navaille; les trois docteurs. — Villars-Orondate; l'archevêque de Lyon et le dernier des hommes. — Le coin du feu; quatre victimes. — Les Minimes; Jarzé; le premier cheveu gris. — Le chevalier de Méré; Coulon et d'Aubijoux; la Foire Saint-Germain. — Coirrousse. — Anne d'Autriche; Retz et la Rochefoucauld; M. de Lenclos. — Le surintendant des finances. — Les Frondeurs chez d'Émery. — Ninon au couvent de Lagny. — Son impertinence; le chevalier de Vassé; un tour de page joué par un abbé. — Le marquis de Sévigné. — La Sablière; le jardin de Thévenin l'oculiste. — Mort de M. de Lenclos; d'Estrées et d'Effiat. — Un enfant joué aux dés; Villarceaux; Madame de Courcelles-Marguenat. — Madame Scarron; Madame Cornuel. — Madame Louis XIV; une escalade. — Gourville; Christine de Suède. — Varicarnille et Chapelle; sous la table. — Sous la porte. — Le grand pénitencier; le marquis de la Châtre. — Le duc de Longueville, un mestre de camp et un danseur; le comte de Sévigné et la Champmêlé. — Mademoiselle de Lenclos; Voltaire,

PARIS. — IMP. SIMON RAÇON ET COMP., RUE D'ERFURTH, 1.

9 782019 164287